Der Wohlstand der Nationen im 21. Jahrhundert

Über den Autor:

Alex Goodman, geboren 1978 in London, studierte Wirtschaftswissenschaften an der University of Oxford. Nach seiner Promotion in Global Economics arbeitete er als Berater für internationale Organisationen und leitete Projekte in Europa, Asien und Nordamerika. Goodman ist bekannt für seine Fähigkeit, komplexe ökonomische Zusammenhänge verständlich darzustellen. Er lebt in Zürich und widmet sich neben dem Schreiben der Förderung nachhaltiger Wirtschaftsinitiativen.

Über das Buch:

„Der Wohlstand der Nationen im 21. Jahrhundert" von Alex Goodman beleuchtet die moderne globale Ökonomie und zeigt auf, wie der freie Markt, technologische Innovationen und soziale Verantwortung die Weltwirtschaft transformieren. Goodman, ein erfahrener Wirtschaftswissenschaftler, verbindet die klassischen Prinzipien von Adam Smith mit den Herausforderungen der heutigen Zeit. Das Buch bietet einen tiefen Einblick in die Wechselwirkungen von Globalisierung, Digitalisierung und Nachhaltigkeit und präsentiert Lösungsansätze für eine gerechtere und nachhaltigere Weltwirtschaft.

Der Wohlstand der Nationen im 21. Jahrhundert

Neue Wege für eine globale Ökonomie

Wie der freie Markt, technologische Innovation und soziale Verantwortung die Wirtschaft von heute gestalten

von

Alex Goodman

TOLERANT Software

TOLERANT Fachbuch Bd. 09

Bibliografische Information der Deutschen Nationalbibliothek:
Die Deutsche Nationalbibliothek verzeichnet diese Publikation in der
Deutschen Nationalbibliografie; detaillierte bibliografische Daten
sind im Internet über dnb.dnb.de abrufbar

Verlag: BoD • Books on Demand GmbH, In de Tarpen 42,

22848 Norderstedt

Druck: Libri Plureos GmbH, Friedensallee 273, 22763

Hamburg

ISBN: 978-3-7597-9468-0

Inhaltsverzeichnis

Kapitel 1: Einleitung

Es war ein kalter Winterabend in Edinburgh im Jahr 1776, als ein Mann mit einer Fackel in der Hand durch die dunklen Straßen eilte. Sein Ziel war klar: die Druckerei, in der das Manuskript seines Lebenswerkes in die letzte Phase der Veröffentlichung ging. Der Mann war kein Geringerer als Adam Smith, ein schottischer Moralphilosoph, dessen Name heute als der Vater der modernen Wirtschaftswissenschaften in die Geschichte eingegangen ist. Das Werk, das er in der Dunkelheit trug, würde die Welt verändern – "Der Wohlstand der Nationen" (im Original: "An Inquiry into the Nature and Causes of the Wealth of Nations"). Es war die Geburt einer neuen Wissenschaft, die die Art und Weise, wie wir über Märkte, Handel und das wirtschaftliche Verhalten von Individuen und Staaten nachdenken, revolutionieren sollte.

Smiths Buch legte den Grundstein für das Verständnis der wirtschaftlichen Dynamiken, die den Wohlstand von Nationen beeinflussen. Seine Ideen über den freien Markt, die unsichtbare Hand und die Arbeitsteilung schufen ein intellektuelles Fundament, auf dem Generationen von Ökonomen ihre Theorien und Modelle aufbauten. Doch während Smiths Theorien in einer Zeit entstanden, in der die Welt von agrarischen Gesellschaften und aufkommendem Handel geprägt war, stellt sich die Frage: Wie relevant sind diese klassischen ökonomischen Prinzipien heute noch, in einer Welt, die von technologischen Innovationen, globalisierter Wirtschaft und sozialer Verantwortung geprägt ist?

1.1. Historische Perspektive: Adam Smith und der Ursprung der Wirtschaftswissenschaften

Adam Smith war nicht nur ein Theoretiker, sondern ein scharfer Beobachter seiner Zeit. Geboren im Jahr 1723 in Kirkcaldy, Schottland, studierte er an der Universität von Glasgow und später in Oxford. Schon früh beschäftigte er sich mit Fragen der Ethik und Moral, die ihn schließlich zur Auseinandersetzung mit wirtschaftlichen Themen führten. In einer Zeit, in der das Verständnis von Ökonomie noch in den Kinderschuhen steckte, entwickelte Smith Ideen, die weit über seine Zeit hinaus wirken sollten.

Sein Meisterwerk, "Der Wohlstand der Nationen", ist mehr als nur ein wirtschaftstheoretisches Werk; es ist eine philosophische Abhandlung über das menschliche Verhalten und die gesellschaftlichen Strukturen. Smith erkannte, dass wirtschaftlicher Wohlstand nicht allein durch staatliche Eingriffe oder moralische Appelle zu erreichen war, sondern durch die freie Entfaltung individueller Interessen im Rahmen eines marktwirtschaftlichen Systems. Die berühmte Metapher der „unsichtbaren Hand" beschreibt, wie das Streben nach individuellem Gewinn letztlich dem Gemeinwohl dienen kann – eine Idee, die in ihrer Einfachheit und Eleganz bis heute fasziniert.

Smiths Werk entstand in einer Zeit, in der sich die industrielle Revolution erst ankündigte. Die Gesellschaften seiner Zeit waren überwiegend agrarisch geprägt, doch die Zeichen des Wandels waren unübersehbar. Handel, Kolonialismus und die ersten Vorboten der Industrialisierung veränderten die Welt. In diesem Kontext wurde "Der Wohlstand der Nationen" zu einem Manifest für die wirtschaftliche Freiheit und ein Aufruf, die Kräfte des Marktes zu entfesseln.

1.2. Relevanz der klassischen ökonomischen Prinzipien in der heutigen Zeit

Mehr als zweihundert Jahre später leben wir in einer Welt, die Adam Smith sich kaum hätte vorstellen können. Der technologische Fortschritt hat die Art und Weise, wie wir arbeiten, konsumieren und interagieren, tiefgreifend verändert. Globalisierung hat die Grenzen zwischen den Nationen aufgeweicht, und die Herausforderungen, vor denen die Welt steht – vom Klimawandel bis zur sozialen Ungleichheit – sind von einer Dringlichkeit, die Smiths Zeitgenossen fremd gewesen wäre. Doch gerade in dieser komplexen Welt erweisen sich Smiths grundlegende ökonomische Prinzipien als erstaunlich widerstandsfähig.

Der freie Markt, so Smith, ist das effizienteste Mittel zur Allokation von Ressourcen. Diese Idee bildet auch heute noch das Herzstück vieler wirtschaftlicher Theorien und Politiken. Die Unsichtbare Hand, die besagt, dass Individuen durch die Verfolgung ihres eigenen Nutzens unbeabsichtigt zum allgemeinen Wohlstand beitragen, wird in modernen Märkten durch die Prinzipien von Angebot und Nachfrage, Wettbewerb und Innovation repräsentiert. Doch der moderne Kapitalismus, wie er heute existiert, ist nicht ohne Kritik. Die Herausforderungen der heutigen Zeit erfordern eine Weiterentwicklung dieser klassischen Theorien, die technologische Innovation und soziale Verantwortung in den Vordergrund stellt.

1.3. Ziel des Buches: Anwendung von Adam Smiths Ideen auf die moderne globale Wirtschaft

Das Ziel dieses Buches ist es, Adam Smiths zeitlose Einsichten in die Mechanismen des Wohlstands neu zu interpretieren und sie auf die Herausforderungen des 21. Jahrhunderts anzuwenden. Es geht darum, Wege aufzuzeigen, wie der freie Markt, technologische Innovation und soziale Verantwortung zusammenwirken können, um eine nachhaltige und gerechte globale Ökonomie zu schaffen. In einer Welt, in der die wirtschaftlichen Realitäten sich ständig wandeln, bietet die Rückbesinnung auf die Prinzipien von Adam Smith nicht nur Orientierung, sondern auch eine Grundlage für neue, zukunftsweisende Ansätze.

Dieses Buch wird untersuchen, wie die Ideen von Adam Smith in der modernen Wirtschaftswelt umgesetzt werden können – sei es durch die Förderung von Innovation, die Regulierung von Märkten oder die Integration sozialer Verantwortung in unternehmerisches Handeln. Dabei wird ein breiter Bogen gespannt, von der historischen Entwicklung der Wirtschaftswissenschaften bis hin zu den aktuellen Debatten über die Zukunft des Kapitalismus. Es ist ein Buch, das sowohl den Blick zurück als auch den Blick nach vorne richtet, um zu verstehen, wie der Wohlstand der Nationen im 21. Jahrhundert gesichert werden kann.

Kapitel 2: Grundlagen des modernen Wirtschaftens

In einer Welt, die sich in einem atemberaubenden Tempo verändert, sind die Grundlagen des Wirtschaftens komplexer und zugleich spannender denn je. Während Adam Smiths „unsichtbare Hand" weiterhin das Rückgrat vieler wirtschaftlicher Theorien bildet, hat die digitale Revolution unser Verständnis von Märkten und Eigeninteresse grundlegend verändert. Dieses Kapitel beleuchtet die Prinzipien und Mechanismen, die das moderne Wirtschaften prägen, und untersucht, wie klassische Konzepte wie die unsichtbare Hand im digitalen Zeitalter neu interpretiert werden.

2.1 Die unsichtbare Hand: Märkte und Eigeninteresse im digitalen Zeitalter

2.1.1 Das Prinzip der unsichtbaren Hand

2.1.1.1 Ursprung und Definition: Adam Smiths ursprüngliches Konzept

Adam Smith prägte die Metapher der „unsichtbaren Hand", um die Selbstregulierungskräfte eines freien Marktes zu beschreiben. In seinem Meisterwerk „Der Wohlstand der Nationen" (1776) stellte er fest, dass Individuen, die ihrem eigenen wirtschaftlichen Interesse nachgehen, unbewusst auch zum Wohlstand der gesamten Gesellschaft beitragen. Dies geschieht durch die effiziente Allokation von Ressourcen, die durch das freie Spiel von Angebot und Nachfrage erreicht wird. Smiths Konzept betonte, dass staatliche Eingriffe minimal sein sollten, um diesen Prozess nicht zu stören. Die unsichtbare Hand sorgt dafür, dass das Streben nach persönlichem Gewinn letztlich in einem gesellschaftlichen Nutzen mündet.

2.1.1.2 Anwendung in der modernen Wirtschaft: Von der Industrie- zur Dienstleistungs- und Digitalwirtschaft

Im Laufe der Jahrhunderte hat sich die Wirtschaft dramatisch verändert, doch die Idee der unsichtbaren Hand blieb relevant. Während Smiths Theorie in einer industriellen Gesellschaft entstanden ist, wo der Fokus auf Produktion und physische Güter lag, hat die Dienstleistungs- und Digitalwirtschaft eine neue Dimension des Eigeninteresses hervorgebracht. Heute manifestiert sich die unsichtbare Hand in globalen Netzwerken, digitalen Plattformen und der allgegenwärtigen Datenökonomie. Online-Marktplätze wie Amazon oder Alibaba sind moderne Beispiele für Smiths Konzept, wo das Streben nach Gewinn durch technologische Effizienz und massive Skalierbarkeit ermöglicht wird. Die digitale Wirtschaft hat es Unternehmen ermöglicht, durch Big Data und Algorithmen präzise auf individuelle Kundenbedürfnisse einzugehen und so den Markt in einer Weise zu bedienen, die früher undenkbar war.

2.1.1.3 Grenzen des Eigeninteresses: Marktversagen und die Notwendigkeit externer Regulierung

Trotz der Eleganz von Smiths Theorie gibt es heute zahlreiche Beispiele für Marktversagen, die zeigen, dass das ungebremste Eigeninteresse auch schädliche Auswirkungen haben kann. Externe Effekte, Monopolbildung und Informationsasymmetrien sind Probleme, die die unsichtbare Hand allein nicht lösen kann. So führen Umweltverschmutzung, soziale Ungleichheit und Finanzkrisen immer wieder zu Situationen, in denen staatliche Eingriffe notwendig werden, um den Markt zu korrigieren und gesellschaftliche Interessen zu schützen. Die globale Finanzkrise von 2008 ist ein eindrückliches Beispiel dafür, wie das blinde Vertrauen in den Markt zu katastrophalen Folgen führen kann, die nur durch massive staatliche Interventionen abgefedert werden konnten.

2.1.2 Digitale Marktplätze und Plattformen

2.1.2.1 Entwicklung digitaler Plattformen: Amazon, Alibaba und andere

Die digitale Revolution hat zur Entstehung von Plattformen geführt, die als zentrale Dreh- und Angelpunkte des modernen Handels fungieren. Amazon und Alibaba sind Paradebeispiele für solche Plattformen, die den globalen E-Commerce dominieren. Diese Unternehmen haben es geschafft, durch Technologie, Logistik und eine unvergleichliche Benutzererfahrung gigantische Marktanteile zu erobern. Ihre Geschäftsmodelle basieren auf der Fähigkeit, riesige Mengen an Daten zu sammeln und zu analysieren, um Konsumenten präzise und effektiv zu bedienen. Diese Plattformen bieten nicht nur Produkte an, sondern schaffen auch ganze Ökosysteme, in denen Drittanbieter, Lieferanten und Konsumenten miteinander interagieren.

2.1.2.2 Netzwerkeffekte und Skalierbarkeit: Die Rolle der Technologie bei der Marktexpansion

Ein entscheidender Faktor für den Erfolg digitaler Plattformen ist der Netzwerkeffekt: Je mehr Nutzer eine Plattform hat, desto wertvoller wird sie für jeden einzelnen Nutzer. Dieser Effekt, gepaart mit der Skalierbarkeit digitaler Geschäftsmodelle, ermöglicht es Unternehmen wie Facebook oder Google, in kürzester Zeit eine globale Präsenz aufzubauen. Durch die Nutzung von Cloud-Computing, Künstlicher Intelligenz und Big Data können diese Plattformen ihre Dienste in einer Geschwindigkeit und Effizienz skalieren, die in traditionellen Industrien unmöglich wäre. Diese Technologisierung des Marktes hat zu einer Konzentration von Macht in den Händen weniger Unternehmen geführt, was wiederum die Debatte über Wettbewerb und Antitrust-Gesetze neu entfacht hat.

2.1.2.3 Wettbewerb in digitalen Märkten: Monopole und Antitrust-Debatten

Der immense Erfolg digitaler Plattformen hat eine neue Art von Monopolbildung hervorgebracht, die nicht mehr auf physischer Größe, sondern auf Daten und Netzwerkeffekten basiert. Unternehmen wie Google, Facebook und Amazon beherrschen ihre Märkte in einer Weise, die den Wettbewerb einschränkt und kleinere Akteure verdrängt. Diese Konzentration von Macht hat weltweit Regulierungsbehörden alarmiert und zu intensiven Diskussionen über die Notwendigkeit von Antitrust-Maßnahmen geführt. In Europa und den USA gibt es zunehmende Bestrebungen, die Marktmacht dieser Unternehmen einzuschränken, um den Wettbewerb zu fördern und Innovationen zu schützen.

2.1.3 Verhaltensökonomik und der moderne Konsument

2.1.3.1 Rationalität und Entscheidungsfindung: Wie Konsumenten in der digitalen Welt agieren

Die klassische Wirtschaftstheorie geht davon aus, dass Konsumenten rational handeln und stets Entscheidungen treffen, die ihren eigenen Nutzen maximieren. Doch die Verhaltensökonomik hat gezeigt, dass dieses Bild des rationalen Konsumenten in der Realität oft nicht zutrifft. Insbesondere in der digitalen Welt werden Entscheidungen zunehmend von psychologischen Faktoren, sozialen Einflüssen und kognitiven Verzerrungen geprägt.

In Online-Shops und auf Plattformen wie Amazon werden Konsumenten durch gezielte Anreize, Empfehlungen und die Darstellung von Produkten beeinflusst. Algorithmen analysieren das Kaufverhalten und nutzen diese Informationen, um individuelle Vorschläge zu machen, die auf den Vorlieben und dem bisherigen Verhalten des Nutzers basieren. Diese personalisierten Empfehlungen, die oft subtil in das Einkaufserlebnis integriert sind, können das Kaufverhalten stark beeinflussen und führen dazu, dass Konsumenten oft mehr kaufen, als sie ursprünglich beabsichtigt hatten.

Darüber hinaus sind Konsumenten in der digitalen Welt häufig mit einer überwältigenden Menge an Informationen konfrontiert. Diese Überflutung kann zu einer sogenannten Entscheidungsparalyse führen, bei der die Verbraucher Schwierigkeiten haben, eine Wahl zu treffen. In solchen Situationen greifen sie oft auf Heuristiken oder einfache Entscheidungsregeln zurück, die jedoch nicht immer zu optimalen Ergebnissen führen.

2.1.3.2 Behavioral Nudging: Strategien zur Beeinflussung von Konsumverhalten

Behavioral Nudging, ein Konzept aus der Verhaltensökonomik, zielt darauf ab, das Verhalten von Menschen durch sanfte Anstöße zu beeinflussen, ohne dabei ihre Wahlfreiheit einzuschränken. In der digitalen Welt hat sich dieses Konzept als besonders wirkungsvoll erwiesen. Unternehmen nutzen gezielte Nudges, um das Verhalten von Konsumenten in eine gewünschte Richtung zu lenken.

Ein klassisches Beispiel ist die Platzierung von „Jetzt kaufen"-Buttons in Online-Shops. Diese Buttons sind oft auffällig gestaltet und strategisch positioniert, um den Käufer zum Abschluss des Kaufs zu bewegen. Ebenso werden limitierte Angebote oder Countdown-Timer eingesetzt, um künstliche Dringlichkeit zu erzeugen und den Druck auf den Konsumenten zu erhöhen, eine schnelle Entscheidung zu treffen.

Ein weiteres Beispiel für Behavioral Nudging ist das Abonnement-Modell, das in vielen digitalen Diensten verwendet wird. Plattformen bieten oft eine kostenlose Testphase an, nach deren Ablauf automatisch eine kostenpflichtige Mitgliedschaft beginnt, es sei denn, der Nutzer kündigt aktiv. Diese Strategie nutzt die Tendenz der Menschen aus, Entscheidungen aufzuschieben, und führt häufig dazu, dass Konsumenten länger als geplant in Abonnements bleiben.

2.1.3.3 Datenschutz und ethische Überlegungen im digitalen Handel

Mit der zunehmenden Digitalisierung und der fortschreitenden Personalisierung von Angeboten stellt sich die Frage nach dem Schutz der Privatsphäre und der ethischen Verantwortung von Unternehmen. Die Menge an Daten, die von Konsumenten im digitalen Raum generiert wird, ist enorm. Diese Daten werden nicht nur genutzt, um den Umsatz zu steigern, sondern auch, um tiefgehende Einblicke in das Verhalten und die Präferenzen von Nutzern zu gewinnen.

Die Sammlung und Nutzung von Daten wirft jedoch ernsthafte ethische Bedenken auf. Der Schutz der Privatsphäre ist ein zentrales Anliegen, insbesondere da immer wieder Fälle von Datenmissbrauch und unbefugtem Zugriff bekannt werden. Unternehmen, die in der digitalen Wirtschaft tätig sind, stehen vor der Herausforderung, einerseits die Vorteile der Datennutzung zu maximieren und andererseits die Privatsphäre ihrer Nutzer zu respektieren.

Datenschutzgesetze wie die DSGVO in der Europäischen Union setzen hier klare Rahmenbedingungen und fordern von Unternehmen, transparenter über ihre Datenpraktiken zu kommunizieren und den Nutzern mehr Kontrolle über ihre persönlichen Daten zu geben. Dennoch bleibt die Frage, wie weit Unternehmen gehen sollten, um ethische Standards einzuhalten, auch wenn dies möglicherweise zu Lasten von Umsatz und Wachstum geht.

2.2 Die Rolle der Regierung: Regulierung vs. Deregulierung im 21. Jahrhundert

2.2.1 Historische Entwicklung der Wirtschaftsregulierung

2.2.1.1 Vom Laissez-faire zum Sozialstaat: Ökonomische Theorien und ihre Umsetzung

Im 19. Jahrhundert dominierte das Laissez-faire-Prinzip die Wirtschaftspolitik vieler westlicher Nationen. Diese Philosophie, die sich stark an den Ideen von Adam Smith orientierte, plädierte für minimalen staatlichen Eingriff und betonte die Selbstregulierungskräfte des Marktes. Die Industrialisierung und der darauf folgende wirtschaftliche Aufschwung schienen dieses Prinzip zu bestätigen. Doch mit dem Aufkommen der sozialen Frage und den wachsenden Ungleichheiten wurde zunehmend klar, dass der Markt allein nicht in der Lage war, alle gesellschaftlichen Probleme zu lösen.

Das 20. Jahrhundert sah die Geburt des Sozialstaats, in dem der Staat eine aktivere Rolle übernahm, um soziale Gerechtigkeit zu fördern und wirtschaftliche Stabilität zu gewährleisten. Ökonomische Theorien wie der Keynesianismus gewannen an Einfluss und betonten die Notwendigkeit staatlicher Interventionen, um wirtschaftliche Zyklen abzufedern und Vollbeschäftigung zu erreichen. Der New Deal in den USA, das Beveridge-System in Großbritannien und ähnliche Maßnahmen in anderen Ländern führten zu einer stärkeren Regulierung der Wirtschaft und schufen den Rahmen für den modernen Sozialstaat.

2.2.1.2 Bedeutende regulatorische Maßnahmen im 20. Jahrhundert: New Deal, Bretton Woods, etc.

Die Große Depression der 1930er Jahre markierte einen Wendepunkt in der Wirtschaftsgeschichte. In den USA führte der New Deal unter Präsident Franklin D. Roosevelt zu einer Reihe von Reformen, die darauf abzielten, die Wirtschaft wieder anzukurbeln und die sozialen Auswirkungen der Krise abzumildern. Diese Reformen umfassten staatliche Investitionen in Infrastruktur, die Einführung von Sozialversicherungen und die Regulierung von Banken und Finanzmärkten. Diese Maßnahmen legten den Grundstein für die wirtschaftliche Erholung und beeinflussten die Wirtschaftspolitik in vielen anderen Ländern.

Nach dem Zweiten Weltkrieg wurde das Bretton-Woods-System etabliert, das ein internationales Währungssystem schuf und den Grundstein für die globale Wirtschaftsordnung der Nachkriegszeit legte. Dieses System, das auf festen Wechselkursen und der Goldbindung des US-Dollars basierte, förderte den internationalen Handel und die wirtschaftliche Zusammenarbeit zwischen den Nationen. Zudem wurden internationale Institutionen wie der Internationale Währungsfonds (IWF) und die Weltbank ins Leben gerufen, um die Stabilität des globalen Finanzsystems zu gewährleisten und den Wiederaufbau der kriegszerstörten Wirtschaften zu unterstützen.

2.2.1.3 Globalisierung und ihre Auswirkungen auf nationale Regulierungspolitiken

Die Globalisierung hat die wirtschaftliche Landschaft radikal verändert. Nationale Grenzen sind durchlässiger geworden, und Kapital, Güter und Dienstleistungen bewegen sich in einem Ausmaß, das früher undenkbar war. Diese Entwicklungen haben auch erhebliche Auswirkungen auf die Regulierungspolitiken der Staaten. Nationale Regierungen sehen sich zunehmend mit der Herausforderung konfrontiert, ihre Wirtschaftspolitiken an die globalen Realitäten anzupassen, ohne die Kontrolle über ihre eigenen Märkte zu verlieren.

Multinationale Unternehmen operieren heute oft in einer regulatorischen Grauzone, in der sie die Unterschiede in den nationalen Gesetzgebungen zu ihrem Vorteil nutzen. Diese Dynamik hat zu einer Debatte über die Notwendigkeit globaler Regulierungsstandards geführt, die sicherstellen sollen, dass Unternehmen nicht auf Kosten von Menschenrechten, Umweltstandards und sozialer Gerechtigkeit agieren. Gleichzeitig führt die Globalisierung jedoch auch zu einem Druck auf Staaten, ihre Märkte zu deregulieren und flexibler zu gestalten, um wettbewerbsfähig zu bleiben.

2.2.2 Regulierung in der modernen Wirtschaft

2.2.2.1 Finanzmarktregulierung: Lehren aus der Finanzkrise 2008

Die Finanzkrise von 2008 stellte die globale Wirtschaft auf den Kopf und offenbarte die tiefen Mängel im bestehenden Finanzsystem. Ausgelöst durch den Zusammenbruch des US-amerikanischen Immobilienmarktes, entwickelte sich die Krise zu einer globalen Rezession, die Millionen von Menschen ihre Arbeitsplätze und ihr Zuhause kostete. Die Ursache für diese Krise lag unter anderem in der exzessiven Risikobereitschaft von Banken und Finanzinstituten, die durch mangelnde Regulierung begünstigt wurde. Der freie Markt, so zeigte sich, war nicht in der Lage, die systemischen Risiken zu beherrschen, die durch spekulative Geschäfte und komplexe Finanzinstrumente entstanden waren.

In der Folge wurde weltweit ein verstärkter Fokus auf die Regulierung der Finanzmärkte gelegt. In den USA führte die Verabschiedung des Dodd-Frank-Gesetzes 2010 zu umfassenden Reformen, die darauf abzielten, das Finanzsystem stabiler zu machen und die Risiken für die Wirtschaft zu verringern. Zu den Maßnahmen gehörten strengere Kapitalanforderungen für Banken, die Einführung von Stresstests, die Schaffung des Consumer Financial Protection Bureau und die Beschränkung des Handels mit hochriskanten Finanzprodukten.

Auch international wurde auf die Krise reagiert. Die Basler Vereinbarungen (Basel III) führten zu einer Verschärfung der Eigenkapitalanforderungen für Banken und setzten neue Standards für Liquiditätsreserven und Risikomanagement. Diese Maßnahmen sollten sicherstellen, dass die Banken in der Lage sind, auch in Krisenzeiten stabil zu bleiben und ihre Verpflichtungen zu erfüllen.

Doch trotz dieser Reformen bleibt die Debatte über die richtige Balance zwischen Regulierung und Freiheit der Märkte lebendig. Kritiker argumentieren, dass zu viel Regulierung das Wachstum hemmen und die Innovationskraft der Finanzindustrie einschränken könnte. Andere warnen hingegen, dass eine unzureichende Regulierung das System erneut anfällig für Krisen macht, deren Auswirkungen noch verheerender sein könnten.

2.2.2.2 Technologieregulierung: Datenschutz, KI und digitale Währungen

Mit dem Aufkommen neuer Technologien wie Künstlicher Intelligenz (KI), Big Data und digitaler Währungen stehen Regierungen vor der Herausforderung, Regulierungsrahmen zu schaffen, die sowohl Innovation fördern als auch Missbrauch verhindern. Die Datenschutz-Grundverordnung (DSGVO) der Europäischen Union ist ein prominentes Beispiel für den Versuch, den Datenschutz in einer zunehmend digitalisierten Welt zu gewährleisten. Diese Verordnung gibt den Bürgern mehr Kontrolle über ihre persönlichen Daten und verpflichtet Unternehmen, strenge Datenschutzstandards einzuhalten. Die DSGVO dient inzwischen als Vorbild für ähnliche Gesetze in anderen Teilen der Welt.

Künstliche Intelligenz stellt eine weitere Herausforderung dar. Die rasante Entwicklung von KI-Technologien eröffnet enorme Chancen für Effizienzsteigerungen und neue Geschäftsmodelle, birgt jedoch auch Risiken. Die Gefahr von Diskriminierung durch algorithmische Entscheidungen, die Frage der Verantwortung bei Fehlfunktionen und die möglichen Auswirkungen auf den Arbeitsmarkt sind nur einige der drängenden Themen, die einer regulatorischen Klärung bedürfen. Regierungen weltweit arbeiten daran, Regelungen zu entwickeln, die sicherstellen, dass KI in einer Weise eingesetzt wird, die ethischen Standards entspricht und den Schutz der Gesellschaft gewährleistet.

Digitale Währungen wie Bitcoin und die zugrunde liegende Blockchain-Technologie haben das Potenzial, das Finanzsystem grundlegend zu verändern. Doch auch hier sind Regulierungsfragen entscheidend. Einerseits bieten diese Technologien die Möglichkeit, den Zahlungsverkehr zu revolutionieren und finanzielle Inklusion zu fördern, andererseits bergen sie Risiken wie Geldwäsche, Steuerhinterziehung und den Verlust von Anlegergeldern. Verschiedene Länder haben unterschiedliche Ansätze zur Regulierung digitaler Währungen gewählt, von strikter Kontrolle bis hin zu einer weitgehend laissez-fairen Haltung. Die Herausforderung besteht darin, ein Gleichgewicht zu finden, das die Innovationskraft der Technologie nicht hemmt, aber dennoch ausreichenden Schutz für Nutzer und die Wirtschaft bietet.

2.2.2.3 Umweltregulierung: Klimaschutzabkommen und ihre ökonomischen Implikationen

Der Klimawandel stellt eine der größten Herausforderungen des 21. Jahrhunderts dar, und die Notwendigkeit einer entschlossenen globalen Antwort ist unumstritten. Internationale Klimaschutzabkommen wie das Kyoto-Protokoll und das Pariser Abkommen sind Versuche, eine koordinierte globale Strategie zur Reduzierung von Treibhausgasemissionen zu entwickeln. Diese Abkommen zielen darauf ab, den Temperaturanstieg auf ein beherrschbares Niveau zu begrenzen und damit die schlimmsten Auswirkungen des Klimawandels zu verhindern.

Die Umsetzung dieser Abkommen hat weitreichende wirtschaftliche Implikationen. Unternehmen sind zunehmend gezwungen, ihre Produktionsprozesse zu überdenken und auf nachhaltigere Technologien umzustellen. Dies führt zu erheblichen Investitionen in erneuerbare Energien, Energieeffizienz und neue Produktionsmethoden. Gleichzeitig eröffnen sich durch die Regulierung neue Märkte und Geschäftsmöglichkeiten, beispielsweise im Bereich der grünen Technologien und der Umweltberatung.

Doch die Regulierung des Klimaschutzes ist nicht ohne Kontroversen. Einige Kritiker argumentieren, dass zu strenge Vorschriften das Wirtschaftswachstum bremsen und insbesondere Entwicklungsländer benachteiligen könnten. Andere wiederum sehen in der konsequenten Durchsetzung von Umweltstandards eine Chance, den Übergang zu einer nachhaltigen Wirtschaft zu beschleunigen und langfristig Wohlstand und Stabilität zu sichern. Die Herausforderung besteht darin, eine Balance zu finden, die sowohl den Klimaschutz als auch das wirtschaftliche Wachstum fördert.

2.2.3 Deregulierung und ihre Auswirkungen

2.2.3.1 Argumente für Deregulierung: Wirtschaftswachstum und Effizienzsteigerungen

Befürworter der Deregulierung argumentieren, dass zu viele staatliche Eingriffe die Wirtschaft ersticken und Innovationen behindern. Deregulierung soll dazu beitragen, Märkte zu öffnen, den Wettbewerb zu fördern und Unternehmen die Flexibilität zu geben, sich schnell an veränderte Marktbedingungen anzupassen. Besonders in Zeiten wirtschaftlicher Stagnation wird Deregulierung oft als Mittel gesehen, um Wachstum zu stimulieren und Arbeitsplätze zu schaffen.

Ein klassisches Beispiel für Deregulierung ist die Liberalisierung der Luftverkehrsindustrie in den 1980er Jahren, die zu einem deutlichen Rückgang der Flugpreise und einer Zunahme der Wettbewerber führte. Auch in anderen Sektoren, wie der Telekommunikation und der Energiewirtschaft, hat Deregulierung zu einer Verbesserung des Dienstleistungsangebots und einer stärkeren Marktdiversifizierung geführt. Die Effizienzgewinne, die durch den Abbau von Vorschriften erzielt wurden, haben in vielen Fällen zu einem erhöhten wirtschaftlichen Wohlstand und einer stärkeren Innovationskraft geführt.

2.2.3.2 Risiken der Deregulierung: Marktversagen und soziale Ungleichheit

Trotz der potenziellen Vorteile birgt Deregulierung auch erhebliche Risiken. Der Abbau von Regulierungen kann zu Marktversagen führen, wenn Unternehmen ohne ausreichende Aufsicht agieren. Beispiele hierfür sind die bereits erwähnte Finanzkrise von 2008 oder die Energiekrise in Kalifornien Anfang der 2000er Jahre, die durch die Deregulierung des Energiemarktes verursacht wurde. In beiden Fällen führten unregulierte Märkte zu erheblichem wirtschaftlichen Schaden und sozialen Verwerfungen.

Ein weiteres Problem ist die soziale Ungleichheit, die durch Deregulierung verstärkt werden kann. Wenn Märkte völlig frei agieren, besteht die Gefahr, dass schwächere Akteure, sei es auf individueller oder unternehmerischer Ebene, benachteiligt werden. Dies kann zu einer Polarisierung der Gesellschaft führen, bei der die Kluft zwischen Arm und Reich weiter wächst.

2.2.3.3 Fallstudien: Erfolgreiche und gescheiterte Deregulierungsinitiativen

Erfolgreiche Deregulierungsbeispiele sind oft diejenigen, bei denen ein ausgewogenes Verhältnis zwischen Marktöffnung und notwendiger Regulierung gefunden wurde. Ein positives Beispiel ist die Deregulierung des Telekommunikationsmarktes, die zu einem massiven technologischen Fortschritt und einer Vielzahl von Anbietern führte, was letztlich den Verbrauchern zugutekam.

Auf der anderen Seite gibt es auch zahlreiche gescheiterte Deregulierungsversuche, wie die bereits erwähnte Energiekrise in Kalifornien. Diese Fälle zeigen, dass unkontrollierte Deregulierung dazu führen kann, dass Märkte instabil werden und Verbraucher sowie Unternehmen unter den Folgen leiden.

Die komplexen und oft widersprüchlichen Auswirkungen von Deregulierung zeigen, dass es kein Patentrezept gibt. Der Erfolg von Deregulierung hängt von einer Vielzahl von Faktoren ab, einschließlich der Struktur des betroffenen Marktes, der Stärke der bestehenden Wettbewerbsbedingungen und der Fähigkeit der Regulierungsbehörden, einen sinnvollen Rahmen zu schaffen, der Marktversagen verhindert.

2.3 Globalisierung: Die moderne Version der Arbeitsteilung

2.3.1 Die Evolution der Globalisierung

2.3.1.1 Erste Wellen der Globalisierung: Kolonialismus und industrielle Revolution

Die Globalisierung, wie wir sie heute kennen, ist das Ergebnis eines langen historischen Prozesses, der seine Wurzeln im Zeitalter des Kolonialismus und der industriellen Revolution hat. Bereits im 15. und 16. Jahrhundert begannen europäische Mächte, ferne Länder zu erkunden und Kolonien zu gründen. Diese ersten Globalisierungswellen wurden durch den Drang nach Rohstoffen, neuen Märkten und der Verbreitung des europäischen Einflusses angetrieben. Die Kolonialmächte errichteten Handelsrouten, die erstmals große Teile der Welt miteinander verbanden, und legten damit den Grundstein für eine globale Wirtschaft.

Die industrielle Revolution im 18. und 19. Jahrhundert verstärkte diesen Prozess erheblich. Neue Technologien, insbesondere in der Produktion und im Transportwesen, ermöglichten eine beispiellose Zunahme des internationalen Handels. Dampfschiffe, Eisenbahnen und später die Telegrafie verkürzten die Distanzen zwischen den Kontinenten und beschleunigten den Austausch von Waren, Kapital und Informationen. Diese Ära markierte den Beginn einer intensiven wirtschaftlichen Verflechtung der Welt, die die Grundlagen für den modernen globalen Handel legte.

2.3.1.2 Post-WWII-Globalisierung: Entstehung internationaler Organisationen und Handelsabkommen

Nach dem Zweiten Weltkrieg trat die Globalisierung in eine neue Phase ein. Die internationale Gemeinschaft erkannte, dass die wirtschaftliche Zusammenarbeit entscheidend für den Frieden und den Wiederaufbau nach den verheerenden Kriegsjahren war. In dieser Zeit wurden wichtige internationale Organisationen gegründet, darunter die Vereinten Nationen, der Internationale Währungsfonds (IWF) und die Weltbank. Diese Institutionen sollten die globale wirtschaftliche Stabilität fördern und die Zusammenarbeit zwischen den Nationen stärken.

Zudem wurden in den Jahrzehnten nach dem Krieg eine Reihe von Handelsabkommen geschlossen, die den internationalen Handel weiter liberalisierten. Das Allgemeine Zoll- und Handelsabkommen (GATT) von 1947 und später die Welthandelsorganisation (WTO) schufen ein Regelwerk, das den Abbau von Handelsschranken und die Förderung des freien Handels ermöglichte. Diese Abkommen trugen maßgeblich zur Ausweitung des globalen Handels bei und ermöglichten es, dass immer mehr Länder in die Weltwirtschaft integriert wurden.

Die Nachkriegszeit war auch geprägt von der Entstehung regionaler Wirtschaftsblöcke wie der Europäischen Wirtschaftsgemeinschaft (EWG), die später zur Europäischen Union wurde. Diese regionalen Zusammenschlüsse förderten nicht nur den Handel innerhalb der Regionen, sondern trugen auch dazu bei, die wirtschaftlichen Beziehungen zwischen den Mitgliedsländern und dem Rest der Welt zu vertiefen.

2.3.1.3 Die Globalisierung 4.0: Digitalisierung und ihre Rolle im modernen Handel

Heute befinden wir uns in einer neuen Phase der Globalisierung, die oft als „Globalisierung 4.0" bezeichnet wird. Diese Phase ist geprägt von der Digitalisierung und der rasanten Entwicklung der Informationstechnologie. Die Digitalisierung hat den globalen Handel tiefgreifend verändert, indem sie neue Märkte geschaffen und bestehende Geschäftsmodelle revolutioniert hat. E-Commerce, digitale Dienstleistungen und globale Plattformen wie Amazon, Alibaba oder Google sind zentrale Akteure in der heutigen Weltwirtschaft.

Die Digitalisierung ermöglicht es Unternehmen, global zu agieren, unabhängig von physischen Grenzen. Kleine und mittlere Unternehmen können nun internationale Märkte erschließen, die früher großen Konzernen vorbehalten waren. Dies führt zu einer weiteren Intensivierung der globalen wirtschaftlichen Verflechtungen und verstärkt die Abhängigkeit der Länder voneinander.

Jedoch bringt die Globalisierung 4.0 auch neue Herausforderungen mit sich. Die digitale Kluft zwischen entwickelten und Entwicklungsländern wird größer, und Fragen des Datenschutzes, der Cyber-Sicherheit und der Kontrolle über digitale Infrastrukturen gewinnen an Bedeutung. Gleichzeitig entstehen durch die Digitalisierung neue Formen der Arbeitsteilung, die sowohl Chancen als auch Risiken für die globale Wirtschaft darstellen.

2.3.2 Arbeitsteilung in der globalisierten Welt

2.3.2.1 Globale Lieferketten: Struktur und Herausforderungen

Die Globalisierung hat zur Entstehung komplexer globaler Lieferketten geführt, die für die moderne Wirtschaft von zentraler Bedeutung sind. Unternehmen beziehen Rohstoffe, Komponenten und fertige Produkte aus verschiedenen Teilen der Welt, um Kosten zu senken und Effizienzgewinne zu erzielen. Diese globalen Netzwerke ermöglichen es, Produkte kostengünstiger und in höherer Qualität herzustellen, was letztlich dem Verbraucher zugutekommt.

Doch diese globale Arbeitsteilung bringt auch erhebliche Herausforderungen mit sich. Die Abhängigkeit von Lieferketten, die sich über mehrere Kontinente erstrecken, macht Unternehmen anfällig für Störungen. Naturkatastrophen, geopolitische Spannungen, Handelskonflikte und zuletzt die COVID-19-Pandemie haben gezeigt, wie fragil diese Netzwerke sein können. Lieferketten können unterbrochen werden, was zu Engpässen, Preisschwankungen und Produktionsausfällen führt. Unternehmen müssen daher ihre Risikomanagementstrategien überdenken und nach Möglichkeiten suchen, ihre Lieferketten widerstandsfähiger zu gestalten.

Ein weiteres Problem globaler Lieferketten sind die ethischen und sozialen Herausforderungen, die mit der Produktion in Niedriglohnländern verbunden sind. Schlechte Arbeitsbedingungen, Umweltverschmutzung und Menschenrechtsverletzungen sind in einigen Regionen weit verbreitet. Unternehmen stehen unter zunehmendem Druck, ihre Lieferketten nachhaltiger und sozial verantwortlicher zu gestalten, um den Erwartungen der Konsumenten und den Anforderungen der Regulierungsbehörden gerecht zu werden.

2.3.2.2 Offshoring und Outsourcing: Kosten-Nutzen-Analyse für Unternehmen und Volkswirtschaften

Offshoring und Outsourcing sind zwei zentrale Strategien, die im Zuge der Globalisierung von Unternehmen genutzt wurden, um Kosten zu senken und die Wettbewerbsfähigkeit zu steigern. Offshoring bezeichnet die Verlagerung von Produktionsprozessen oder Dienstleistungen in andere Länder, häufig in Regionen mit niedrigeren Lohnkosten. Outsourcing bezieht sich auf die Auslagerung von Geschäftsprozessen an externe Dienstleister, die oft ebenfalls im Ausland ansässig sind.

Diese Strategien haben Unternehmen ermöglicht, ihre Betriebskosten erheblich zu senken und sich stärker auf ihre Kernkompetenzen zu konzentrieren. Gleichzeitig haben sie dazu beigetragen, dass sich neue Märkte entwickelt und Arbeitsplätze in den Empfängerländern geschaffen wurden. Doch es gibt auch negative Aspekte. In den Herkunftsländern führte Offshoring oft zu einem Verlust von Arbeitsplätzen und einer Erosion der industriellen Basis. Dies hat in vielen westlichen Ländern zu politischen und sozialen Spannungen geführt, die sich in einem zunehmenden Protektionismus und Widerstand gegen die Globalisierung äußern.

Für die betroffenen Volkswirtschaften stellt sich die Frage, wie die Vorteile von Offshoring und Outsourcing maximiert werden können, ohne dass dabei soziale Ungleichheit und wirtschaftliche Instabilität entstehen. Eine sorgfältige Abwägung der Kosten und Nutzen ist erforderlich, um sicherzustellen, dass die Globalisierung weiterhin Wohlstand schafft, aber auch den sozialen Zusammenhalt und die wirtschaftliche Souveränität wahrt.

2.3.2.3 Re-shoring und Near-shoring: Die Rückkehr der Produktion in Hochlohnländer

In den letzten Jahren ist ein Trend zu beobachten, bei dem Unternehmen ihre Produktionsprozesse wieder näher an ihre Heimatmärkte verlagern. Re-shoring bezeichnet die Rückkehr von Produktionskapazitäten in das Herkunftsland, während Near-shoring die Verlagerung in nahegelegene Länder bedeutet. Diese Strategien werden oft als Reaktion auf die Risiken und Herausforderungen globaler Lieferketten gewählt, wie etwa politische Unsicherheiten, Währungsschwankungen und steigende Transportkosten.

Re-shoring und Near-shoring bieten Unternehmen die Möglichkeit, flexibler auf Marktveränderungen zu reagieren, die Lieferketten zu verkürzen und die Kontrolle über die Produktion zu verbessern. Zudem können Unternehmen dadurch von höheren Automatisierungsgraden und moderner Technologie in den Hochlohnländern profitieren, was die Produktivität steigert und gleichzeitig die Abhängigkeit von Niedriglohnländern verringert.

Für die Volkswirtschaften der Hochlohnländer könnte dieser Trend eine Renaissance der industriellen Produktion bedeuten, verbunden mit der Schaffung neuer Arbeitsplätze und einer Stärkung der lokalen Wirtschaft. Allerdings stehen auch hier Herausforderungen im Raum, insbesondere in Bezug auf die Wettbewerbsfähigkeit und die Anpassungsfähigkeit der Unternehmen an die veränderten Marktbedingungen.

2.3.3 Auswirkungen der Globalisierung

2.3.3.1 Wirtschaftswachstum und Armutsbekämpfung: Gewinner und Verlierer

Die Globalisierung hat unbestreitbar dazu beigetragen, das weltweite Wirtschaftswachstum zu steigern und die Armut in vielen Entwicklungsländern zu reduzieren. Länder wie China, Indien und Vietnam haben von der Integration in die Weltwirtschaft enorm profitiert. Durch den Zugang zu globalen Märkten konnten diese Länder ihre Exporte steigern, Arbeitsplätze schaffen und Millionen Menschen aus der Armut befreien.

Gleichzeitig hat die Globalisierung auch Verlierer hervorgebracht. In vielen Industrieländern, insbesondere in den USA und Europa, haben bestimmte Bevölkerungsgruppen nicht im gleichen Maße von den Vorteilen der Globalisierung profitiert. Insbesondere in Regionen, die stark von der traditionellen Industrie abhängen, hat die Verlagerung von Arbeitsplätzen ins Ausland zu wirtschaftlichem Niedergang und sozialem Unmut geführt. Diese Ungleichheiten haben zu einer Zunahme von populistischen Bewegungen und einer stärkeren Ablehnung der Globalisierung geführt.

Die Herausforderung besteht darin, die Vorteile der Globalisierung so zu verteilen, dass alle Bevölkerungsgruppen davon profitieren können. Dies erfordert eine Kombination aus politischen Maßnahmen zur Unterstützung von Bildung, Umschulung und sozialer Absicherung sowie Strategien zur Förderung einer inklusiven Wirtschaft, die auf nachhaltiges Wachstum abzielt.

2.3.3.2 Kulturelle und soziale Implikationen: Integration und Identität in einer vernetzten Welt

Die Globalisierung hat nicht nur wirtschaftliche, sondern auch tiefgreifende kulturelle und soziale Auswirkungen. Durch den weltweiten Austausch von Ideen, Informationen und Menschen entstehen neue Formen der kulturellen Identität und sozialer Integration. In vielen Städten der Welt begegnen sich heute Menschen verschiedener Kulturen, Religionen und ethnischer Hintergründe, was zu einer zunehmenden Vielfalt, aber auch zu Spannungen führen kann.

Die Frage der kulturellen Identität ist ein zentrales Thema in der globalisierten Welt. Einerseits bietet die Globalisierung die Möglichkeit, kulturelle Barrieren zu überwinden und eine globalere Sichtweise zu entwickeln. Andererseits fühlen sich viele Menschen durch den schnellen Wandel und den Verlust traditioneller Werte bedroht. Diese Spannungen manifestieren sich oft in Form von Nationalismus, Protektionismus und kultureller Abgrenzung.

Eine der großen Herausforderungen der Globalisierung besteht darin, Wege zu finden, wie kulturelle Vielfalt und soziale Integration gefördert werden können, ohne dass dabei Identitätskonflikte und soziale Spaltungen verstärkt werden. Dies erfordert sowohl politische als auch gesellschaftliche Anstrengungen, um den Dialog zwischen verschiedenen Kulturen zu fördern und gemeinsame Werte zu stärken.

2.3.3.3 Geopolitische Spannungen: Handelskriege und Protektionismus als Reaktionen

Die Globalisierung hat auch geopolitische Spannungen verschärft, die sich in Form von Handelskriegen, Protektionismus und wachsenden nationalen Rivalitäten äußern. Der Handelskonflikt zwischen den USA und China ist ein prominentes Beispiel dafür, wie wirtschaftliche Konkurrenz zu politischen Spannungen führen kann. Beide Länder versuchen, ihre Position in der globalen Wirtschaftsordnung zu stärken, was zu einem erbitterten Wettbewerb um technologische Vorherrschaft, Märkte und geopolitischen Einfluss führt.

Protektionistische Maßnahmen, wie die Erhebung von Zöllen und Handelsbarrieren, sind Reaktionen auf die negativen Folgen der Globalisierung und den Druck, nationale Industrien zu schützen. Diese Maßnahmen können kurzfristig Vorteile für bestimmte Sektoren bringen, doch langfristig drohen sie, den internationalen Handel zu behindern, das globale Wirtschaftswachstum zu bremsen und die Beziehungen zwischen den Ländern zu belasten.

In einer immer stärker vernetzten Welt besteht die Herausforderung darin, Mechanismen zur Konfliktlösung und Zusammenarbeit zu entwickeln, die die Vorteile der Globalisierung bewahren und gleichzeitig die negativen Auswirkungen abmildern. Dies erfordert diplomatische Anstrengungen, den Aufbau internationaler Institutionen und die Förderung eines fairen und offenen Handels, der den Bedürfnissen aller Länder gerecht wird.

2.4 Technologische Innovationen: Von der industriellen Revolution zur digitalen Revolution

2.4.1 Die industrielle Revolution: Der Beginn des modernen Wirtschaftswachstums

2.4.1.1 Mechanisierung und ihre sozialen Auswirkungen

Die industrielle Revolution, die im späten 18. Jahrhundert in Großbritannien begann, markierte einen Wendepunkt in der Geschichte der Menschheit. Sie war der Ausgangspunkt für das moderne Wirtschaftswachstum und führte zu tiefgreifenden Veränderungen in nahezu allen Lebensbereichen. Der Übergang von agrarisch geprägten Gesellschaften zu industriellen Produktionsformen war geprägt von der Einführung neuer Technologien, insbesondere der Mechanisierung, die die Produktivität drastisch steigerte und die Produktionskosten senkte.

Maschinen wie die Spinnmaschine „Spinning Jenny" und die Dampfmaschine ermöglichten es, Produkte in Massenproduktion herzustellen, was vorher nur in kleinen Werkstätten und Manufakturen möglich war. Diese Mechanisierung führte zu einem sprunghaften Anstieg der Produktion und ebnete den Weg für das Wachstum der Industrie. Fabriken schossen in den Städten wie Pilze aus dem Boden, und der Bedarf an Arbeitskräften stieg rasant an.

Doch die industrielle Revolution hatte auch tiefgreifende soziale Auswirkungen. Die rasante Urbanisierung führte zu einem enormen Zustrom von Menschen in die Städte, wo sie in oft prekären Verhältnissen arbeiteten und lebten. Die Arbeitsbedingungen in den Fabriken waren hart, die Löhne niedrig, und es gab kaum soziale Absicherung. Kinderarbeit und lange Arbeitszeiten waren an der Tagesordnung. Die sozialen Spannungen wuchsen, und es entstanden erste Arbeiterbewegungen, die für bessere Arbeitsbedingungen und Rechte kämpften.

Die Mechanisierung veränderte auch die gesellschaftlichen Strukturen. Die Bedeutung des Handwerks und der Landwirtschaft nahm ab, während die industrielle Produktion immer mehr an Bedeutung gewann. Dies führte zu einer Polarisierung der Gesellschaft, in der sich eine neue Klasse von Industriearbeitern und eine wohlhabende Schicht von Industriellen und Unternehmern herausbildete.

2.4.1.2 Die Rolle von Dampfmaschine und Eisenbahn: Veränderungen im Transport- und Produktionswesen

Die Dampfmaschine, die von James Watt entscheidend verbessert wurde, war das Herzstück der industriellen Revolution. Sie machte es möglich, Maschinen unabhängig von natürlichen Energiequellen wie Wasser oder Wind zu betreiben, was die Industrialisierung beschleunigte und neue Möglichkeiten für die Produktion eröffnete. Besonders in der Textilindustrie fand die Dampfmaschine rasche Verbreitung und trug entscheidend zur Massenproduktion bei.

Ein weiterer Durchbruch war die Entwicklung der Eisenbahn. Die Dampflokomotive revolutionierte den Transport von Gütern und Menschen und trug entscheidend zur Verbreitung der industriellen Revolution bei. Eisenbahnen ermöglichten den schnellen und kostengünstigen Transport von Rohstoffen zu den Fabriken und von Fertigwaren zu den Märkten. Dies führte zu einer Vernetzung der Märkte und trug zur Entstehung eines nationalen und später globalen Marktes bei.

Die Eisenbahn beschleunigte nicht nur den Handel, sondern förderte auch die Industrialisierung in entlegeneren Regionen. Städte, die an Eisenbahnlinien lagen, wuchsen schnell und entwickelten sich zu industriellen Zentren. Der Bau von Eisenbahnen schuf zudem Millionen von Arbeitsplätzen und trug zur wirtschaftlichen Entwicklung bei.

Doch die Auswirkungen der Eisenbahn gingen über die Wirtschaft hinaus. Sie veränderte das Leben der Menschen auf grundlegende Weise, indem sie Reisen und Kommunikation beschleunigte und die Entfernungen zwischen den Regionen verkürzte. Die Eisenbahn wurde zu einem Symbol für Fortschritt und Mobilität und prägte das Bild des 19. Jahrhunderts nachhaltig.

2.4.1.3 Langfristige Auswirkungen auf Arbeit und Kapital

Die industrielle Revolution veränderte die Struktur der Arbeit und des Kapitals grundlegend. Die Einführung von Maschinen und die Entwicklung neuer Produktionsmethoden führten zu einer zunehmenden Automatisierung der Arbeit, was die Nachfrage nach qualifizierten Arbeitskräften erhöhte und gleichzeitig viele traditionelle Handwerksberufe verdrängte. Dies führte zu einer Polarisierung des Arbeitsmarktes, in der einfache Arbeitskräfte durch Maschinen ersetzt wurden, während der Bedarf an Technikern, Ingenieuren und Führungskräften stieg.

Die industrielle Revolution förderte auch die Konzentration von Kapital. Großunternehmen und Fabriken erforderten erhebliche Investitionen, was zur Entstehung von Aktiengesellschaften und Banken führte, die Kapital sammelten und investierten. Dies führte zu einer zunehmenden Bedeutung des Finanzwesens und zur Entstehung von Kapitalmärkten, die die Industrialisierung weiter vorantrieben.

Langfristig legte die industrielle Revolution den Grundstein für das moderne Wirtschaftssystem, in dem Arbeit und Kapital eng miteinander verflochten sind. Die Veränderungen, die in dieser Zeit eingeleitet wurden, wirken bis heute nach und prägen die Struktur der globalen Wirtschaft.

2.4.2 Technologischer Fortschritt im 20. Jahrhundert

2.4.2.1 Elektrifizierung und Massenproduktion: Der Einfluss auf Wirtschaft und Gesellschaft

Der technologische Fortschritt des 20. Jahrhunderts war geprägt von zwei wesentlichen Entwicklungen: der Elektrifizierung und der Einführung der Massenproduktion. Die Elektrifizierung begann Ende des 19. Jahrhunderts und verbreitete sich im 20. Jahrhundert rasant. Elektrizität wurde zur treibenden Kraft der modernen Industrie und ermöglichte die Automatisierung und Effizienzsteigerung in zahlreichen Sektoren. Sie revolutionierte nicht nur die Produktion, sondern auch das tägliche Leben, indem sie Haushalten und Unternehmen Zugang zu neuen Technologien und Kommunikationsmitteln verschaffte.

Die Massenproduktion, die insbesondere durch Henry Ford und sein Modell T populär wurde, führte zu einer weiteren Revolution in der Industrie. Das Fließband ermöglichte die kostengünstige Herstellung großer Stückzahlen identischer Produkte und senkte die Produktionskosten drastisch. Dies führte zu einer Demokratisierung des Konsums, da nun auch breite Bevölkerungsschichten Zugang zu erschwinglichen Produkten hatten.

Diese Entwicklungen hatten weitreichende Auswirkungen auf die Wirtschaft und die Gesellschaft. Die Produktivität stieg enorm, die Lebensstandards verbesserten sich, und es entstand eine Konsumgesellschaft, in der der Zugang zu Massenprodukten zum Kennzeichen des wirtschaftlichen Fortschritts wurde. Gleichzeitig führte die Massenproduktion zu neuen sozialen Herausforderungen, wie der Monotonie der Arbeit und der Entfremdung der Arbeiter von ihren Produkten.

2.4.2.2 Telekommunikation und Internet: Die Grundlage der modernen Informationsgesellschaft

Im Laufe des 20. Jahrhunderts erlebte die Welt einen beispiellosen Wandel in der Art und Weise, wie Informationen übertragen und kommuniziert werden. Die Entwicklung der Telekommunikation, beginnend mit dem Telefon und später dem Radio und Fernsehen, revolutionierte die Kommunikation und schuf die Grundlage für die globale Vernetzung.

Der wahre Durchbruch kam jedoch mit dem Internet, das in den 1990er Jahren für die breite Öffentlichkeit zugänglich wurde. Das Internet veränderte die Weltwirtschaft radikal, indem es den Zugang zu Informationen demokratisierte, neue Geschäftsmodelle ermöglichte und die Entstehung einer globalen Informationsgesellschaft einleitete. Unternehmen wie Google, Amazon und Facebook wuchsen zu globalen Giganten heran, indem sie die Möglichkeiten des Internets nutzten, um neue Märkte zu erschließen und bestehende Branchen zu disruptieren.

Das Internet ermöglichte es Menschen, Informationen in Echtzeit zu teilen, unabhängig von geografischen Grenzen. Es förderte die Entstehung neuer Kommunikationsformen und -kanäle, von E-Mail über soziale Medien bis hin zu Videokonferenzen. Dies beschleunigte die Globalisierung und führte zu einer noch engeren Verflechtung der Weltwirtschaft.

2.4.2.3 Von der Mainframe-Ära zur Cloud: Evolution der Informationstechnologie

Die Entwicklung der Informationstechnologie (IT) ist eine der prägendsten Kräfte des 20. und 21. Jahrhunderts. Die IT-Ära begann mit den großen Mainframe-Computern, die in den 1960er Jahren in Unternehmen und Regierungsbehörden eingesetzt wurden. Diese Maschinen waren enorm leistungsfähig, aber auch teuer und komplex in der Handhabung. Mit der Zeit wurden Computer immer kleiner, leistungsfähiger und zugänglicher, was zur Entstehung des Personal Computers (PC) in den 1980er Jahren führte.

Die nächste große Revolution in der IT war die Entwicklung des Internets und die damit verbundene Entstehung des World Wide Web, die den Zugang zu Informationen und Kommunikation weltweit vereinfachte. Im 21. Jahrhundert hat sich die Cloud-Technologie durchgesetzt, die es ermöglicht, Daten und Anwendungen über das Internet zu speichern und zu nutzen, anstatt auf lokalen Computern.

Die Cloud hat die Art und Weise, wie Unternehmen und Einzelpersonen IT nutzen, radikal verändert. Sie bietet Flexibilität, Skalierbarkeit und Kosteneffizienz, die in der Ära der Mainframes und PCs undenkbar waren. Diese Entwicklung hat die Digitalisierung weiter vorangetrieben und die Grundlage für die nächste Phase des technologischen Fortschritts gelegt.

2.4.3 Die digitale Revolution und ihre Disruption

2.4.3.1 Künstliche Intelligenz und Automatisierung: Potenziale und Herausforderungen

Die digitale Revolution, die sich im 21. Jahrhundert voll entfaltet, wird von der rasanten Entwicklung Künstlicher Intelligenz (KI) und Automatisierungstechnologien geprägt. KI hat das Potenzial, die

Produktivität in nahezu allen Wirtschaftsbereichen zu steigern, von der industriellen Produktion über Dienstleistungen bis hin zum Gesundheitswesen. Durch die Automatisierung von Aufgaben, die bisher menschliches Wissen und Entscheidungsfindung erforderten, eröffnen sich völlig neue Möglichkeiten der Effizienzsteigerung.

Doch diese Entwicklungen bringen auch erhebliche Herausforderungen mit sich. Die Automatisierung bedroht Millionen von Arbeitsplätzen, insbesondere in Branchen, die stark auf routinemäßige Aufgaben angewiesen sind. Gleichzeitig stellt sich die Frage, wie KI-Entscheidungen überwacht und reguliert werden können, um ethische und rechtliche Standards zu gewährleisten. Die Herausforderung besteht darin, die Vorteile der KI zu nutzen, ohne dabei die sozialen und wirtschaftlichen Stabilität zu gefährden.

2.4.3.2 Big Data und maschinelles Lernen: Neue Ansätze in der Datenverarbeitung und -analyse

Die Explosion der Datenmenge, die heute in der digitalen Welt generiert wird, hat zur Entwicklung von Big Data und maschinellem Lernen geführt. Diese Technologien ermöglichen es Unternehmen und Organisationen, riesige Datenmengen zu analysieren und daraus wertvolle Erkenntnisse zu gewinnen. Big Data revolutioniert Branchen wie das Marketing, die Medizin und die Finanzdienstleistungen, indem es tiefere Einblicke in das Verhalten und die Bedürfnisse der Kunden ermöglicht.

Maschinelles Lernen, eine Unterkategorie der KI, nutzt diese Daten, um Algorithmen zu trainieren, die Vorhersagen treffen und Entscheidungen treffen können. Diese Technologie wird zunehmend in autonomen Fahrzeugen, personalisierten Empfehlungen und sogar in der Wissenschaft eingesetzt, um komplexe Probleme zu lösen.

Doch auch hier gibt es Herausforderungen. Die Abhängigkeit von Daten und Algorithmen birgt das Risiko von Datenschutzverletzungen, Diskriminierung und Manipulation. Es ist entscheidend, dass die Regulierung und der ethische Rahmen Schritt halten, um sicherzustellen, dass Big Data und maschinelles Lernen zum Wohl der Gesellschaft eingesetzt werden.

2.4.3.3 Die Zukunft der Arbeit: Mensch-Maschine-Interaktion und die Transformation von Berufen

Die fortschreitende Digitalisierung und Automatisierung verändern die Arbeitswelt grundlegend. Während einige Berufe durch Maschinen und Algorithmen ersetzt werden, entstehen gleichzeitig neue Berufsfelder, die spezialisierte Fähigkeiten und technisches Wissen erfordern. Die Mensch-Maschine-Interaktion wird zunehmend zu einem zentralen Element der Arbeitswelt, bei dem Menschen und KI-Systeme zusammenarbeiten, um komplexe Aufgaben zu bewältigen.

Diese Transformation erfordert eine Anpassung der Bildungs- und Ausbildungssysteme, um sicherzustellen, dass die Arbeitskräfte der Zukunft über die notwendigen Fähigkeiten verfügen. Lebenslanges Lernen und die Bereitschaft zur kontinuierlichen Weiterbildung werden entscheidend sein, um in einer sich schnell verändernden Arbeitswelt erfolgreich zu bleiben.

Die digitale Revolution bietet enorme Chancen, aber auch Risiken. Die Herausforderung besteht darin, die Technologien so zu nutzen, dass sie den sozialen Fortschritt fördern und gleichzeitig die negativen Auswirkungen auf die Beschäftigung und die Gesellschaft minimieren.

3. Der Markt und seine Akteure

3.1 Unternehmen in der modernen Wirtschaft: Vom Kleinunternehmen zum multinationalen Konzern

Als die erste industrielle Revolution in vollem Gange war, wagte ein kleiner Unternehmer in einer verstaubten Werkstatt im Herzen Englands den Schritt in eine neue Ära. Sein Name war James W., ein Mann mit großen Visionen und bescheidenen Mitteln. Was damals als winziges Handwerksunternehmen begann, entwickelte sich im Laufe der Jahrzehnte zu einem weltweit operierenden Konzern mit Tausenden von Mitarbeitern und Produktionsstätten auf verschiedenen Kontinenten. Die Geschichte von James W. ist keine Ausnahme, sondern vielmehr ein Sinnbild für die transformative Kraft der modernen Wirtschaft. Heute stehen Unternehmen nicht mehr nur für Produktion und Handel, sondern repräsentieren die treibenden Kräfte hinter Innovation, Globalisierung und technologischer Entwicklung.

3.1.1 Struktur und Typen von Unternehmen

Unternehmen sind die Bausteine der modernen Wirtschaft. Sie kommen in verschiedenen Formen und Größen, jede mit ihren eigenen Besonderheiten und Herausforderungen. Von kleinen Familienbetrieben bis hin zu riesigen multinationalen Konzernen ist die Unternehmenslandschaft so vielfältig wie die Gesellschaft selbst. Dieser Abschnitt beleuchtet die verschiedenen Strukturen und Typen von Unternehmen und erklärt, welche Rolle sie in der globalen Wirtschaft spielen.

3.1.1.1 Einzelunternehmen und kleine und mittlere Unternehmen (KMU): Definition und Rolle in der Wirtschaft

Einzelunternehmen und kleine bis mittlere Unternehmen (KMU) bilden das Rückgrat vieler Volkswirtschaften. Diese Unternehmen, oft von Einzelpersonen oder Familien geführt, zeichnen sich durch eine flache Hierarchie und kurze Entscheidungswege aus. Ein Einzelunternehmen wird typischerweise von einer einzigen Person gegründet und geführt, die für alle Aspekte des Geschäfts verantwortlich ist. KMUs hingegen können mehrere Dutzend bis hin zu einigen hundert Mitarbeiter beschäftigen und sind in verschiedenen Branchen tätig, von Handwerk und Dienstleistungen bis hin zu innovativen Technologiefirmen.

Die Rolle dieser kleinen und mittleren Unternehmen in der Wirtschaft kann nicht hoch genug eingeschätzt werden. Sie tragen wesentlich zur Schaffung von Arbeitsplätzen bei und sind oft die ersten, die auf Veränderungen im Markt reagieren. Ihre Flexibilität und Nähe zum Kunden ermöglichen es ihnen, Nischenmärkte zu bedienen und innovative Produkte schneller auf den Markt zu bringen. Trotz ihrer Größe stehen KMUs jedoch häufig vor Herausforderungen wie begrenztem Zugang zu Kapital, weniger Ressourcen für Forschung und Entwicklung sowie stärkeren Schwankungen in der Nachfrage.

3.1.1.2 Großunternehmen und multinationale Konzerne: Struktur, Einfluss und globale Präsenz

Im Gegensatz zu den kleineren Akteuren stehen Großunternehmen und multinationale Konzerne, die eine dominante Rolle in der globalen Wirtschaft spielen. Diese Unternehmen verfügen über umfangreiche Ressourcen, sowohl finanziell als auch personell, und operieren in mehreren Ländern gleichzeitig. Ihre Struktur ist komplex und umfasst oft zahlreiche Tochtergesellschaften und Abtei-

lungen, die auf verschiedene Märkte und Produktlinien spezialisiert sind.

Der Einfluss dieser Konzerne auf die Weltwirtschaft ist immens. Sie
bestimmen nicht nur die Preise und Standards in vielen Branchen,
sondern beeinflussen auch die politischen und wirtschaftlichen
Rahmenbedingungen in den Ländern, in denen sie tätig sind. Ihre
globale Präsenz ermöglicht es ihnen, von Skaleneffekten zu profitieren und ihre Produktion an den kostengünstigsten Standorten
zu konzentrieren. Dies führt jedoch auch zu Kritik, insbesondere
wenn es um Themen wie Steuergestaltung, Umweltverschmutzung
und die Ausnutzung von Arbeitskräften in Entwicklungsländern
geht.

3.1.1.3 Start-ups und Innovation: Die Bedeutung von Risikokapi-
tal und Entrepreneurship

Neben den etablierten Akteuren in der Wirtschaft gewinnen Start-
ups zunehmend an Bedeutung. Diese jungen Unternehmen, oft mit
einem starken Fokus auf Innovation und Technologie, sind die Ge-
burtsstätte vieler disruptiver Ideen, die ganze Branchen verändern
können. Start-ups zeichnen sich durch ihre hohe Risikobereitschaft
und ihre Agilität aus. Sie sind nicht an bestehende Strukturen gebunden und können daher schneller auf neue Trends und Technologien reagieren.

Risikokapital spielt eine entscheidende Rolle bei der Förderung
dieser Start-ups. Investoren, die bereit sind, in diese Unternehmen
zu investieren, nehmen hohe Risiken in Kauf, da viele Start-ups
scheitern. Doch die Erfolgsfälle, wie Google, Facebook oder Tesla,
zeigen das enorme Potenzial, das in diesen jungen Unternehmen
steckt. Entrepreneurship, also das Unternehmertum selbst, ist dabei der Motor, der Innovationen vorantreibt und neue Märkte er-
schließt. In einer globalisierten Welt, in der technologische Fort-

schritte in atemberaubender Geschwindigkeit stattfinden, sind Start-ups die Pioniere, die den Weg in die Zukunft ebnen.

3.1.2 Wachstumsstrategien von Unternehmen

Während die Gründung eines Unternehmens schon eine bedeutende Leistung darstellt, ist es der anschließende Wachstumspfad, der den langfristigen Erfolg bestimmt. Wachstumsstrategien sind für Unternehmen unerlässlich, um sich am Markt zu behaupten, ihre Marktanteile auszubauen und neue Geschäftsfelder zu erschließen. Dabei setzen Unternehmen auf unterschiedliche Strategien, die sich grob in organisches und anorganisches Wachstum unterteilen lassen. Zudem gewinnt die Globalisierung als Wachstumsstrategie immer mehr an Bedeutung, da Unternehmen weltweit expandieren, um neue Märkte zu erschließen und von globalen Trends zu profitieren.

3.1.2.1 Organisches Wachstum: Strategien zur Skalierung durch interne Ressourcen

Organisches Wachstum beschreibt den Prozess, bei dem ein Unternehmen aus eigener Kraft wächst, ohne auf Fusionen, Übernahmen oder andere externe Maßnahmen zurückzugreifen. Dieser Ansatz erfordert eine strategische Nutzung interner Ressourcen und eine kontinuierliche Optimierung der Unternehmensprozesse. Unternehmen, die organisch wachsen, investieren häufig in die Entwicklung neuer Produkte, die Erweiterung ihrer bestehenden Dienstleistungen oder die Erschließung neuer Zielgruppen.

Ein wesentlicher Vorteil des organischen Wachstums liegt in der Kontrolle, die das Unternehmen über seine Entwicklungsrichtung behält. Durch schrittweise Expansion und die Nutzung bereits vorhandener Stärken kann ein Unternehmen stabil und nachhaltig wachsen. Ein Beispiel für eine organische Wachstumsstrategie ist die Diversifikation, bei der ein Unternehmen seine Produktpalette erweitert, um neue Märkte anzusprechen. Ein weiteres Beispiel ist die Marktpenetration, bei der versucht wird, den Marktanteil innerhalb des bestehenden Marktes zu erhöhen, etwa durch aggressive Marketingkampagnen oder Preissenkungen.

Allerdings ist organisches Wachstum oft ein langsamer Prozess, der erhebliche Investitionen in Forschung und Entwicklung, Marketing und Vertrieb erfordert. Unternehmen, die sich ausschließlich auf organisches Wachstum verlassen, könnten in einem dynamischen Marktumfeld Gefahr laufen, von agileren Wettbewerbern überholt zu werden, die durch schnellere Expansion größere Marktanteile gewinnen.

3.1.2.2 Anorganisches Wachstum: Fusionen, Übernahmen und strategische Allianzen

Im Gegensatz zum organischen Wachstum setzen Unternehmen beim anorganischen Wachstum auf externe Maßnahmen, um ihre Größe und ihren Einfluss schnell zu erweitern. Fusionen und Übernahmen (Mergers & Acquisitions, M&A) sind dabei die prominentesten Instrumente. Bei einer Übernahme kauft ein Unternehmen ein anderes auf, um dessen Ressourcen, Technologie, Kundenstamm und Marktzugang zu nutzen. Eine Fusion hingegen beschreibt den Zusammenschluss zweier Unternehmen zu einer neuen, größeren Einheit.

Diese Art des Wachstums ermöglicht es Unternehmen, ihre Marktpräsenz sofort zu vergrößern, in neue Märkte einzutreten oder ihre Produktpalette zu diversifizieren. Strategische Allianzen, bei denen Unternehmen eine Kooperation eingehen, ohne vollständig zu fusionieren, sind ebenfalls gängige Praxis. Diese Partnerschaften können es Unternehmen ermöglichen, Synergien zu nutzen, ihre Kompetenzen zu bündeln und von den Stärken des Partners zu profitieren.

Ein Beispiel für eine erfolgreiche Fusion ist die von Exxon und Mobil Im Jahr 1999, die den damals größten Ölkonzern der Welt schuf. Die Fusion ermöglichte es beiden Unternehmen, ihre Marktposition zu festigen, Kosten zu senken und ihre Ressourcen effektiver zu nutzen. Allerdings sind M&A-Transaktionen oft komplex und riskant. Unterschiedliche Unternehmenskulturen, organisatorische Herausforderungen und mögliche Widerstände von Regulierungsbehörden sind nur einige der Hürden, die es zu überwinden gilt. Gelingt eine Integration jedoch, kann dies zu erheblichen Wettbewerbsvorteilen führen.

3.1.2.3 Globalisierung und Internationalisierung: Eintrittsstrategien in neue Märkte

In einer zunehmend globalisierten Welt ist die Internationalisierung ein zentraler Wachstumstreiber für Unternehmen. Die Expansion in neue geografische Märkte bietet Unternehmen die Möglichkeit, ihre Produkte und Dienstleistungen einem größeren Publikum anzubieten, Risiken zu diversifizieren und von wirtschaftlichen Vorteilen in anderen Ländern zu profitieren.

Unternehmen wählen dabei verschiedene Eintrittsstrategien, abhängig von ihren Zielen, Ressourcen und dem Marktumfeld. Eine der einfachsten Formen der Internationalisierung ist der Export, bei dem Produkte ins Ausland verkauft werden, ohne dass das Unternehmen physisch im Zielland präsent ist. Für eine stärkere Marktpräsenz können Unternehmen Tochtergesellschaften gründen, Produktionsstätten im Ausland aufbauen oder Joint Ventures mit lokalen Partnern eingehen.

Ein Beispiel für eine erfolgreiche Internationalisierung ist der Markteintritt von McDonald's in Indien. Durch die Anpassung ihrer Produktpalette an lokale Vorlieben und kulturelle Gegebenheiten konnte die Fast-Food-Kette in einem kulturell und kulinarisch anspruchsvollen Markt Fuß fassen. Diese Strategie zeigt, wie wichtig es ist, lokale Besonderheiten zu berücksichtigen, um in neuen Märkten erfolgreich zu sein.

Die Globalisierung birgt jedoch auch Risiken, wie etwa politische Instabilität, Währungsschwankungen oder kulturelle Missverständnisse, die die Geschäftstätigkeit beeinträchtigen können. Unternehmen müssen daher sorgfältig planen und ihre Strategien kontinuierlich anpassen, um auf dem globalen Markt bestehen zu können.

3.1.3 Unternehmensführung und Governance

In der modernen Wirtschaftswelt ist Unternehmensführung weit mehr als nur das Management alltäglicher Geschäftsprozesse. Sie umfasst die gesamte strategische Ausrichtung eines Unternehmens und die Art und Weise, wie es seine Beziehungen zu Stakeholdern, darunter Mitarbeiter, Kunden, Aktionäre und die Gesellschaft im Allgemeinen, gestaltet. Eine effektive Unternehmensführung kann den Unterschied zwischen Erfolg und Misserfolg ausmachen, insbesondere in einer Zeit, in der Unternehmen zunehmend unter dem Druck stehen, nicht nur wirtschaftliche, sondern auch soziale und ökologische Verantwortung zu übernehmen.

3.1.3.1 Corporate Governance: Strukturen, Richtlinien und ihre Bedeutung für die Unternehmensführung

Corporate Governance bezeichnet die Strukturen und Prozesse, durch die ein Unternehmen geführt und kontrolliert wird. Sie legt die Rahmenbedingungen fest, innerhalb derer Unternehmensentscheidungen getroffen werden, und definiert die Verantwortlichkeiten von Vorstand, Aufsichtsrat und Aktionären. Ziel der Corporate Governance ist es, ein Gleichgewicht zwischen den Interessen der verschiedenen Stakeholder zu schaffen und gleichzeitig die langfristige Wertschöpfung des Unternehmens sicherzustellen.

Eine gute Corporate Governance zeichnet sich durch Transparenz, Rechenschaftspflicht und Fairness aus. Diese Prinzipien sorgen dafür, dass die Führungskräfte eines Unternehmens in erster Linie den Interessen der Aktionäre verpflichtet sind, ohne dabei die Bedürfnisse anderer Stakeholder zu vernachlässigen. Zu den zentralen Elementen der Corporate Governance gehören klare Richtlinien für die Zusammensetzung und die Arbeitsweise von Vorständen und Aufsichtsräten, die Einführung von Kontrollmechanismen sowie die Etablierung von Risikomanagementsystemen.

In den letzten Jahren hat sich die Bedeutung der Corporate Governance weiter verstärkt, nicht zuletzt durch spektakuläre Unternehmensskandale wie bei Enron oder Volkswagen, die eindrucksvoll zeigten, welche verheerenden Folgen mangelnde Kontrolle und Fehlverhalten haben können. In vielen Ländern wurden daraufhin strengere Vorschriften und Leitlinien eingeführt, um das Vertrauen der Anleger zu stärken und die Stabilität der Märkte zu sichern. Ein Beispiel hierfür ist der Deutsche Corporate Governance Kodex, der Unternehmen in Deutschland eine Orientierung für gute Unternehmensführung gibt.

3.1.3.2 Unternehmensverantwortung (CSR): Nachhaltigkeit und ethische Geschäftspraktiken

Die Bedeutung der Corporate Social Responsibility (CSR) hat in den letzten Jahrzehnten erheblich zugenommen. CSR beschreibt den freiwilligen Beitrag eines Unternehmens zu einer nachhaltigen Entwicklung, der über gesetzliche Anforderungen hinausgeht. Dabei geht es nicht nur um Umweltaspekte, sondern auch um den Umgang mit Mitarbeitern, die Unterstützung von Gemeinschaften und die Förderung von Menschenrechten.

Unternehmen, die CSR ernst nehmen, integrieren nachhaltige und ethische Praktiken in ihre Geschäftsstrategie. Sie setzen sich Ziele in den Bereichen Umwelt, Soziales und Unternehmensführung, die über kurzfristige Gewinnmaximierung hinausgehen. Ein prominentes Beispiel ist die Umstellung auf erneuerbare Energien oder die Einführung fairer Arbeitsbedingungen entlang der gesamten Lieferkette.

Ethische Geschäftspraktiken werden zunehmend von Verbrauchern und Investoren gefordert. Unternehmen, die sich ihrer sozialen Verantwortung bewusst sind, genießen nicht nur ein besseres Ansehen, sondern können auch langfristig wirtschaftliche Vorteile erzielen. Studien zeigen, dass Unternehmen mit hohen CSR-Standards tendenziell erfolgreicher sind, da sie Loyalität bei Kunden und Mitarbeitern aufbauen und weniger Risiken in Bezug auf regulatorische Maßnahmen oder Boykotte eingehen.

Allerdings ist CSR nicht immer frei von Kritik. Skeptiker argumentieren, dass viele Unternehmen CSR-Maßnahmen hauptsächlich aus Imagegründen ergreifen und dass echte Veränderungen oft ausbleiben. Deshalb ist es wichtig, dass CSR nicht als bloßes Marketinginstrument missbraucht wird, sondern als integraler Bestandteil der Unternehmensstrategie betrachtet wird, um nachhaltige Erfolge zu erzielen.

3.1.3.3 Innovationsmanagement: Anpassungsstrategien in einer sich schnell verändernden Welt

In einer Zeit rasanter technologischer Entwicklungen und globaler Veränderungen ist Innovationsmanagement zu einem zentralen Bestandteil der Unternehmensführung geworden. Innovationsmanagement umfasst die systematische Planung, Steuerung und Kontrolle von Innovationen in einem Unternehmen. Es zielt darauf ab, neue Ideen zu generieren, diese in marktfähige Produkte oder Dienstleistungen zu überführen und die Innovationskraft des Unternehmens kontinuierlich zu stärken.

Ein effektives Innovationsmanagement ist entscheidend, um in einem wettbewerbsintensiven Marktumfeld zu bestehen. Unternehmen müssen flexibel auf Veränderungen reagieren und gleichzeitig langfristige Innovationsstrategien entwickeln. Dies kann durch Investitionen in Forschung und Entwicklung, die Förderung einer kreativen Unternehmenskultur oder die Zusammenarbeit mit externen Partnern, wie Universitäten oder Start-ups, geschehen.

Die Herausforderung besteht darin, Innovationen nicht nur zu initiieren, sondern sie auch erfolgreich zu implementieren. Dies erfordert oft eine Anpassung der bestehenden Geschäftsmodelle und Organisationsstrukturen, um neue Technologien und Prozesse zu integrieren. Ein bekanntes Beispiel für gelungenes Innovationsmanagement ist das Unternehmen Apple, das immer wieder durch wegweisende Produkte wie das iPhone oder den Mac neue Maßstäbe in der Branche setzt.

Doch auch hier lauern Risiken. Unternehmen, die sich zu stark auf Innovationen fokussieren, laufen Gefahr, bestehende Geschäftsbereiche zu vernachlässigen oder sich in zu vielen Projekten zu verzetteln. Daher ist es wichtig, dass Innovationsmanagement in ein ausgewogenes Gesamtkonzept eingebettet ist, das sowohl kurzfristige als auch langfristige Ziele berücksichtigt.

3.2 Verbraucher und Konsumverhalten: Die Macht der Wahl in einer vernetzten Welt

In einer Welt, in der die Auswahl schier endlos erscheint und der Zugang zu Produkten und Dienstleistungen mit wenigen Klicks möglich ist, hat der Verbraucher eine nie dagewesene Macht erlangt. Diese Macht manifestiert sich nicht nur in der Vielfalt der verfügbaren Optionen, sondern auch in der Möglichkeit, Informationen in Echtzeit zu vergleichen, Bewertungen anderer Kunden zu lesen und direkt Einfluss auf die Marken und Unternehmen zu nehmen, bei denen sie einkaufen. Das Konsumverhalten hat sich in den letzten Jahrzehnten dramatisch verändert, getrieben durch technologische Innovationen, soziale Medien und ein wachsendes Bewusstsein für Nachhaltigkeit. Unternehmen stehen heute vor der Herausforderung, diese Veränderungen zu verstehen und darauf zu reagieren, um die Bedürfnisse und Wünsche der Verbraucher zu erfüllen.

3.2.1 Veränderungen im Konsumverhalten

Das Konsumverhalten der Menschen hat sich über die Jahre hinweg immer wieder verändert, doch die Geschwindigkeit und das Ausmaß der Veränderungen im 21. Jahrhundert sind beispiellos. Verschiedene Faktoren, wie die Digitalisierung, das Aufkommen neuer Vertriebskanäle und ein verändertes Bewusstsein für soziale und ökologische Themen, haben dazu geführt, dass Konsumenten heute anders einkaufen und andere Erwartungen an Unternehmen haben als noch vor einigen Jahren.

3.2.1.1 Traditioneller Konsum vs. Online-Konsum: Entwicklung und Trends

Früher war der Einkauf ein physisches Erlebnis: Man ging in ein Geschäft, probierte Produkte aus, sprach mit Verkäufern und traf dann eine Entscheidung. Dieser traditionelle Konsum ist nach wie vor präsent, doch zunehmend wird er durch den Online-Konsum ergänzt oder gar ersetzt. Der E-Commerce hat in den letzten zwei Jahrzehnten einen regelrechten Boom erlebt und die Art und Weise, wie Menschen einkaufen, revolutioniert.

Die Entwicklung des Online-Konsums begann mit einfachen Webshops und hat sich heute zu einer komplexen und hochdynamischen Branche entwickelt, die durch Technologieriesen wie Amazon, Alibaba und Zalando dominiert wird. Konsumenten schätzen die Bequemlichkeit, rund um die Uhr einkaufen zu können, die Möglichkeit, Preise schnell zu vergleichen, und die oft breitere Auswahl an Produkten. Gleichzeitig hat die Personalisierung von Angeboten, basierend auf dem Kaufverhalten und den Präferenzen des Konsumenten, dazu geführt, dass Online-Shopping zu einem maßgeschneiderten Erlebnis wird.

Ein Trend, der sich im Rahmen dieser Entwicklung abzeichnet, ist die zunehmende Verschmelzung von Online- und Offline-Konsum. So nutzen viele Verbraucher „Click-and-Collect"-Dienste, bei denen sie online bestellen und die Ware im Laden abholen können. Auch das sogenannte „Showrooming", bei dem Konsumenten Produkte im Geschäft ansehen, um sie dann online zu kaufen, ist weit verbreitet. Diese Trends zeigen, dass der traditionelle Konsum zwar nicht verschwindet, sich jedoch stark verändert und an die neuen Gegebenheiten anpasst.

3.2.1.2 Personalisierung und Kundenbindung: Wie Daten das Konsumverhalten beeinflussen

In der heutigen digitalen Welt hinterlassen Konsumenten bei fast jeder Interaktion Spuren, die wertvolle Daten über ihre Vorlieben und Verhaltensweisen liefern. Unternehmen nutzen diese Daten, um ihre Angebote zu personalisieren und eine engere Bindung zu ihren Kunden aufzubauen. Diese Entwicklung ist ein zentraler Faktor für den Erfolg vieler moderner Geschäftsmodelle.

Die Personalisierung beginnt oft mit einfachen Empfehlungen, wie wir sie von Plattformen wie Amazon oder Netflix kennen. Basierend auf früheren Käufen oder angesehenen Inhalten werden Produkte oder Filme vorgeschlagen, die den Interessen des Nutzers entsprechen könnten. Doch die Personalisierung geht heute weit darüber hinaus. Unternehmen setzen zunehmend auf datengetriebene Ansätze, um maßgeschneiderte Marketingkampagnen zu erstellen, die individuell auf die Bedürfnisse und Wünsche jedes einzelnen Kunden abgestimmt sind.

Ein weiterer wichtiger Aspekt der Personalisierung ist die Kundenbindung. Durch maßgeschneiderte Angebote, exklusive Rabatte oder personalisierte Kommunikationsstrategien versuchen Unternehmen, eine langfristige Beziehung zu ihren Kunden aufzubauen und ihre Loyalität zu sichern. Treueprogramme, die auf dem Einkaufsverhalten basieren, sind ein weit verbreitetes Mittel, um Konsumenten zu belohnen und an die Marke zu binden.

Jedoch ist der Einsatz von Daten nicht ohne Kontroversen. Datenschutzbedenken und das Bewusstsein für die potenziellen Risiken der Datenweitergabe haben in den letzten Jahren zugenommen. Unternehmen müssen daher einen Balanceakt vollführen: Einerseits wollen sie die Möglichkeiten der Datenanalyse voll ausschöpfen, andererseits müssen sie sicherstellen, dass sie die Privatsphäre ihrer Kunden respektieren und deren Vertrauen nicht verlieren.

3.2.1.3 Nachhaltiger Konsum: Die wachsende Nachfrage nach umweltfreundlichen Produkten

In einer Zeit, in der der Klimawandel und Umweltzerstörung immer präsenter in den Medien und im Bewusstsein der Menschen werden, ist das Thema Nachhaltigkeit auch im Konsumverhalten angekommen. Immer mehr Verbraucher legen Wert darauf, dass die Produkte, die sie kaufen, umweltfreundlich und ethisch korrekt produziert wurden. Dies reicht von Lebensmitteln über Kleidung bis hin zu Elektronikprodukten.

Der Trend zum nachhaltigen Konsum ist nicht nur ein Ausdruck eines wachsenden Umweltbewusstseins, sondern auch eine Reaktion auf Skandale und Missstände in der Produktion, wie beispielsweise Kinderarbeit, schlechte Arbeitsbedingungen oder die Zerstörung von Lebensräumen durch nicht nachhaltige Landwirtschaft. Verbraucher wollen heute sicherstellen, dass ihre Kaufentscheidungen im Einklang mit ihren Werten stehen.

Unternehmen haben auf diesen Trend reagiert, indem sie nachhaltige Produkte anbieten, ihre Lieferketten transparenter gestalten und Initiativen wie „Fair Trade" oder „Bio" unterstützen. Nachhaltigkeit wird dabei zunehmend zu einem wichtigen Unterscheidungsmerkmal im Wettbewerb, und Unternehmen, die sich diesem Thema verschreiben, können sich einen signifikanten Vorteil verschaffen.

Allerdings bleibt die Frage, inwieweit Verbraucher bereit sind, für Nachhaltigkeit auch höhere Preise zu zahlen. Untersuchungen zeigen, dass zwar viele Konsumenten nachhaltige Produkte bevorzugen, doch nicht alle sind bereit, dafür einen Aufpreis zu zahlen. Es bleibt also eine Herausforderung für Unternehmen, nachhaltige

Produkte wettbewerbsfähig zu gestalten und gleichzeitig sicherzustellen, dass ihre Produktionsprozesse wirklich nachhaltig sind.

3.2.2 Die Psychologie des Konsumenten

Hinter jeder Kaufentscheidung steckt eine Vielzahl von psychologischen Prozessen, die das Verhalten von Konsumenten prägen. Diese Prozesse sind oft komplex und werden von einer Mischung aus rationalen Überlegungen, emotionalen Reaktionen und unterbewussten Motiven bestimmt. Das Verständnis der Psychologie des Konsumenten ist für Unternehmen von entscheidender Bedeutung, um ihre Produkte und Dienstleistungen so zu gestalten, dass sie den Bedürfnissen und Wünschen der Verbraucher entsprechen. In diesem Abschnitt werfen wir einen Blick auf die verschiedenen Faktoren, die das Konsumverhalten beeinflussen, und wie Unternehmen dieses Wissen nutzen können, um erfolgreich am Markt zu agieren.

3.2.2.1 Entscheidungsprozesse: Von der Bedürfnisserkennung bis zum Kaufabschluss

Der Kaufprozess eines Konsumenten beginnt in der Regel mit der Erkennung eines Bedürfnisses. Dieses Bedürfnis kann durch einen äußeren Reiz, wie eine Werbeanzeige, oder durch eine innere Motivation, wie Hunger oder der Wunsch nach sozialer Anerkennung, ausgelöst werden. Sobald das Bedürfnis erkannt ist, beginnt der Konsument mit der Suche nach Informationen, um mögliche Lösungen für sein Problem zu finden. Diese Informationssuche kann aktiv erfolgen, etwa durch das Durchstöbern von Online-Shops oder das Lesen von Produktbewertungen, oder passiv, indem der Konsument auf Empfehlungen von Freunden und Familie achtet.

Nach der Informationssuche folgt die Bewertungsphase, in der der Konsument die gesammelten Informationen abwägt und die verfügbaren Alternativen miteinander vergleicht. In dieser Phase spielen sowohl rationale als auch emotionale Faktoren eine Rolle. Der Preis, die Qualität und die Marke eines Produkts sind ebenso wichtig wie das Image, das mit dem Produkt verbunden ist, oder die emotionale Bindung, die der Konsument zu einer bestimmten Marke hat.

Schließlich führt der Entscheidungsprozess zum Kaufabschluss. Doch selbst nach dem Kauf hört der Entscheidungsprozess nicht auf. Konsumenten bewerten ihre Entscheidung im Nachhinein und entscheiden, ob sie mit ihrem Kauf zufrieden sind oder ob sie möglicherweise einen Fehlkauf getätigt haben. Diese nachträgliche Bewertung beeinflusst nicht nur die zukünftigen Kaufentscheidungen des Konsumenten, sondern auch seine Bereitschaft, das Produkt weiterzuempfehlen oder erneut zu kaufen.

Unternehmen können diese Phasen des Entscheidungsprozesses gezielt beeinflussen, indem sie die Bedürfnisse der Konsumenten frühzeitig erkennen und ihre Marketingstrategien darauf abstimmen. Eine klare und ansprechende Kommunikation, die sowohl rationale als auch emotionale Aspekte anspricht, kann den Entscheidungsprozess positiv beeinflussen und die Wahrscheinlichkeit eines Kaufabschlusses erhöhen.

3.2.2.2 Verhaltensökonomie: Wie Emotionen und Heuristiken Kaufentscheidungen beeinflussen

Die Verhaltensökonomie hat gezeigt, dass Konsumenten nicht immer rational handeln, sondern dass ihre Entscheidungen oft von Emotionen und sogenannten Heuristiken, also einfachen Entscheidungsregeln, geprägt sind. Diese Erkenntnisse haben die herkömmliche ökonomische Theorie, die den Menschen als rationalen Entscheider betrachtet, grundlegend verändert.

Emotionen spielen eine zentrale Rolle bei Kaufentscheidungen. Positive Emotionen wie Freude oder Zufriedenheit können dazu führen, dass ein Konsument eher bereit ist, ein Produkt zu kaufen, während negative Emotionen wie Angst oder Unsicherheit den Kauf hemmen können. Unternehmen nutzen diese Erkenntnis, indem sie in ihrer Werbung gezielt emotionale Botschaften einsetzen, die bestimmte Gefühle hervorrufen sollen. Ein Beispiel dafür sind Werbespots, die Glück und Lebensfreude vermitteln, um den Konsumenten mit einem positiven Image der Marke zu verbinden.

Heuristiken sind mentale Abkürzungen, die Konsumenten nutzen, um schnelle Entscheidungen zu treffen, ohne alle verfügbaren Informationen sorgfältig abzuwägen. Eine gängige Heuristik ist die „Preis-Heuristik", bei der Konsumenten davon ausgehen, dass teurere Produkte von höherer Qualität sind. Eine andere ist die „Verfügbarkeits-Heuristik", bei der die Wahrscheinlichkeit eines Ereignisses danach beurteilt wird, wie leicht entsprechende Beispiele aus dem Gedächtnis abgerufen werden können.

Diese Heuristiken können Unternehmen gezielt einsetzen, um das Verhalten von Konsumenten zu steuern. Zum Beispiel können Unternehmen durch Preissetzung, Produktplatzierung oder die Hervorhebung bestimmter Produkteigenschaften die Wahrnehmung der Konsumenten beeinflussen und ihre Kaufentscheidung in eine bestimmte Richtung lenken. Allerdings müssen Unternehmen dabei vorsichtig sein, denn wenn Konsumenten das Gefühl haben, manipuliert zu werden, kann dies das Vertrauen in die Marke dauerhaft beschädigen.

3.2.2.3 Markenwahrnehmung und Loyalität: Die Rolle von Vertrauen und Reputation

Die Wahrnehmung einer Marke ist ein entscheidender Faktor für das Konsumverhalten. Konsumenten entwickeln oft starke emotionale Bindungen zu Marken, die sie über Jahre hinweg begleiten. Diese Bindung basiert nicht nur auf den tatsächlichen Produkten oder Dienstleistungen, die eine Marke anbietet, sondern auch auf dem Image, das sie vermittelt, und der Reputation, die sie sich im Laufe der Zeit erarbeitet hat.

Vertrauen ist dabei ein zentrales Element. Eine Marke, der Konsumenten vertrauen, hat einen erheblichen Wettbewerbsvorteil. Dieses Vertrauen kann durch konsistente Qualität, transparente Kommunikation und einen verantwortungsvollen Umgang mit Kunden und der Öffentlichkeit aufgebaut werden. Wenn Konsumenten einer Marke vertrauen, sind sie nicht nur bereit, höhere Preise zu zahlen, sondern zeigen auch eine höhere Loyalität und sind eher geneigt, die Marke weiterzuempfehlen.

Die Markenloyalität entwickelt sich oft über längere Zeiträume hinweg und ist das Ergebnis wiederholter positiver Erfahrungen mit der Marke. Loyalität bedeutet, dass Konsumenten auch in schwierigen Zeiten, beispielsweise bei einem Preisanstieg oder negativen Schlagzeilen, zu ihrer Marke stehen. Unternehmen investieren daher viel in den Aufbau und die Pflege von Markenloyalität, etwa durch Treueprogramme, exklusive Angebote oder personalisierte Kundenansprache.

Jedoch ist Markenloyalität keine Selbstverständlichkeit. In einer Welt, in der Konsumenten jederzeit Zugang zu einer Vielzahl von Alternativen haben, müssen Marken kontinuierlich daran arbeiten, das Vertrauen und die Loyalität ihrer Kunden zu erhalten. Ein einziger Fehler, sei es ein Skandal oder eine signifikante Verschlechterung der Produktqualität, kann ausreichen, um das Vertrauen nachhaltig zu erschüttern.

3.2.3 Marktforschung und Konsumentenanalyse

Um in einem hart umkämpften Markt erfolgreich zu sein, müssen Unternehmen genau verstehen, wer ihre Kunden sind, was sie wollen und wie sie ihre Entscheidungen treffen. Marktforschung und Konsumentenanalyse sind daher unverzichtbare Werkzeuge für jedes Unternehmen, das seine Produkte und Dienstleistungen optimal auf die Bedürfnisse seiner Zielgruppe abstimmen möchte. In diesem Abschnitt wird erläutert, wie Unternehmen durch verschiedene Methoden wertvolle Einblicke in das Verhalten und die Präferenzen ihrer Kunden gewinnen können und welche Trends die Zukunft der Marktforschung prägen.

3.2.3.1 Qualitative und quantitative Methoden: Erfassung und Interpretation von Konsumentendaten

Die Marktforschung bedient sich einer Vielzahl von Methoden, um Konsumentendaten zu erfassen und zu interpretieren. Diese Methoden lassen sich grob in zwei Kategorien einteilen: qualitative und quantitative Forschung.

Qualitative Methoden zielen darauf ab, tiefere Einblicke in die Motive und Einstellungen der Konsumenten zu gewinnen. Sie konzentrieren sich auf die „Warum"-Fragen und versuchen zu verstehen, was Konsumenten wirklich antreibt. Typische qualitative Methoden sind Fokusgruppen, Tiefeninterviews und ethnografische Studien. Diese Ansätze ermöglichen es Forschern, direkt mit Konsumenten zu interagieren, ihre Gedanken und Gefühle zu erkunden und komplexe Verhaltensweisen zu verstehen. Beispielsweise kann eine Fokusgruppe aufdecken, warum bestimmte Konsumenten eine starke Präferenz für eine Marke entwickeln oder welche emotionalen Reaktionen ein neues Produkt hervorruft.

Quantitative Methoden hingegen zielen darauf ab, Konsumenten-verhalten in Zahlen zu fassen. Sie basieren auf großen Stichproben und statistischen Analysen, um Muster und Trends zu identifizie-ren. Zu den gängigen quantitativen Methoden zählen Umfragen, Online-Panelstudien und Datenanalysen. Durch den Einsatz von Fragebögen und standardisierten Tests können Unternehmen etwa herausfinden, wie viele Konsumenten ein bestimmtes Produkt be-vorzugen, welche demografischen Gruppen am häufigsten kaufen oder wie hoch die Kundenzufriedenheit ist.

Die Kombination beider Methoden ermöglicht es Unternehmen, ein umfassendes Bild ihrer Zielgruppe zu zeichnen. Qualitative For-schung liefert die nötigen Einsichten, um Hypothesen über das Konsumentenverhalten zu entwickeln, während quantitative For-schung diese Hypothesen überprüft und verallgemeinerbare Er-gebnisse liefert. So kann beispielsweise eine qualitative Untersu-chung aufdecken, dass Konsumenten eine besondere Vorliebe für nachhaltige Produkte haben, während eine quantitative Studie dann misst, wie weit verbreitet diese Präferenz tatsächlich ist.

3.2.3.2 Segmentierung und Zielgruppenanalyse: Identifizierung von Märkten und Kundenprofilen

Die Segmentierung und Zielgruppenanalyse sind zentrale Elemen-te der Marktforschung, die Unternehmen helfen, ihre Marke-tingstrategien gezielt auszurichten. Durch die Aufteilung des Mark-tes in unterschiedliche Segmente können Unternehmen ihre Res-sourcen effizienter einsetzen und gezielter auf die Bedürfnisse ein-zelner Kundengruppen eingehen.

Segmentierung bedeutet, den gesamten Markt in kleinere, homo-gene Gruppen zu unterteilen, die ähnliche Bedürfnisse, Interessen oder Verhaltensweisen aufweisen. Diese Segmente können auf verschiedenen Kriterien basieren, wie Demografie (z.B. Alter, Geschlecht, Einkommen), Geografie (z.B. Wohnort, Klima), Psychografie (z.B. Lebensstil, Werte) oder Verhaltensmerkmalen (z.B. Kaufgewohnheiten, Markentreue). Ein Unternehmen, das beispielsweise hochwertige Kosmetikprodukte verkauft, könnte den Markt nach Alter und Einkommensniveau segmentieren, um gezielt wohlhabendere, ältere Frauen anzusprechen, die bereit sind, für Qualität mehr zu bezahlen.

Nachdem die Segmente identifiziert wurden, folgt die Zielgruppenanalyse. Diese Analyse hilft, die spezifischen Bedürfnisse und Erwartungen der einzelnen Segmente besser zu verstehen und darauf basierend maßgeschneiderte Marketingbotschaften zu entwickeln. Ein tiefes Verständnis der Zielgruppen ermöglicht es Unternehmen, Produkte und Dienstleistungen zu entwickeln, die genau auf die Präferenzen dieser Gruppen abgestimmt sind, und Marketingkampagnen zu gestalten, die eine hohe Resonanz finden.

Durch die Segmentierung und Zielgruppenanalyse können Unternehmen ihre Marktchancen maximieren, indem sie nicht versuchen, alle Verbraucher auf einmal anzusprechen, sondern sich auf die profitabelsten oder strategisch wichtigsten Segmente konzentrieren. Dies führt nicht nur zu einer höheren Effizienz, sondern auch zu einer stärkeren Markenbindung innerhalb der Zielgruppe.

3.2.3.3 Zukunft der Marktforschung: Big Data, Künstliche Intelligenz und prädiktive Analysen

Die Zukunft der Marktforschung wird zunehmend durch technologische Innovationen geprägt. Big Data, Künstliche Intelligenz (KI) und prädiktive Analysen verändern die Art und Weise, wie Unternehmen Konsumentendaten sammeln, analysieren und nutzen.

Big Data bezieht sich auf die riesigen Mengen an Daten, die durch digitale Interaktionen erzeugt werden. Diese Daten stammen aus einer Vielzahl von Quellen, darunter soziale Medien, Online-Transaktionen, mobile Anwendungen und Internet der Dinge (IoT)-Geräte. Die Herausforderung besteht darin, diese Datenmengen effektiv zu verarbeiten und nützliche Erkenntnisse daraus zu gewinnen. Hier kommen Künstliche Intelligenz und maschinelles Lernen ins Spiel. Diese Technologien ermöglichen es Unternehmen, Muster und Trends in den Daten zu erkennen, die mit herkömmlichen Analysemethoden schwer zu entdecken wären.

KI-gestützte Analysen können nicht nur vergangenes Konsumentenverhalten interpretieren, sondern auch zukünftiges Verhalten vorhersagen. Prädiktive Analysen, die auf historischen Daten und Algorithmen basieren, helfen Unternehmen, zukünftige Entwicklungen und Konsumtrends zu antizipieren. Ein Beispiel hierfür ist die Vorhersage von Kaufentscheidungen: Durch die Analyse früherer Kaufmuster und demografischer Daten können Unternehmen prognostizieren, welche Produkte ein Konsument wahrscheinlich als nächstes kaufen wird, und gezielte Angebote unterbreiten.

Diese Technologien haben das Potenzial, die Effizienz und Genauigkeit der Marktforschung erheblich zu steigern. Sie ermöglichen es Unternehmen, ihre Marketingstrategien in Echtzeit anzupassen und sich schneller an veränderte Marktbedingungen anzupassen. Allerdings werfen sie auch neue ethische und rechtliche Fragen auf, insbesondere in Bezug auf den Datenschutz und die Privatsphäre der Konsumenten.

Insgesamt steht die Marktforschung an der Schwelle zu einer neuen Ära, in der technologische Fortschritte Unternehmen ermöglichen, tiefer in das Konsumentenverhalten einzutauchen und präzisere, datengestützte Entscheidungen zu treffen. Der Wettbewerbsvorteil wird zukünftig von der Fähigkeit abhängen, diese Technologien effektiv zu nutzen, um den sich ständig wandelnden Anforderungen des Marktes gerecht zu werden.

3.3 Arbeitnehmer und der Arbeitsmarkt: Flexibilität, Gig Economy und neue Arbeitsmodelle

Die Arbeitswelt befindet sich in einem ständigen Wandel, der durch technologische Innovationen, Globalisierung und gesellschaftliche Veränderungen vorangetrieben wird. Arbeitnehmer sehen sich heute mit Herausforderungen und Chancen konfrontiert, die vor einigen Jahrzehnten noch undenkbar waren. Die traditionelle Vorstellung eines festen Arbeitsplatzes von neun bis fünf wird zunehmend durch flexiblere, oft digital getriebene Arbeitsmodelle ersetzt. Diese Entwicklungen bieten sowohl Vorteile als auch Risiken, sowohl für Arbeitnehmer als auch für Arbeitgeber. In diesem Kapitel wird untersucht, wie sich der Arbeitsmarkt verändert und welche neuen Arbeitsmodelle und Trends die Zukunft der Arbeit prägen.

3.3.1 Der Wandel des Arbeitsmarktes

Der Arbeitsmarkt hat sich in den letzten Jahren grundlegend verändert. Traditionelle Beschäftigungsverhältnisse weichen zunehmend neuen, flexiblen Arbeitsmodellen, die sowohl den Bedürfnissen der Arbeitnehmer nach mehr Freiheit als auch den Anforderungen der Arbeitgeber nach mehr Agilität entsprechen. Diese Entwicklungen haben tiefgreifende Auswirkungen auf die Art und Weise, wie Arbeit organisiert und geleistet wird.

3.3.1.1 Vom traditionellen Beschäftigungsverhältnis zur Gig Economy: Definition und Entwicklung

Das traditionelle Beschäftigungsverhältnis, bei dem ein Arbeitnehmer in einem festen, oft unbefristeten Arbeitsverhältnis bei einem

Unternehmen angestellt ist, dominiert zwar noch immer viele Arbeitsmärkte, doch die Gig Economy gewinnt zunehmend an Bedeutung. In der Gig Economy arbeiten Menschen projektbasiert oder auf Abruf, oft als Selbstständige oder Freiberufler, und übernehmen kurzfristige Aufgaben oder „Gigs" für verschiedene Auftraggeber.

Die Entwicklung der Gig Economy wurde durch digitale Plattformen wie Uber, Upwork und Fiverr stark beschleunigt. Diese Plattformen verbinden Anbieter von Dienstleistungen direkt mit Nachfragern und ermöglichen es, schnell und unkompliziert Arbeitsaufträge zu vergeben. Für viele Arbeitnehmer bietet die Gig Economy die Möglichkeit, flexibler zu arbeiten, ihre Zeit selbst zu managen und unterschiedliche Projekte gleichzeitig zu bearbeiten. Insbesondere für diejenigen, die sich nicht an einen festen Arbeitsplatz binden möchten oder zusätzliche Einkommensquellen suchen, stellt diese Form der Arbeit eine attraktive Alternative dar.

Jedoch bringt die Gig Economy auch Herausforderungen mit sich. Viele Gig-Arbeiter haben keinen Zugang zu traditionellen Arbeitnehmerrechten wie Kündigungsschutz, bezahltem Urlaub oder Sozialleistungen. Dies führt zu einer erhöhten Unsicherheit und einem höheren Risiko, insbesondere in Zeiten wirtschaftlicher Turbulenzen. Zudem besteht die Gefahr, dass die Flexibilität der Gig Economy zu einer Prekarisierung der Arbeitsverhältnisse führt, bei der Arbeitnehmer in schlechter bezahlten und weniger geschützten Jobs arbeiten müssen.

3.3.1.2 Flexibilität und Remote Work: Neue Arbeitsmodelle in einer globalisierten Welt

Flexibilität ist ein zentrales Merkmal der modernen Arbeitswelt geworden. Arbeitnehmer erwarten zunehmend die Möglichkeit, ihre Arbeitszeit und ihren Arbeitsort flexibel gestalten zu können. Dies spiegelt sich in der wachsenden Verbreitung von Remote Work, also der Arbeit von zu Hause oder von einem anderen Ort außerhalb des traditionellen Büros, wider.

Die Verbreitung von Remote Work wurde durch technologische Fortschritte wie schnelles Internet, Cloud-Computing und kollaborative Softwarelösungen ermöglicht. Unternehmen auf der ganzen Welt haben erkannt, dass viele Tätigkeiten nicht mehr an einen festen Standort gebunden sind, sondern ortsunabhängig ausgeführt werden können. Dies hat dazu geführt, dass Remote Work in vielen Branchen zur neuen Normalität geworden ist, insbesondere in Berufen, die keine physische Anwesenheit erfordern.

Die Vorteile von Remote Work liegen auf der Hand: Arbeitnehmer sparen Zeit und Kosten für den Arbeitsweg, können ihre Arbeit besser mit ihrem Privatleben in Einklang bringen und haben oft mehr Freiraum, ihre Aufgaben nach ihrem eigenen Rhythmus zu erledigen. Für Unternehmen bedeutet Remote Work eine höhere Flexibilität bei der Personalplanung und die Möglichkeit, Talente unabhängig von ihrem geografischen Standort zu rekrutieren.

Doch auch hier gibt es Herausforderungen. Die Trennung von Beruf und Privatleben kann verschwimmen, was zu einer erhöhten Stressbelastung und dem Gefühl führen kann, ständig erreichbar sein zu müssen. Zudem kann der soziale Austausch und die Zusammenarbeit im Team leiden, wenn die Kollegen nicht mehr regelmäßig persönlich zusammenkommen. Unternehmen müssen daher Strategien entwickeln, um die Vorteile von Remote Work zu nutzen und gleichzeitig die negativen Auswirkungen zu minimieren.

3.3.1.3 Herausforderungen für Arbeitnehmer: Sicherheit, Wohlstand und Arbeitsrechte

Der Wandel des Arbeitsmarktes bringt nicht nur neue Chancen, sondern auch erhebliche Herausforderungen für die Arbeitnehmer mit sich. Sicherheit, Wohlstand und Arbeitsrechte sind zentrale Themen, die in der modernen Arbeitswelt immer wieder zur Debatte stehen.

Die Sicherheit des Arbeitsplatzes, einst ein Grundpfeiler traditioneller Beschäftigungsverhältnisse, ist in der flexiblen Arbeitswelt nicht mehr selbstverständlich. Viele Arbeitnehmer, insbesondere in der Gig Economy, stehen vor der Unsicherheit, wie lange sie ihre Einkünfte sichern können. Hinzu kommt, dass Arbeitsrechte, die für feste Beschäftigungsverhältnisse konzipiert wurden, oft nicht auf die neuen Arbeitsmodelle angewendet werden können, was zu einer Schutzlücke führt.

Auch das Thema Wohlstand ist eng mit der Entwicklung des Arbeitsmarktes verbunden. Während einige Arbeitnehmer von den neuen Möglichkeiten der flexiblen Arbeitswelt profitieren und ihr Einkommen steigern können, geraten andere in prekäre Arbeitsverhältnisse, die oft schlecht bezahlt sind und keine sozialen Sicherheiten bieten. Die wachsende Ungleichheit zwischen gut bezahlten Fachkräften und gering qualifizierten Arbeitern ist eine der größten Herausforderungen, vor denen die moderne Arbeitswelt steht.

Schließlich sind Arbeitsrechte ein entscheidender Faktor, um die Interessen der Arbeitnehmer in der neuen Arbeitswelt zu schützen. Gewerkschaften und politische Entscheidungsträger stehen vor der Aufgabe, Regelungen zu schaffen, die auch für flexible Arbeitsmodelle gelten. Dazu gehören der Zugang zu Sozialleistungen, das Recht auf faire Bezahlung und der Schutz vor Ausbeutung. Nur so kann sichergestellt werden, dass die Vorteile der neuen Arbeitsmodelle nicht auf Kosten der Sicherheit und des Wohlstands der Arbeitnehmer gehen.

3.3.2 Arbeitnehmerqualifikationen und Weiterbildung

In einer Arbeitswelt, die sich ständig wandelt, wird es für Arbeitnehmer immer wichtiger, ihre Fähigkeiten kontinuierlich weiterzuentwickeln und sich an neue Anforderungen anzupassen. Technologische Fortschritte, die Digitalisierung und die Globalisierung verändern nicht nur die Art der Arbeit, sondern auch die Qualifikationen, die für den Erfolg in verschiedenen Branchen erforderlich sind. Unternehmen und Arbeitnehmer stehen gleichermaßen vor der Herausforderung, den Bedarf an neuen Fähigkeiten zu erkennen und entsprechende Maßnahmen zur Weiterbildung zu ergreifen. In diesem Abschnitt wird untersucht, wie sich der Qualifikationsbedarf verändert, warum lebenslanges Lernen unerlässlich ist und welche Auswirkungen Digitalisierung und Automatisierung auf verschiedene Branchen und Berufsgruppen haben.

3.3.2.1 Der Bedarf an neuen Fähigkeiten: Anpassung an technologische Veränderungen

Technologische Innovationen haben tiefgreifende Auswirkungen auf die Arbeitswelt. Neue Technologien wie Künstliche Intelligenz (KI), Automatisierung, maschinelles Lernen und Big Data verändern nicht nur die Prozesse innerhalb von Unternehmen, sondern auch die Fähigkeiten, die von den Arbeitnehmern verlangt werden. Dieser technologische Wandel erfordert eine ständige Anpassung der Kompetenzen, um wettbewerbsfähig zu bleiben.

Arbeitnehmer müssen heute nicht nur über spezifische technische Fähigkeiten verfügen, sondern auch über sogenannte „weiche" Fähigkeiten, wie kritisches Denken, Problemlösungsfähigkeiten und die Fähigkeit zur Zusammenarbeit in interdisziplinären Teams. Die-

81

se Kombination aus technischen und sozialen Kompetenzen wird immer mehr zur Schlüsselqualifikation in der modernen Arbeitswelt.

Ein Beispiel für den Wandel im Qualifikationsbedarf ist der Bereich der Datenanalyse. Mit dem Aufkommen von Big Data und datengetriebenen Entscheidungsprozessen sind Fähigkeiten in der Datenanalyse und im Umgang mit Analysetools zunehmend gefragt. Unternehmen suchen nach Fachkräften, die nicht nur Daten interpretieren, sondern auch Handlungsempfehlungen daraus ableiten können. Diese Entwicklungen erfordern von Arbeitnehmern die Bereitschaft, sich ständig weiterzubilden und neue Technologien zu erlernen.

Auch die Fähigkeit, sich schnell an neue Werkzeuge und Plattformen anzupassen, wird immer wichtiger. In einer Zeit, in der Technologien in rasantem Tempo entwickelt und eingeführt werden, müssen Arbeitnehmer in der Lage sein, sich schnell auf neue Arbeitsumgebungen einzustellen. Diese Flexibilität und Lernbereitschaft sind entscheidend, um den Anforderungen einer sich ständig verändernden Arbeitswelt gerecht zu werden.

3.3.2.2 Lebenslanges Lernen: Die Bedeutung von Weiterbildung und Umschulung

Lebenslanges Lernen ist zu einem der wichtigsten Konzepte in der modernen Arbeitswelt geworden. Es beschreibt die kontinuierliche Weiterentwicklung von Wissen und Fähigkeiten im Laufe des gesamten Berufslebens, um mit den Veränderungen in der Arbeitswelt Schritt halten zu können. Die Zeiten, in denen eine einmal erworbene Ausbildung für ein ganzes Berufsleben ausreichte, sind vorbei. Heute müssen Arbeitnehmer regelmäßig neue Qualifikationen erwerben, um ihre Beschäftigungsfähigkeit zu erhalten und ihre Karrierechancen zu verbessern.

Weiterbildung und Umschulung spielen eine zentrale Rolle in diesem Prozess. Weiterbildung bezieht sich auf die Vertiefung und Erweiterung bestehender Fähigkeiten, während Umschulung darauf abzielt, Arbeitnehmer für neue Aufgabenbereiche oder Berufe zu qualifizieren. Angesichts des raschen technologischen Wandels werden solche Maßnahmen immer wichtiger, insbesondere in Branchen, die stark von Automatisierung und Digitalisierung betroffen sind.

Ein Beispiel dafür ist die Industrie 4.0, in der traditionelle Fertigungsprozesse durch vernetzte, automatisierte Systeme ersetzt werden. Arbeitnehmer in der Fertigungsindustrie müssen daher ihre technischen Fähigkeiten erweitern, um mit den neuen Technologien Schritt zu halten. Dies kann Schulungen im Bereich Robotik, Programmierung oder Datenanalyse umfassen.

Für Unternehmen ist es entscheidend, ihren Mitarbeitern die Möglichkeit zur Weiterbildung zu bieten, um langfristig wettbewerbsfähig zu bleiben. Viele Unternehmen investieren daher in interne Schulungsprogramme oder arbeiten mit externen Bildungseinrichtungen zusammen, um maßgeschneiderte Weiterbildungsangebote zu entwickeln. Gleichzeitig erkennen immer mehr Arbeitnehmer, dass sie selbst aktiv in ihre Weiterbildung investieren müssen, um ihre Karriere voranzutreiben und sich den neuen Anforderungen anzupassen.

Lebenslanges Lernen erfordert jedoch nicht nur die Bereitschaft, neue Dinge zu lernen, sondern auch die Fähigkeit, altes Wissen loszulassen und sich an neue Bedingungen anzupassen. Dies ist insbesondere für ältere Arbeitnehmer eine Herausforderung, die sich möglicherweise an traditionelle Arbeitsweisen gewöhnt haben und nun vor der Aufgabe stehen, sich in einer digitalisierten Arbeitswelt zurechtzufinden.

3.3.2.3 Digitalisierung und Automatisierung: Auswirkungen auf unterschiedliche Branchen und Berufsgruppen

Die Digitalisierung und Automatisierung verändern nicht nur, wie gearbeitet wird, sondern auch, wer welche Aufgaben übernimmt. Während einige Berufe durch Automatisierung und den Einsatz von Künstlicher Intelligenz (KI) obsolet werden könnten, entstehen gleichzeitig neue Berufe und Aufgabenfelder, die andere Qualifikationen erfordern.

In Branchen wie der Produktion und der Logistik sind die Auswirkungen der Automatisierung bereits deutlich spürbar. Roboter und automatisierte Systeme übernehmen zunehmend Aufgaben, die früher von Menschen erledigt wurden, wie das Fließbandarbeiten, die Lagerhaltung oder die Lieferung von Waren. Dies führt dazu, dass weniger manuelle Arbeitskräfte benötigt werden, während die Nachfrage nach hochqualifizierten Fachkräften, die diese Systeme überwachen, programmieren und warten können, steigt.

Auch im Dienstleistungssektor, insbesondere im Bereich der Kundenbetreuung, hinterlässt die Digitalisierung ihre Spuren. Chatbots und KI-basierte Systeme übernehmen einfache Kundenanfragen, während komplexere Aufgaben nach wie vor von menschlichen Mitarbeitern bearbeitet werden. Dies führt zu einer Verschiebung der Arbeitsanforderungen hin zu höher qualifizierten Tätigkeiten, bei denen analytische Fähigkeiten und technisches Know-how gefragt sind.

Ein weiteres Beispiel ist der Finanzsektor, wo Automatisierung und KI traditionelle Aufgaben wie die Datenanalyse, das Risikomanagement und sogar bestimmte Formen der Anlageberatung übernehmen. Finanzanalysten und Berater müssen sich daher zunehmend auf Aufgaben konzentrieren, die Kreativität, strategisches Denken und zwischenmenschliche Fähigkeiten erfordern, um ihren Mehrwert gegenüber automatisierten Systemen zu behaupten.

Insgesamt zeigt sich, dass die Digitalisierung und Automatisierung tiefgreifende Auswirkungen auf die Arbeitswelt haben, die in fast allen Branchen zu spüren sind. Während einfache, repetitive Aufgaben zunehmend automatisiert werden, verschieben sich die Anforderungen hin zu höher qualifizierten Tätigkeiten, die eine Mischung aus technischem Wissen, analytischen Fähigkeiten und sozialer Kompetenz erfordern. Für Arbeitnehmer bedeutet dies, dass sie bereit sein müssen, sich kontinuierlich weiterzubilden und neue Fähigkeiten zu erwerben, um in der sich wandelnden Arbeitswelt erfolgreich zu bleiben.

3.3.3 Arbeitsmarktpolitik und Regulierung

In einer sich ständig verändernden Arbeitswelt spielen Arbeitsmarktpolitik und Regulierung eine zentrale Rolle bei der Sicherstellung von fairen Arbeitsbedingungen und dem Schutz der Rechte der Arbeitnehmer. Angesichts der Herausforderungen, die durch Globalisierung, Digitalisierung und die zunehmende Flexibilisierung der Arbeitsverhältnisse entstehen, müssen politische Entscheidungsträger und Regulierungsbehörden ständig neue Strategien entwickeln, um den Arbeitsmarkt zu steuern und soziale Ungleichheiten zu minimieren. Dieser Abschnitt beleuchtet einige der wichtigsten Aspekte der Arbeitsmarktpolitik und untersucht, wie sie den modernen Arbeitsmarkt beeinflussen.

3.3.3.1 Mindestlohn und Arbeitszeitregelungen: Politische Maßnahmen zur Sicherung von Arbeitnehmerrechten

Der Mindestlohn und die Arbeitszeitregelungen sind zwei der grundlegendsten Instrumente der Arbeitsmarktpolitik, die direkt auf den Schutz der Arbeitnehmer abzielen. Sie sind zentrale Elemente der sozialen Marktwirtschaft, die darauf abzielt, wirtschaftliches Wachstum mit sozialer Gerechtigkeit in Einklang zu bringen.

Der Mindestlohn dient dazu, ein Mindestmaß an Entlohnung für geleistete Arbeit sicherzustellen und Arbeitnehmer vor Ausbeutung zu schützen. In vielen Ländern wurde der gesetzliche Mindestlohn eingeführt, um sicherzustellen, dass alle Arbeitnehmer ein Einkommen erzielen, das über der Armutsgrenze liegt. Der Mindestlohn wirkt sich nicht nur direkt auf das Einkommen der Arbeitnehmer aus, sondern hat auch indirekte Effekte auf den Arbeitsmarkt, indem er beispielsweise den Druck auf Unternehmen erhöht, effizienter zu arbeiten und ihre Produktivität zu steigern.

Allerdings ist die Einführung eines Mindestlohns nicht ohne Kontroversen. Kritiker argumentieren, dass ein zu hoher Mindestlohn zu Arbeitsplatzverlusten führen könnte, insbesondere in Branchen, in denen die Gewinnmargen gering sind und die Löhne traditionell niedrig sind. Dennoch zeigt die Erfahrung in vielen Ländern, dass ein gut ausbalancierter Mindestlohn eine wichtige Rolle bei der Bekämpfung von Einkommensungleichheit spielt und gleichzeitig das Wohlstandsniveau der Arbeitnehmer anhebt.

Arbeitszeitregelungen sind ein weiteres zentrales Element der Arbeitsmarktpolitik. Sie dienen dem Schutz der Gesundheit und des Wohlbefindens der Arbeitnehmer, indem sie sicherstellen, dass die Arbeitszeit auf ein vernünftiges Maß begrenzt wird. Die Regulierung der Arbeitszeit beinhaltet in der Regel Vorschriften zu Höchstarbeitszeiten, Ruhezeiten und Überstundenvergütung. Ziel dieser Regelungen ist es, ein Gleichgewicht zwischen Arbeit und Freizeit zu schaffen und sicherzustellen, dass Arbeitnehmer nicht durch übermäßige Arbeitsbelastung gefährdet werden.

In der modernen Arbeitswelt, die durch Flexibilität und Digitalisierung geprägt ist, stehen traditionelle Arbeitszeitregelungen jedoch vor neuen Herausforderungen. Die Zunahme von Remote Work und flexiblen Arbeitszeiten macht es schwieriger, Arbeitszeiten zu überwachen und zu regulieren. Politische Entscheidungsträger müssen daher innovative Ansätze entwickeln, um sicherzustellen, dass auch in einer flexiblen Arbeitswelt die Rechte der Arbeitnehmer gewahrt bleiben.

3.3.3.2 Regulierung der Gig Economy: Herausforderungen und Lösungen für flexible Arbeitsmärkte

Die Gig Economy stellt eine besondere Herausforderung für die Arbeitsmarktregulierung dar, da sie durch kurzfristige, flexible Arbeitsverhältnisse geprägt ist, die oft außerhalb traditioneller Beschäftigungsformen liegen. Gig-Arbeiter sind in der Regel als Selbstständige tätig, was bedeutet, dass sie nicht denselben Schutz genießen wie festangestellte Arbeitnehmer. Dies betrifft unter anderem den Zugang zu Sozialleistungen, den Kündigungsschutz und das Recht auf bezahlten Urlaub.

Eine der größten Herausforderungen bei der Regulierung der Gig Economy besteht darin, ein Gleichgewicht zwischen der Flexibilität, die diese Arbeitsform bietet, und dem Schutz der Arbeitnehmerrechte zu finden. Einige Länder haben bereits begonnen, rechtliche Rahmenbedingungen zu schaffen, die Gig-Arbeiter besser absichern. So hat beispielsweise das Vereinigte Königreich ein Gesetz verabschiedet, das Gig-Arbeitern bestimmte Grundrechte garantiert, wie das Recht auf den Mindestlohn und bezahlte Ferien. In Kalifornien wurde das umstrittene Gesetz „AB5" eingeführt, das viele Gig-Arbeiter als Angestellte statt als Selbstständige klassifiziert, was ihnen Zugang zu zusätzlichen Arbeitsrechten verschafft.

Diese regulatorischen Bemühungen zeigen, dass es möglich ist, die Gig Economy in einen rechtlichen Rahmen zu integrieren, der sowohl die Flexibilität für Arbeitgeber und Arbeitnehmer bewahrt als auch den notwendigen sozialen Schutz bietet. Allerdings bleibt die Herausforderung bestehen, wie eine solche Regulierung in der Praxis effektiv umgesetzt werden kann, ohne die Dynamik und die Vorteile der Gig Economy zu beeinträchtigen.

3.3.3.3 Globale Arbeitsmarkttrends: Migration, Demografie und internationale Abkommen

Die Arbeitsmärkte weltweit stehen vor einer Vielzahl von Herausforderungen, die durch globale Trends wie Migration, demografischen Wandel und internationale Abkommen beeinflusst werden. Diese Trends erfordern eine koordinierte internationale Arbeitsmarktpolitik, die nicht nur nationale Interessen berücksichtigt, sondern auch globale Zusammenhänge und Abhängigkeiten in den Blick nimmt.

Migration ist einer der bedeutendsten Faktoren, die die Arbeitsmärkte in vielen Ländern prägen. In einer globalisierten Welt ziehen viele Arbeitnehmer in andere Länder, um bessere Arbeitsmöglichkeiten zu finden oder um den Fachkräftemangel in bestimmten Branchen auszugleichen. Dies stellt sowohl Chancen als auch Herausforderungen für die Herkunfts- und Zielländer dar. Einerseits können Migranten dazu beitragen, Arbeitskräftemängel zu lindern und die wirtschaftliche Entwicklung zu fördern. Andererseits kann Migration auch zu Spannungen auf dem Arbeitsmarkt führen, insbesondere wenn es um die Integration von Migranten in den Arbeitsmarkt und die Wahrung von Arbeitsrechten geht.

Der demografische Wandel stellt eine weitere Herausforderung für die Arbeitsmarktpolitik dar. In vielen entwickelten Ländern altert die Bevölkerung, was zu einem Rückgang des Erwerbspersonenpotenzials führt. Dies erfordert Anpassungen in der Arbeitsmarktpolitik, um ältere Arbeitnehmer länger im Arbeitsprozess zu halten und gleichzeitig die Beschäftigungsfähigkeit jüngerer Generationen zu sichern. Maßnahmen wie die Förderung von lebenslangem Lernen, die Anpassung der Arbeitszeitmodelle und die Schaffung von Anreizen für eine spätere Pensionierung sind zentrale Elemente, um den demografischen Herausforderungen zu begegnen.

Internationale Abkommen spielen ebenfalls eine wichtige Rolle bei der Gestaltung des globalen Arbeitsmarktes. Abkommen wie die Konventionen der Internationalen Arbeitsorganisation (ILO) setzen globale Standards für Arbeitsrechte und soziale Gerechtigkeit. Sie bieten einen Rahmen, der sicherstellt, dass Arbeitnehmer weltweit unter fairen Bedingungen arbeiten können, unabhängig von ihrem Standort. Darüber hinaus fördern Handelsabkommen und bilaterale Vereinbarungen die Mobilität von Arbeitskräften und den Austausch von Fachkräften zwischen Ländern, was zur wirtschaftlichen Entwicklung und zur Schaffung von Arbeitsplätzen beiträgt.

Die Regulierung der globalen Arbeitsmärkte bleibt eine komplexe Herausforderung, die eine enge Zusammenarbeit zwischen Regierungen, internationalen Organisationen, Arbeitgebern und Arbeitnehmervertretern erfordert. Nur durch gemeinsame Anstrengungen können Lösungen entwickelt werden, die die Bedürfnisse der globalen Arbeitsmärkte berücksichtigen und gleichzeitig die Rechte und das Wohlbefinden der Arbeitnehmer weltweit schützen.

3.4 Kapital und Investitionen: Risiko, Rendite und Nachhaltigkeit

Kapital und Investitionen sind die treibenden Kräfte hinter wirtschaftlichem Wachstum und Innovation. Sie ermöglichen es Unternehmen, ihre Geschäftsmodelle zu erweitern, neue Technologien zu entwickeln und Arbeitsplätze zu schaffen. Gleichzeitig spielen sie eine entscheidende Rolle bei der Vermögensbildung und der Sicherung der finanziellen Zukunft von Einzelpersonen und Institutionen. In den letzten Jahrzehnten hat sich die Landschaft der Kapitalmärkte dramatisch verändert, getrieben durch Globalisierung, technologische Innovationen und den wachsenden Fokus auf nachhaltige Investitionen. In diesem Kapitel wird untersucht, wie Kapitalmärkte funktionieren, welche Akteure sie prägen und wie sich Anlagestrategien in einer zunehmend komplexen und globalisierten Welt entwickeln.

3.4.1 Kapitalmärkte und ihre Akteure

Die Kapitalmärkte sind das Herzstück der modernen Wirtschaft. Sie bieten Unternehmen, Regierungen und anderen Institutionen Zugang zu den finanziellen Ressourcen, die sie benötigen, um zu wachsen, zu investieren und ihre Ziele zu erreichen. Gleichzeitig bieten sie Investoren die Möglichkeit, ihr Kapital gewinnbringend anzulegen und Risiken zu diversifizieren. In diesem Abschnitt werden die wichtigsten Akteure der Kapitalmärkte sowie deren Funktionen und Einfluss auf die globale Wirtschaft beleuchtet.

3.4.1.1 Börsen und Aktienmärkte: Funktionen und Bedeutung in der modernen Wirtschaft

Die Börsen und Aktienmärkte sind die sichtbarsten und bekanntesten Teile der Kapitalmärkte. An Börsen werden Aktien, Anleihen, Derivate und andere Finanzinstrumente gehandelt. Sie bieten Unternehmen die Möglichkeit, Eigenkapital durch die Ausgabe von Aktien zu beschaffen und Investoren eine Plattform, auf der sie Anteile an Unternehmen kaufen und verkaufen können.

Die Hauptfunktion der Börsen besteht darin, den Kapitalfluss zwischen Unternehmen und Investoren zu erleichtern. Unternehmen können durch die Ausgabe von Aktien Kapital aufnehmen, das sie für Investitionen in Wachstum, Forschung und Entwicklung oder andere geschäftliche Aktivitäten verwenden. Gleichzeitig ermöglichen Börsen den Investoren, an den Gewinnen der Unternehmen teilzuhaben und von Kurssteigerungen zu profitieren. Diese Liquidität, die durch Börsen geschaffen wird, ist entscheidend für das Funktionieren der modernen Wirtschaft, da sie sicherstellt, dass Kapital effizient verteilt wird und Investitionen dort getätigt werden können, wo sie den größten Nutzen bringen.

Die Bedeutung der Börsen und Aktienmärkte für die globale Wirtschaft kann nicht überbewertet werden. Sie sind nicht nur ein Barometer für die wirtschaftliche Gesundheit eines Landes, sondern spielen auch eine zentrale Rolle bei der Bestimmung von Unternehmensbewertungen und der Verteilung von Kapital. Große Börsen wie die New Yorker Börse (NYSE), die Nasdaq oder die Londoner Börse (LSE) haben einen erheblichen Einfluss auf die globalen Finanzmärkte und können durch ihre Aktivitäten und Schwankungen weitreichende wirtschaftliche Auswirkungen haben.

Allerdings sind Börsen und Aktienmärkte auch mit Risiken verbunden. Kursvolatilität, Marktmanipulationen und spekulative Blasen können zu erheblichen Verlusten führen und die Stabilität der Finanzmärkte gefährden. Die Finanzkrise von 2008 ist ein eindrucksvolles Beispiel dafür, wie schnell die Vertrauenskrise in den Finanzmärkten zu einer globalen wirtschaftlichen Rezession führen kann. Deshalb sind Regulierungen und Marktaufsicht von entscheidender Bedeutung, um das Vertrauen der Anleger zu schützen und die Stabilität der Märkte zu gewährleisten.

3.4.1.2 Institutionelle Investoren vs. Privatanleger: Unterschiedliche Strategien und Einflüsse

Die Kapitalmärkte werden von verschiedenen Akteuren geprägt, die jeweils unterschiedliche Ziele, Strategien und Einflussmöglichkeiten haben. Zu den wichtigsten Akteuren zählen institutionelle Investoren und Privatanleger. Beide Gruppen spielen eine zentrale

Rolle auf den Finanzmärkten, unterscheiden sich jedoch in ihren Ansätzen und Auswirkungen.

Institutionelle Investoren sind Organisationen wie Pensionsfonds, Versicherungsunternehmen, Investmentfonds und Hedgefonds, die große Mengen an Kapital verwalten. Diese Investoren haben oft langfristige Anlagestrategien und können durch ihre erheblichen Finanzmittel die Märkte stark beeinflussen. Aufgrund ihrer Größe und ihres Einflusses haben institutionelle Investoren oft Zugang zu exklusiven Investmentmöglichkeiten und können ihre Investitionen breit diversifizieren. Sie verfolgen in der Regel eine disziplinierte Anlagestrategie, die auf gründlichen Analysen und Risikomanagement basiert. Ihr Ziel ist es, stabile Renditen für ihre Kunden oder Mitglieder zu erwirtschaften, sei es durch Aktien, Anleihen, Immobilien oder alternative Anlagen.

Privatanleger hingegen sind Einzelpersonen, die ihr eigenes Kapital investieren. Ihre Anlagestrategien können stark variieren, je nach ihrer Risikobereitschaft, ihren finanziellen Zielen und ihrem Wissen über die Märkte. Während einige Privatanleger langfristig investieren und auf den Aufbau von Vermögen für die Altersvorsorge abzielen, sind andere eher spekulativ orientiert und suchen nach schnellen Gewinnen durch den Handel mit Aktien, Derivaten oder Kryptowährungen.

Der Einfluss von Privatanlegern auf die Märkte hat in den letzten Jahren, insbesondere durch die Zunahme des Online-Handels und den Aufstieg sozialer Handelsplattformen, zugenommen. Bewegungen wie die „Reddit-Trades", bei denen eine große Anzahl von Kleinanlegern koordiniert Aktien kauften, um die Kurse zu beeinflussen, haben gezeigt, dass Privatanleger in der Lage sind, kurzfristig erhebliche Marktbewegungen zu verursachen.

Während institutionelle Investoren oft eine stabilisierende Wirkung auf die Märkte haben, können Privatanleger durch ihr spekulatives Verhalten zu erhöhter Volatilität beitragen. Beide Gruppen sind jedoch für die Funktionsweise der Kapitalmärkte unerlässlich, da sie gemeinsam für die notwendige Liquidität sorgen und sicherstellen, dass Kapital dort zur Verfügung steht, wo es am meisten benötigt wird.

3.4.1.3 Private Equity und Venture Capital: Finanzierung von Innovation und Wachstum

Private Equity und Venture Capital sind spezielle Formen der Kapitalbeschaffung, die besonders für junge Unternehmen und Start-ups von großer Bedeutung sind. Während sich institutionelle Investoren und Privatanleger häufig auf börsennotierte Unternehmen konzentrieren, spielen Private Equity und Venture Capital eine Schlüsselrolle bei der Finanzierung von Unternehmen, die nicht an der Börse notiert sind.

Private Equity (PE) bezeichnet Investitionen in etablierte Unternehmen, die entweder privatisiert oder restrukturiert werden sollen. PE-Firmen kaufen oft ganze Unternehmen oder Mehrheitsbeteiligungen, um deren Geschäftsprozesse zu optimieren, das Management zu stärken und den Unternehmenswert zu steigern, bevor sie die Unternehmen wieder verkaufen, häufig mit erheblichem Gewinn. Diese Form der Finanzierung ist besonders in Branchen verbreitet, in denen Unternehmen eine umfassende Restrukturierung oder eine Umstellung auf ein neues Geschäftsmodell benötigen.

Venture Capital (VC) hingegen konzentriert sich auf die Finanzierung von Start-ups und jungen Unternehmen, die in der Regel hohe Wachstumschancen, aber auch hohe Risiken aufweisen. VC-Firmen investieren in der Frühphase eines Unternehmens, oft in Branchen wie Technologie, Biotechnologie oder erneuerbare Energien, wo Innovationen schnell zu disruptiven Marktveränderungen führen können. Im Gegenzug für ihr Kapital erhalten VC-Investoren Anteile am Unternehmen und erwarten im Erfolgsfall hohe Renditen, wenn das Unternehmen entweder an die Börse geht oder von einem größeren Unternehmen aufgekauft wird.

Sowohl Private Equity als auch Venture Capital sind wesentliche Treiber für Innovation und Wirtschaftswachstum. Sie ermöglichen es Unternehmen, die erforderlichen Mittel für Forschung und Entwicklung, Markteintritt und Expansion zu erhalten. Gleichzeitig tragen sie dazu bei, dass neue Technologien und Geschäftsmodelle schneller auf den Markt kommen, was insgesamt zur Dynamik und Wettbewerbsfähigkeit der Wirtschaft beiträgt.

Allerdings sind diese Finanzierungsformen auch nicht ohne Risiken. Der Erfolg von Private Equity und Venture Capital hängt stark von der Fähigkeit der Investoren ab, das richtige Unternehmen auszuwählen und effektiv zu managen. Fehlgeschlagene Investitionen können zu erheblichen Verlusten führen, sowohl für die Investoren als auch für die betroffenen Unternehmen. Dennoch bleibt die Bedeutung von PE und VC für die Förderung von Innovation und Wachstum in der modernen Wirtschaft unbestritten.

3.4.2 Anlagestrategien und Finanzprodukte

Die Vielfalt an Anlagestrategien und Finanzprodukten ist so groß wie nie zuvor. Investoren haben heute Zugang zu einer breiten Palette von Instrumenten, die es ihnen ermöglichen, ihre Portfolios zu diversifizieren, Risiken zu steuern und Renditen zu maximieren. Gleichzeitig stellt die Komplexität der Finanzmärkte eine Herausforderung dar, die eine fundierte Kenntnis der verschiedenen Anlagestrategien und Produkte erfordert. In diesem Abschnitt werden die grundlegenden Prinzipien der Kapitalanlage, nachhaltige Investitionsstrategien sowie alternative Investments beleuchtet, die zunehmend an Bedeutung gewinnen.

3.4.2.1 Diversifikation und Risikomanagement: Grundprinzipien der Kapitalanlage

Diversifikation und Risikomanagement sind die Eckpfeiler einer erfolgreichen Anlagestrategie. Das Konzept der Diversifikation basiert auf der Idee, dass die Verteilung von Kapital auf verschiedene Anlageklassen, Branchen oder geografische Regionen das Risiko reduziert, ohne die Renditechancen zu schmälern. Indem ein Investor sein Vermögen in mehrere verschiedene Anlageformen investiert, kann er das Risiko von Verlusten in einem einzelnen Bereich ausgleichen, da die Performance der verschiedenen Anlagen oft nicht korreliert.

Ein klassisches Beispiel für Diversifikation ist das „Allwetterportfolio", das aus einer Mischung von Aktien, Anleihen, Immobilien und Rohstoffen besteht. In Zeiten, in denen die Aktienmärkte schwächeln, können Anleihen und andere weniger volatile Anlagen die Verluste abfedern. Auf diese Weise kann das Gesamtrisiko des Portfolios verringert werden, während gleichzeitig das Potenzial für langfristige Renditen erhalten bleibt.

Risikomanagement geht über die einfache Diversifikation hinaus und umfasst Strategien zur aktiven Überwachung und Anpassung eines Portfolios. Hierbei spielen Instrumente wie Stop-Loss-Orders, Derivate zur Absicherung von Positionen und regelmäßige Portfolio-Überprüfungen eine zentrale Rolle. Ziel des Risikomanagements ist es, das Portfolio gegen unerwartete Marktereignisse abzusichern und potenzielle Verluste zu minimieren, ohne dabei die Chance auf Erträge zu sehr einzuschränken.

In der Praxis bedeutet dies, dass Investoren nicht nur ihre Investitionen diversifizieren, sondern auch kontinuierlich ihre Anlagestrategie überprüfen und anpassen müssen. Dies kann eine Rebalancierung des Portfolios erfordern, wenn bestimmte Anlagen überproportional gewachsen sind oder wenn sich die Marktbedingungen ändern. Durch eine disziplinierte Anwendung von Diversifikations- und Risikomanagementstrategien können Investoren ihre Ziele erreichen und gleichzeitig die Risiken minimieren, die mit dem Investieren unvermeidlich verbunden sind.

3.4.2.2 Nachhaltige Investitionen: ESG-Kriterien (Environmental, Social, Governance) und ihre Bedeutung

Nachhaltige Investitionen haben in den letzten Jahren stark an Bedeutung gewonnen, da Investoren zunehmend Wert auf ethische und umweltfreundliche Anlagestrategien legen. ESG-Kriterien (Environmental, Social, Governance) sind dabei zu einem zentralen Maßstab für die Bewertung von Investitionen geworden. Diese Kriterien berücksichtigen ökologische, soziale und unternehmensführungsbezogene Aspekte, um die langfristige Nachhaltigkeit und Verantwortung von Unternehmen zu bewerten.

Investitionen nach ESG-Kriterien umfassen eine Vielzahl von Strategien, von der Auswahl von Unternehmen, die hohe Standards in Bezug auf Umweltfreundlichkeit und soziale Verantwortung erfüllen, bis hin zur aktiven Einflussnahme auf Unternehmen, um ihre Geschäftspraktiken zu verbessern. Investoren, die ESG-Kriterien in ihre Entscheidungen einbeziehen, argumentieren, dass Unternehmen, die nachhaltig und verantwortungsbewusst handeln, langfristig besser positioniert sind, um Risiken zu vermeiden und stabile Renditen zu erzielen.

Ein Beispiel für eine ESG-konforme Investition ist der Kauf von Aktien von Unternehmen, die sich dem Kampf gegen den Klimawandel verschrieben haben, indem sie in erneuerbare Energien investieren oder ihre CO_2-Emissionen reduzieren. Ebenso können soziale Kriterien, wie die Einhaltung von Arbeitsrechten und die Förderung von Vielfalt am Arbeitsplatz, bei der Auswahl von Investitionen eine Rolle spielen. Governance-Kriterien beziehen sich auf die

Qualität der Unternehmensführung, einschließlich der Transparenz, der Unabhängigkeit des Vorstands und der Vergütungspolitik.

Die wachsende Nachfrage nach ESG-Investitionen hat zur Entwicklung einer Vielzahl von Finanzprodukten geführt, die speziell auf nachhaltige Investitionen ausgerichtet sind, wie grüne Anleihen, nachhaltige Investmentfonds und ESG-ETFs. Diese Produkte ermöglichen es Investoren, ihr Kapital gezielt in nachhaltige Unternehmen zu investieren, ohne auf Diversifikation und Rendite zu verzichten.

Allerdings gibt es auch Herausforderungen bei der Umsetzung von ESG-Investitionen. Die Bewertung von ESG-Kriterien ist oft subjektiv und variiert je nach Quelle, was es schwierig macht, eine einheitliche Bewertung von Unternehmen vorzunehmen. Zudem besteht das Risiko des „Greenwashing", bei dem Unternehmen ihre Nachhaltigkeitspraktiken übertreiben, um Investoren anzuziehen, ohne tatsächlich nachhaltige Maßnahmen umzusetzen.

Dennoch ist der Trend zu nachhaltigen Investitionen unaufhaltsam und spiegelt die wachsende Überzeugung wider, dass wirtschaftlicher Erfolg und gesellschaftliche Verantwortung Hand in Hand gehen müssen. Für Investoren, die langfristig denken und einen positiven Einfluss auf die Welt ausüben möchten, bieten ESG-Investitionen eine attraktive Möglichkeit, Renditen zu erzielen und gleichzeitig Gutes zu tun.

3.4.2.3 Alternative Investments: Immobilien, Rohstoffe und Kryptowährungen

Neben traditionellen Anlageformen wie Aktien und Anleihen gewinnen alternative Investments zunehmend an Bedeutung. Diese umfassen eine breite Palette von Anlageklassen, darunter Immobilien, Rohstoffe und Kryptowährungen, die jeweils eigene Chancen und Risiken bieten und sich durch ihre geringe Korrelation mit den traditionellen Märkten auszeichnen.

Immobilieninvestitionen sind eine der ältesten und bekanntesten Formen alternativer Anlagen. Sie bieten Investoren die Möglichkeit, durch den Erwerb und die Vermietung von Immobilien langfristig stabile Erträge zu erzielen. Immobilien gelten oft als sicherer Hafen in wirtschaftlich unsicheren Zeiten, da sie tendenziell weniger volatil sind als Aktienmärkte. Zudem bieten sie Schutz vor Inflation, da Miet- und Immobilienpreise in der Regel mit der Inflation steigen. Allerdings erfordern Immobilieninvestitionen erhebliche Kapitalaufwendungen und sind weniger liquide, was bedeutet, dass sie nicht so schnell in Bargeld umgewandelt werden können wie Aktien.

Rohstoffe wie Gold, Silber, Öl und landwirtschaftliche Produkte sind eine weitere wichtige Kategorie alternativer Anlagen. Sie bieten Investoren Schutz vor Inflation und Währungsrisiken und dienen oft als Absicherung gegen Marktvolatilität. Gold, beispielsweise, wird traditionell als „sicherer Hafen" angesehen, der in Zeiten wirtschaftlicher Unsicherheit an Wert gewinnt. Rohstoffe sind jedoch stark von globalen wirtschaftlichen und politischen Entwicklungen abhängig und können daher sehr volatil sein. Investoren müssen daher sorgfältig überlegen, wann und wie sie in Rohstoffe investieren.

Kryptowährungen wie Bitcoin und Ethereum haben sich in den letzten Jahren als eine der aufregendsten und zugleich risikoreichsten alternativen Anlageformen etabliert. Kryptowährungen bieten das Potenzial für hohe Renditen, sind aber auch extrem volatil und unterliegen regulatorischen Unsicherheiten. Trotz dieser Risiken ziehen sie viele Investoren an, die an das langfristige Potenzial der Blockchain-Technologie glauben. Der Markt für Kryptowährungen ist noch relativ jung und entwickelt sich ständig weiter, was sowohl Chancen als auch Risiken mit sich bringt.

Alternative Investments bieten Investoren die Möglichkeit, ihr Portfolio weiter zu diversifizieren und von Märkten zu profitieren, die sich anders verhalten als traditionelle Anlageklassen. Sie erfordern jedoch auch ein höheres Maß an Fachwissen und eine sorgfältige Überwachung, um die spezifischen Risiken, die mit diesen Anlagen verbunden sind, zu verstehen und zu steuern.

3.4.3 Regulierung und Marktstabilität

Die Stabilität der Finanzmärkte ist von zentraler Bedeutung für das Vertrauen der Investoren und das reibungslose Funktionieren der Wirtschaft. In einer global vernetzten Welt, in der Finanzmärkte eng miteinander verbunden sind, können Störungen in einem Markt schnell weltweite Auswirkungen haben. Regulierung spielt daher eine entscheidende Rolle bei der Sicherstellung von Marktstabilität, dem Schutz der Investoren und der Vermeidung von Finanzkrisen. In diesem Abschnitt wird untersucht, wie Finanzmarktregulierung gestaltet ist, welche Rolle Zentralbanken und Geldpolitik spielen und welche Lehren aus vergangenen Finanzkrisen gezogen werden können.

3.4.3.1 Finanzmarktregulierung: Maßnahmen zur Sicherstellung der Marktstabilität

Finanzmarktregulierung umfasst eine Vielzahl von Maßnahmen und Richtlinien, die darauf abzielen, die Stabilität der Finanzmärkte zu gewährleisten, Marktmissbrauch zu verhindern und das Vertrauen der Investoren zu schützen. Diese Regulierungen sind notwendig, um sicherzustellen, dass die Finanzmärkte effizient funktionieren, dass Risiken angemessen bewertet werden und dass die Marktteilnehmer sich an faire und transparente Regeln halten.

Eine der wichtigsten Funktionen der Finanzmarktregulierung ist die Überwachung und Kontrolle der Finanzinstitute. Banken, Investmentgesellschaften und andere Finanzdienstleister unterliegen strengen Aufsichtsregeln, die darauf abzielen, ihre Solvenz sicherzustellen und systemische Risiken zu minimieren. Dazu gehören Kapitalanforderungen, die sicherstellen, dass Finanzinstitute über ausreichende Eigenmittel verfügen, um Verluste abzufedern, sowie Liquiditätsanforderungen, die sicherstellen, dass sie in der Lage sind, kurzfristige Verbindlichkeiten zu bedienen.

Ein weiteres zentrales Element der Finanzmarktregulierung ist der Anlegerschutz. Regulierungsbehörden erlassen Vorschriften, um sicherzustellen, dass Investoren fair behandelt werden und Zugang zu vollständigen und genauen Informationen über die Finanzprodukte haben, in die sie investieren. Dies umfasst auch die Bekämpfung von Insiderhandel und Marktmanipulationen, die das Vertrauen in die Märkte untergraben könnten.

Nach der Finanzkrise von 2008 haben viele Länder ihre Regulierungsrahmen deutlich verschärft. Neue Regulierungen, wie etwa das Dodd-Frank-Gesetz in den USA oder die Basel-III-Vereinbarungen auf internationaler Ebene, wurden eingeführt, um die Widerstandsfähigkeit des Finanzsystems zu erhöhen und die Wahrscheinlichkeit zukünftiger Krisen zu verringern. Diese Maßnahmen umfassen strengere Kapitalanforderungen für Banken, die Einführung von Stresstests zur Bewertung der Finanzstabilität und die Schaffung von Mechanismen zur geordneten Abwicklung insolventer Finanzinstitute.

Trotz dieser Fortschritte gibt es weiterhin Herausforderungen bei der Finanzmarktregulierung. Die globale Natur der Finanzmärkte bedeutet, dass eine koordinierte internationale Zusammenarbeit erforderlich ist, um regulatorische Arbitrage zu vermeiden, bei der Marktteilnehmer von den unterschiedlichen Vorschriften in verschiedenen Ländern profitieren. Zudem besteht die Gefahr, dass übermäßige Regulierung die Innovation hemmt und die Effizienz der Märkte beeinträchtigt. Es bleibt daher eine ständige Aufgabe der Regulierungsbehörden, ein Gleichgewicht zwischen Marktstabilität und Flexibilität zu finden.

3.4.3.2 Zentralbanken und Geldpolitik: Rolle und Einfluss auf Kapitalmärkte

Zentralbanken spielen eine zentrale Rolle bei der Regulierung der Geldmenge und der Sicherstellung der Stabilität der Finanzmärkte. Ihre Geldpolitik beeinflusst nicht nur die Inflationsrate und das Wirtschaftswachstum, sondern hat auch weitreichende Auswirkungen auf die Kapitalmärkte und die Anlagestrategien der Investoren.

Eine der Hauptaufgaben der Zentralbanken ist die Steuerung der Geldpolitik, hauptsächlich durch die Festlegung der Leitzinsen. Diese Zinssätze beeinflussen die Kosten für Kredite und beeinflussen somit das Ausgaben- und Investitionsverhalten in der Wirtschaft. Niedrige Zinsen fördern typischerweise Investitionen und Konsum, da das Leihen von Geld günstiger wird. Hohe Zinsen hingegen dämpfen die Wirtschaftstätigkeit, da sie die Kreditkosten erhöhen.

Zentralbanken setzen auch andere Instrumente ein, wie zum Beispiel Offenmarktgeschäfte, bei denen sie Wertpapiere kaufen oder verkaufen, um die Geldmenge zu beeinflussen, und quantitative Lockerungen, bei denen sie groß angelegte Käufe von Staatsanleihen und anderen Vermögenswerten tätigen, um die Liquidität im Finanzsystem zu erhöhen. Diese Maßnahmen können erhebliche Auswirkungen auf die Kapitalmärkte haben, da sie die Verfügbarkeit von Krediten beeinflussen, die Renditen auf Staatsanleihen verändern und die Bewertung von Aktien und anderen Vermögenswerten beeinflussen.

Zentralbanken wie die US-Notenbank (Federal Reserve), die Europäische Zentralbank (EZB) und die Bank of Japan haben in den letzten Jahren eine außergewöhnlich lockere Geldpolitik betrieben, um die Wirtschaft nach der Finanzkrise von 2008 und während der COVID-19-Pandemie zu unterstützen. Diese Politik hat dazu geführt, dass die Zinsen auf historisch niedrigen Niveaus bleiben und eine Flut von Liquidität in die Kapitalmärkte strömt, was die Aktienkurse in die Höhe getrieben und die Renditen auf Anleihen gesenkt hat.

Die Entscheidungen der Zentralbanken werden von den Finanzmärkten genau beobachtet, da sie unmittelbare Auswirkungen auf die Anlageentscheidungen von Investoren haben. Änderungen der Zinssätze oder andere geldpolitische Maßnahmen können zu starken Schwankungen auf den Märkten führen, da die Marktteilnehmer ihre Portfolios anpassen, um von den neuen Bedingungen zu profitieren oder Verluste zu vermeiden.

Allerdings ist die Rolle der Zentralbanken nicht ohne Kontroversen. Einige Kritiker argumentieren, dass eine zu lockere Geldpolitik zu Blasen auf den Finanzmärkten führen kann, da die niedrigen Zinsen die Anleger dazu ermutigen, in risikoreichere Anlagen zu investieren. Andere befürchten, dass die Zentralbanken zu viel Macht über die Wirtschaft haben und dass ihre Eingriffe langfristig zu Instabilität führen könnten.

3.4.3.3 Finanzkrisen und deren Bewältigung: Lehren aus der Vergangenheit und Präventionsstrategien

Finanzkrisen sind ein wiederkehrendes Phänomen in der Geschichte der Weltwirtschaft. Sie können schwerwiegende Auswirkungen auf das globale Finanzsystem und die Realwirtschaft haben, was zu massiven Verlusten, Unternehmensinsolvenzen und hoher Arbeitslosigkeit führen kann. Die Bewältigung und Prävention von Finanzkrisen ist daher ein zentrales Anliegen der Finanzmarktregulierung und Wirtschaftspolitik.

Die Finanzkrise von 2008 war eine der schwersten Krisen in der jüngeren Geschichte und hat deutliche Schwächen im globalen Finanzsystem offenbart. Sie begann in den USA mit dem Zusammenbruch des Immobilienmarktes und weitete sich schnell auf die globalen Finanzmärkte aus, was zu einer weltweiten Rezession führte. Die Ursachen dieser Krise waren vielfältig und umfassten exzessive Kreditvergabe, mangelnde Regulierung und die unzureichende Bewertung von Risiken in komplexen Finanzprodukten wie hypothekenbesicherten Wertpapieren.

Eine der wichtigsten Lehren aus der Finanzkrise von 2008 ist die Notwendigkeit einer strengen und effektiven Regulierung der Finanzmärkte. Nach der Krise wurden weltweit eine Reihe von Reformen umgesetzt, um die Widerstandsfähigkeit des Finanzsystems zu erhöhen. Dazu gehören strengere Kapitalanforderungen für Banken, die Einführung von Stresstests, um die Stabilität von Finanzinstituten zu überprüfen, und die Verbesserung der Transparenz bei komplexen Finanzprodukten.

Ein weiterer wichtiger Aspekt der Krisenbewältigung ist die Rolle der Zentralbanken und Regierungen bei der Stabilisierung der Märkte. Während der Finanzkrise von 2008 und der anschließenden Eurokrise griffen die Zentralbanken weltweit zu außergewöhnlichen Maßnahmen, wie der Bereitstellung von Liquidität in großem Umfang und dem Kauf von Staatsanleihen, um das Vertrauen in die Finanzmärkte wiederherzustellen. Diese Maßnahmen trugen dazu bei, das Finanzsystem zu stabilisieren und die wirtschaftliche Erholung zu unterstützen.

Die Prävention zukünftiger Finanzkrisen erfordert eine kontinuierliche Überwachung der Finanzmärkte und eine Bereitschaft der Regulierungsbehörden, frühzeitig einzugreifen, wenn Anzeichen für übermäßige Risiken oder spekulative Blasen erkennbar werden. Ein weiteres wichtiges Element ist die internationale Zusammenarbeit, da Finanzkrisen oft grenzüberschreitende Auswirkungen haben und eine koordinierte Reaktion erfordern.

Trotz aller Bemühungen bleibt das Risiko von Finanzkrisen bestehen, da sich die Finanzmärkte ständig weiterentwickeln und neue Risiken entstehen können. Daher ist es von entscheidender Bedeutung, dass die Lehren aus vergangenen Krisen nicht vergessen werden und dass Regulierungsbehörden, Zentralbanken und Regierungen wachsam bleiben, um das Finanzsystem stabil und widerstandsfähig zu halten.

4. Preisbildung und Ressourcenallokation

Ein hektischer Morgen in einer Großstadt: Pendler drängen sich in U-Bahnen, Smartphones klingeln und auf den Straßen herrscht reges Treiben. Inmitten dieser Dynamik liegt ein unsichtbares Netz, das alles miteinander verbindet: der Markt. Die Preise der Produkte in den Regalen der Supermärkte, die Kosten für eine Taxifahrt und sogar die Miete für die Wohnung hängen von diesem unsichtbaren Mechanismus ab. Doch was bestimmt diese Preise? Wie entsteht ein Wert für Güter und Dienstleistungen in einer Welt, die sich immer schneller verändert? Willkommen in der faszinierenden Welt der Preisbildung im 21. Jahrhundert – einer Zeit, in der Angebot und Nachfrage in Echtzeit agieren und technologische Innovationen die Art und Weise, wie wir Preise erleben, revolutionieren.

4.1 Der Wert von Gütern und Dienstleistungen: Angebot, Nachfrage und Preisbildung in Echtzeit

In den letzten Jahrzehnten hat sich das Verständnis von Wert und Preis radikal gewandelt. Was früher das Ergebnis langer Berechnungen und Verhandlungen war, wird heute in Bruchteilen von Sekunden entschieden. Doch auch in dieser hochmodernen Welt bleiben die Grundprinzipien der Preisbildung – Angebot und Nachfrage – das Fundament jeder wirtschaftlichen Transaktion.

4.1.1 Grundlagen der Preisbildung

4.1.1.1 Das Gesetz von Angebot und Nachfrage: Grundlagen und historische Entwicklung

Die Vorstellung, dass der Preis eines Gutes durch das Verhältnis von Angebot und Nachfrage bestimmt wird, ist alles andere als neu. Schon in den Märkten des antiken Griechenlands und Roms war klar: Ist ein Gut knapp, steigt der Preis; gibt es zu viel davon, sinkt er. Dieses einfache Prinzip wurde im Laufe der Jahrhunderte verfeinert und zu einem der zentralen Konzepte der Wirtschaftswissenschaft. Adam Smith, der oft als Vater der modernen Ökonomie bezeichnet wird, beschrieb dieses Phänomen als „unsichtbare Hand", die den Markt regelt. Im Kern bedeutet dies, dass keine zentrale Instanz die Preise festlegt – sie entstehen ganz natürlich durch das Zusammenspiel von Angebot und Nachfrage.

4.1.1.2 Marktgleichgewicht: Wie Preise in einem freien Markt entstehen

Das sogenannte Marktgleichgewicht ist der Punkt, an dem sich die Angebotsmenge eines Gutes und die Nachfrage danach treffen. Hier findet der optimale Preis statt – weder zu hoch, um potenzielle Käufer abzuschrecken, noch zu niedrig, um Verluste für die Produzenten zu riskieren. Stellen wir uns einen Wochenmarkt vor: Der Gemüsehändler bietet seine Tomaten für 2 Euro pro Kilogramm an, doch die Käufer wollen nur 1,50 Euro zahlen. In der Folge bleiben die Tomaten liegen, bis der Händler den Preis senkt oder weniger anbietet. Findet er den richtigen Preis, sind seine Tomaten am Ende des Tages verkauft, und er hat keinen Überschuss. Dieses Gleichgewicht ist jedoch selten statisch; es ist ein dynamischer Prozess, der durch äußere Einflüsse wie Wetterbedingungen, Produktionskosten oder veränderte Konsumgewohnheiten ständig in Bewegung ist.

4.1.1.3 Preiselastizität: Reaktionen von Angebot und Nachfrage auf Preisänderungen

Ein weiteres entscheidendes Konzept der Preisbildung ist die sogenannte Preiselastizität. Sie beschreibt, wie stark Angebot und Nachfrage auf Preisänderungen reagieren. Bei einigen Gütern, wie Luxusautos oder High-End-Elektronik, führt eine Preiserhöhung oft zu einem deutlichen Rückgang der Nachfrage – sie sind also preiselastisch. Auf der anderen Seite gibt es Produkte des täglichen Bedarfs wie Brot oder Benzin, bei denen eine Preiserhöhung nur geringen Einfluss auf das Kaufverhalten hat – sie sind preisunelastisch. Unternehmen nutzen dieses Wissen, um ihre Preise strategisch anzupassen und maximale Gewinne zu erzielen, ohne die Nachfrage zu sehr zu beeinflussen.

4.1.2 Faktoren, die die Preisbildung beeinflussen

Neben Angebot und Nachfrage gibt es zahlreiche weitere Faktoren, die in der modernen Wirtschaft Einfluss auf die Preisbildung nehmen. Produktionskosten, Marktmacht und externe Einflüsse wie staatliche Regulierung spielen dabei eine wichtige Rolle.

4.1.2.1 Produktionskosten und ihre Rolle bei der Preisbildung

Die Produktionskosten sind oft der erste Faktor, der bei der Preisfindung eine Rolle spielt. Rohstoffe, Arbeitskosten, Transport und technologische Infrastruktur müssen gedeckt werden, bevor ein Unternehmen überhaupt an Gewinn denken kann. Ein Anstieg der Rohstoffpreise kann daher schnell zu höheren Endpreisen für Konsumenten führen, wie man es etwa bei steigenden Ölpreisen beobachten kann. Dies zeigt, wie stark die Preisbildung mit der realen Welt und den materiellen Gegebenheiten verknüpft ist.

4.1.2.2 Wettbewerb und Marktmacht: Monopole, Oligopole und vollkommene Konkurrenz

Ein weiterer zentraler Faktor bei der Preisbildung ist die Marktstruktur, in der ein Unternehmen agiert. In einem Markt, der von vollkommener Konkurrenz geprägt ist – also von zahlreichen Anbietern, die identische Produkte verkaufen – hat jedes Unternehmen nur wenig Spielraum, seine Preise unabhängig festzulegen. Der Preis wird hier durch den Markt bestimmt, und die einzelnen Anbieter müssen sich anpassen, um konkurrenzfähig zu bleiben. Die Landwirtschaft ist ein klassisches Beispiel für einen solchen Markt, in dem viele kleine Anbieter denselben Grundbedarf decken und der Preis durch Angebot und Nachfrage reguliert wird.

Anders sieht es hingegen bei Monopolen und Oligopolen aus. Ein Monopol, bei dem ein einziges Unternehmen den gesamten Markt kontrolliert, hat die Macht, die Preise fast nach Belieben zu bestimmen. Ein historisches Beispiel hierfür ist der US-amerikanische Öl-konzern Standard Oil im 19. Jahrhundert, der durch seine marktbe-herrschende Stellung die Ölpreise nahezu ohne Wettbewerbsvor-gaben festlegen konnte. In einem Oligopol – einer Marktform, in der nur wenige Anbieter existieren – ist der Wettbewerb zwar grö-ßer als im Monopol, aber immer noch stark eingeschränkt. Unter-nehmen können hier durch Absprachen oder stillschweigende Ko-ordinierung Einfluss auf die Preise nehmen, was in einigen Fällen sogar zu kartellartigen Strukturen führt.

Der Wettbewerb selbst dient somit als eine Art unsichtbare Brem-se, die Preisanstiege verhindert und die Qualität der angebotenen Waren und Dienstleistungen hoch hält. Ist der Wettbewerb stark, sinken die Preise tendenziell, da die Anbieter um die Gunst der Kunden kämpfen. Ist er jedoch schwach, wie bei Monopolen oder Oligopolen, können die Preise steigen, ohne dass sich die Qualität oder das Angebot merklich verbessert.

4.1.2.3 Externe Faktoren: Steuern, Subventionen und Regulierung

Neben internen Faktoren wie Produktionskosten und Wettbewerb spielen auch externe Einflüsse eine entscheidende Rolle bei der Preisbildung. Steuern sind dabei einer der sichtbarsten Eingriffe des Staates in das Marktgeschehen. Sie erhöhen direkt den Preis eines Produkts oder einer Dienstleistung und beeinflussen damit die Nachfrage. Ein bekanntes Beispiel sind Tabaksteuern, die ge-zielt eingeführt wurden, um den Konsum zu reduzieren und gleich-zeitig staatliche Einnahmen zu generieren. Dieselben Mechanis-men gelten für andere "Lastersteuern" wie Alkohol- oder Zucker-steuern, die Preise künstlich in die Höhe treiben, um gesellschaftli-che oder gesundheitspolitische Ziele zu erreichen.

Subventionen, die das Gegenteil von Steuern darstellen, senken hingegen die Preise künstlich, um bestimmte Wirtschaftssektoren zu unterstützen. Ein klassisches Beispiel sind Agrarsubventionen in der Europäischen Union, die sicherstellen sollen, dass Lebensmittel auch in Krisenzeiten zu erschwinglichen Preisen verfügbar sind. Durch staatliche Unterstützung können Landwirte ihre Produkte günstiger anbieten, was zu stabileren Preisen für die Konsumenten führt.

Auch Regulierungen, wie Preisdeckelungen oder Mindestpreise, haben einen direkten Einfluss auf die Preisbildung. Diese Maßnahmen werden oft ergriffen, um in Krisenzeiten oder in besonders sensiblen Sektoren die Versorgungssicherheit zu gewährleisten. Ein Beispiel sind Mietpreisdeckel in Städten mit stark steigenden Wohnkosten, die verhindern sollen, dass Mieter übermäßig belastet werden. Solche Regulierungen können jedoch auch unbeabsichtigte Nebenwirkungen haben: So führt eine Mietpreisbremse oft dazu, dass weniger Wohnraum angeboten wird, da Vermieter weniger Anreize haben, neue Wohnungen zu bauen.

4.1.3 Dynamische Preisbildung in der modernen Wirtschaft

Im digitalen Zeitalter hat sich die Art und Weise, wie Preise festgelegt werden, radikal verändert. Der traditionelle Marktmechanismus, der oft Tage oder sogar Wochen für Preisänderungen benötigte, weicht heute immer mehr einer dynamischen Preisbildung, die in Echtzeit stattfindet.

4.1.3.1 Echtzeit-Pricing und Algorithmen: Wie Technologie die Preisfindung verändert

Mit dem Aufkommen von Big Data und Künstlicher Intelligenz (KI) haben Unternehmen heute die Möglichkeit, ihre Preise in Echtzeit an das Verhalten der Konsumenten und die Marktbedingungen anzupassen. Plattformen wie Amazon und Uber sind Vorreiter dieser Technologie, indem sie ihre Preise ständig auf Basis von Angebot, Nachfrage und anderen Faktoren wie Wetterbedingungen, Tageszeit oder dem Kaufverhalten der Nutzer optimieren. Dieser Ansatz wird als „dynamisches Pricing" bezeichnet und ermöglicht es Unternehmen, ihre Gewinne zu maximieren, indem sie Preise genau im richtigen Moment anpassen.

Dahinter stecken ausgeklügelte Algorithmen, die in Sekundenschnelle unzählige Datenpunkte analysieren, um den idealen Preis für ein Produkt oder eine Dienstleistung zu berechnen. Der Einsatz solcher Technologien hat nicht nur den Wettbewerb verschärft, sondern auch den Konsumenten dazu gebracht, bewusster auf Preisschwankungen zu achten und Preisvergleichs-Webseiten oder Apps zu nutzen.

4.1.3.2 Preisdiskriminierung und personalisierte Preise: Chancen und Herausforderungen

Eine der interessantesten Entwicklungen in der modernen Preisbildung ist die sogenannte Preisdiskriminierung. Dieser Begriff beschreibt die Praxis, unterschiedliche Preise für dasselbe Produkt oder dieselbe Dienstleistung zu verlangen – basierend auf Faktoren wie dem Standort des Kunden, dessen Kaufverhalten oder sogar persönlichen Vorlieben. Während Preisdiskriminierung im traditionellen Einzelhandel schwierig umzusetzen war, hat das digitale Zeitalter völlig neue Möglichkeiten geschaffen. Unternehmen, die über umfangreiche Datenbanken verfügen, können ihre Kunden nun segmentieren und ihnen individuell zugeschnittene Preise anbieten. Ein typisches Beispiel hierfür sind Fluggesellschaften oder Hotelbuchungsportale, bei denen die Preise je nach Zeitpunkt der Buchung, Häufigkeit der Website-Nutzung oder dem Standort des Kunden variieren können.

Diese personalisierten Preise bieten sowohl Chancen als auch Herausforderungen. Einerseits ermöglicht es Unternehmen, ihre Preise effizienter an die Zahlungsbereitschaft der Kunden anzupassen und so Umsatzsteigerungen zu erzielen. Andererseits kann dies als ungerecht empfunden werden, insbesondere wenn Kunden das Gefühl haben, dass sie aufgrund ihrer persönlichen Daten höhere Preise zahlen müssen. Die zunehmende Transparenz des Internets hat dazu geführt, dass viele Konsumenten Preisschwankungen bei bestimmten Produkten oder Dienstleistungen kritisch hinterfragen. Vergleichsportale und Preis-Tracking-Tools sind eine direkte Antwort auf diese Entwicklung und helfen den Kunden dabei, den für sie besten Zeitpunkt zum Kauf zu finden.

Die Praxis der Preisdiskriminierung ist jedoch nicht ohne Risiken. In einigen Ländern haben Regulierungsbehörden bereits Maßnahmen ergriffen, um sicherzustellen, dass Kunden fair behandelt werden und personalisierte Preise nicht zu Diskriminierung oder Ausbeutung führen. In der EU beispielsweise gibt es strikte Datenschutzgesetze, die verhindern sollen, dass persönliche Daten ohne Zustimmung der Verbraucher für Preisgestaltungszwecke verwendet werden.

4.1.3.3 Preisvolatilität: Ursachen und Management von Preisschwankungen

Eine weitere Herausforderung in der modernen Preisbildung ist die Volatilität – also die Schwankung von Preisen in kurzer Zeit. Besonders auf den globalen Märkten, wie zum Beispiel bei Rohstoffen oder Währungen, kann es zu massiven Preissprüngen kommen, die sowohl für Unternehmen als auch für Konsumenten erhebliche Unsicherheit bedeuten. Die Ursachen für solche Preisschwankungen sind vielfältig: politische Instabilität, Naturkatastrophen, Veränderungen in der Nachfrage oder plötzliche Engpässe in der Produktion können die Preise rapide ansteigen oder fallen lassen.

Ein prominentes Beispiel für extreme Preisvolatilität sind die globalen Ölpreise. Politische Konflikte in den großen Förderländern, Änderungen In der Förderpolitik der OPEC oder auch geopolitische Spannungen können die Preise stark beeinflussen. Unternehmen, die auf Rohstoffe wie Öl angewiesen sind, müssen in der Lage sein, mit diesen Preisschwankungen umzugehen. Eine gängige Methode ist die Absicherung durch sogenannte „Hedging"-Strategien, bei denen Unternehmen sich gegen zukünftige Preisschwankungen absichern, indem sie zu festen Preisen einkaufen.

Auch auf den Finanzmärkten ist Preisvolatilität ein großes Thema. Aktienkurse können aufgrund von Wirtschaftsdaten, Unternehmensnachrichten oder Marktspekulationen innerhalb von Stunden stark schwanken. Für Investoren kann dies Chancen, aber auch Risiken bergen. In Zeiten hoher Volatilität besteht immer das Risiko, dass Verluste schneller und unvorhersehbarer eintreten. Daher haben Finanzinstitutionen und Unternehmen Strategien entwickelt, um sich gegen solche Schwankungen abzusichern. Der Einsatz von Derivaten wie Optionen und Futures ist eine weit verbreitete Methode, um das Risiko von Preisschwankungen zu minimieren.

Allerdings ist Preisvolatilität nicht immer ein negatives Phänomen. In einigen Fällen kann sie auch positive Effekte haben, indem sie Unternehmen und Konsumenten zu mehr Flexibilität zwingt und Innovationen fördert. Die Fähigkeit, sich schnell an veränderte Marktbedingungen anzupassen, wird zu einem entscheidenden Wettbewerbsvorteil in der modernen globalen Wirtschaft.

4.2 Geld und Währung: Digitale Währungen und ihre Auswirkungen auf die globale Wirtschaft

Die Welt des Geldes hat sich im 21. Jahrhundert dramatisch verändert. Was einst als Goldmünzen oder gedrucktes Papier begann, hat sich in eine digitale Realität verwandelt, in der Kryptowährungen, Blockchain-Technologie und digitale Zentralbankwährungen eine immer größere Rolle spielen. Diese Transformation hat tiefgreifende Auswirkungen auf die globale Wirtschaft und die Art und Weise, wie wir Geld verstehen und nutzen.

4.2.1 Die Evolution des Geldes

4.2.1.1 Von Warengeld zu Fiatgeld: Die historische Entwicklung von Geldsystemen

Die Geschichte des Geldes reicht Tausende von Jahren zurück. Ursprünglich wurden physische Güter wie Muscheln, Vieh oder Getreide als Tauschmittel verwendet. Diese Art des Warengeldes funktionierte, weil die Güter einen intrinsischen Wert besaßen, der über den Tausch hinausging. Im Laufe der Zeit wurden jedoch Edelmetalle wie Gold und Silber bevorzugt, da sie haltbarer, leichter teilbar und transportabler waren. Diese Entwicklung führte zur Prägung von Münzen und später zur Einführung von Papiergeld, das durch physische Reserven gedeckt war.

Mit der Einführung des sogenannten Fiatgeldes – Geld, das keinen eigenen Wert besitzt und nur durch das Vertrauen in die ausgebende Regierung gestützt wird – veränderte sich das Geldsystem grundlegend. Das moderne Geldsystem basiert vollständig auf Fiatgeld, was bedeutet, dass der Wert des Geldes nicht mehr von einem physischen Gut wie Gold abhängt, sondern allein vom Vertrauen in die wirtschaftliche und politische Stabilität eines Landes. Diese Entwicklung ermöglichte eine deutlich flexiblere Geldpolitik, wie sie im 20. und 21. Jahrhundert zu beobachten war.

4.2.1.2 Die Rolle der Zentralbanken: Geldschöpfung und Geldpolitik

Zentralbanken sind das Herzstück des modernen Geldsystems und spielen eine zentrale Rolle in der Steuerung der Wirtschaft. Sie haben die Macht, Geld zu schaffen und zu vernichten, indem sie die Geldmenge kontrollieren, was sich direkt auf Zinssätze, Inflation und das allgemeine Wirtschaftswachstum auswirkt. Eine der bekanntesten Aufgaben der Zentralbanken ist die Festlegung des Leitzinses, der die Kosten für Kredite und somit auch die Konsum- und Investitionstätigkeit beeinflusst. Sinkt der Leitzins, wird es für Unternehmen und Verbraucher billiger, sich Geld zu leihen, was die Nachfrage ankurbeln kann. Steigt er, so wird Kredit teurer, was die Nachfrage und somit auch die Inflation dämpft.

Ein weiteres wichtiges Instrument der Zentralbanken ist die sogenannte Offenmarktpolitik. Dabei kaufen oder verkaufen die Zentralbanken Staatsanleihen, um die Geldmenge in der Wirtschaft zu steuern. Beim Kauf von Anleihen fließt frisches Geld in den Markt, was die Geldmenge erhöht und in der Regel die Zinssätze senkt. Umgekehrt entziehen die Zentralbanken durch den Verkauf von Anleihen dem Markt Geld, was die Zinsen steigen lässt.

Die Macht der Zentralbanken reicht weit über die bloße Steuerung der nationalen Wirtschaft hinaus. Internationale Zentralbanken wie die Federal Reserve in den USA oder die Europäische Zentralbank (EZB) beeinflussen durch ihre Entscheidungen auch globale Märkte und Währungen. Besonders in Zeiten wirtschaftlicher Krisen stehen sie im Mittelpunkt der Aufmerksamkeit, da ihre Maßnahmen oft entscheidend dafür sind, ob eine Rezession verhindert oder verschärft wird.

4.2.1.3 Wechselkurse und ihre Bedeutung für die Preisbildung und den Handel

Wechselkurse sind der Preis einer Währung im Verhältnis zu einer anderen und spielen eine zentrale Rolle im internationalen Handel. Sie beeinflussen die Wettbewerbsfähigkeit von Ländern auf den globalen Märkten, da ein starker Wechselkurs die Exporte eines Landes teurer und seine Importe günstiger macht, während ein schwacher Wechselkurs das Gegenteil bewirkt.

Die Art und Weise, wie Wechselkurse festgelegt werden, variiert. In einem flexiblen Wechselkurssystem schwanken die Kurse auf Grundlage von Angebot und Nachfrage. Eine hohe Nachfrage nach einer Währung – etwa weil ausländische Investoren sie kaufen, um in das Land zu investieren – führt dazu, dass der Wert dieser Währung steigt. Umgekehrt sinkt der Kurs, wenn Investoren oder Unternehmen die Währung verkaufen. Schwankende Wechselkurse können auch von anderen Faktoren beeinflusst werden, wie etwa der Geldpolitik einer Zentralbank, wirtschaftlichen Kennzahlen oder politischen Ereignissen.

Für Unternehmen, die international handeln, sind Wechselkurse von enormer Bedeutung. Schwankende Kurse können die Preise ihrer Produkte auf ausländischen Märkten über Nacht verändern. Ein schwacher Euro etwa macht europäische Produkte in den USA günstiger, was zu einem Anstieg der Exporte führen kann. Gleichzeitig werden jedoch Importe für europäische Unternehmen teurer, was wiederum die Produktionskosten in die Höhe treibt.

In einigen Fällen greifen Regierungen oder Zentralbanken aktiv in die Wechselkursentwicklung ein, um ihre nationale Wirtschaft zu stabilisieren. China ist ein bekanntes Beispiel für eine Nation, die ihre Währung gezielt niedrig hält, um ihre Exporte zu fördern. Diese Währungsmanipulationen werden auf internationaler Ebene oft kritisch gesehen und führen nicht selten zu wirtschaftspolitischen Spannungen.

4.2.2 Digitale Währungen und ihre Implikationen

Mit dem Aufkommen von digitalen Währungen steht das globale Geldsystem vor einer neuen Ära. Bitcoin, Ethereum und andere Kryptowährungen haben nicht nur die Art und Weise verändert, wie Geld genutzt und gehandelt wird, sondern auch das Potenzial, das gesamte Finanzsystem zu revolutionieren.

4.2.2.1 Kryptowährungen: Bitcoin, Ethereum und Co. – Funktion und Bedeutung

Kryptowährungen sind digitale oder virtuelle Währungen, die auf kryptografischen Technologien basieren und in der Regel dezentral organisiert sind. Die bekannteste und erste Kryptowährung ist Bitcoin, die 2009 von einer Person oder Gruppe unter dem Pseudonym Satoshi Nakamoto eingeführt wurde. Das Hauptmerkmal von Bitcoin und vielen anderen Kryptowährungen ist ihre Unabhängigkeit von staatlicher Kontrolle und traditionellen Finanzinstitutionen. Stattdessen basieren sie auf einer dezentralen Technologie, der sogenannten Blockchain, die als öffentliches, verteiltes Hauptbuch fungiert und alle Transaktionen nachvollziehbar und sicher aufzeichnet.

Kryptowährungen bieten zahlreiche Vorteile. Sie ermöglichen schnellere und oft kostengünstigere Transaktionen, insbesondere über Ländergrenzen hinweg. Zudem bieten sie Nutzern ein höheres Maß an Privatsphäre und Sicherheit, da Transaktionen anonym oder pseudonym durchgeführt werden können. Für viele Menschen in Regionen mit instabilen Währungen oder restriktiven Finanzsystemen bieten Kryptowährungen eine Alternative zu staatlichen Währungen und traditionellen Banken.

Jedoch gibt es auch erhebliche Herausforderungen und Risiken. Die hohe Volatilität der Kryptowährungsmärkte bedeutet, dass der Wert von Bitcoin und Co. innerhalb kurzer Zeit dramatisch schwanken kann. Dies macht sie zwar zu attraktiven Spekulationsobjekten, erschwert aber ihre Nutzung als stabiles Zahlungsmittel. Darüber hinaus gibt es Bedenken hinsichtlich der Nutzung von Kryptowährungen für illegale Aktivitäten, da ihre Anonymität sie anfällig für Geldwäsche, Drogenhandel und andere kriminelle Machenschaften macht.

4.2.2.2 Zentralbank-Digitalwährungen (CBDCs): Chancen und Herausforderungen für die Geldpolitik

Angesichts des wachsenden Einflusses von Kryptowährungen haben viele Zentralbanken begonnen, eigene digitale Währungen zu entwickeln, die sogenannten Central Bank Digital Currencies (CBDCs). Diese digitalen Währungen sollen viele der Vorteile von Kryptowährungen bieten, jedoch unter staatlicher Kontrolle und Regulierung stehen.

CBDCs könnten das bestehende Finanzsystem auf vielfältige Weise revolutionieren. Sie würden Zentralbanken in die Lage versetzen, die Geldpolitik direkter und effizienter zu gestalten, etwa durch die schnelle Bereitstellung von Liquidität in Krisenzeiten. Zudem könnten CBDCs die finanzielle Inklusion fördern, indem sie Menschen ohne Zugang zu traditionellen Bankkonten eine Möglichkeit bieten, am digitalen Zahlungsverkehr teilzunehmen.

4.2.2.3 Stablecoins und ihre Rolle in der modernen Finanzwelt

Stablecoins sind eine relativ neue Entwicklung in der Welt der Kryptowährungen, die geschaffen wurden, um eines der größten Probleme traditioneller Kryptowährungen wie Bitcoin und Ethereum zu lösen: ihre extreme Volatilität. Während Bitcoin und andere Kryptowährungen oft dramatischen Wertschwankungen unterliegen, zielen Stablecoins darauf ab, einen stabilen Wert zu halten, indem sie an einen physischen Vermögenswert oder eine Fiatwährung, wie den US-Dollar oder den Euro, gekoppelt sind.

Die Funktionsweise eines Stablecoins ist vergleichsweise einfach. Ein Unternehmen oder eine Organisation gibt eine digitale Währung aus, die durch einen physischen Reservebestand gedeckt ist. Für jeden ausgegebenen Coin wird eine entsprechende Menge an Fiatwährung oder anderen Vermögenswerten in einem Treuhandkonto hinterlegt. So bleibt der Wert des Stablecoins stabil und an die jeweilige Währung gebunden. Die bekanntesten Stablecoins sind Tether (USDT), USD Coin (USDC) und Binance USD (BUSD), die allesamt den US-Dollar als Basiswährung nutzen.

Stablecoins spielen in der modernen Finanzwelt eine wichtige Rolle, insbesondere für den Krypto-Handel und die Übertragung von Werten über Landesgrenzen hinweg. Sie bieten eine praktikable Alternative zu stark schwankenden Kryptowährungen, da sie die Stabilität traditioneller Währungen mit den Vorteilen der Blockchain-Technologie verbinden. Insbesondere in Entwicklungsländern und Regionen mit instabilen nationalen Währungen gewinnen Stablecoins an Bedeutung, da sie eine sichere Möglichkeit bieten, Vermögen zu halten oder internationale Zahlungen durchzuführen, ohne auf traditionelle Banken angewiesen zu sein.

Die wachsende Bedeutung von Stablecoins hat jedoch auch Bedenken hinsichtlich der Finanzstabilität aufgeworfen. Da einige Stablecoins nicht ausreichend durch reale Vermögenswerte gedeckt sind oder undurchsichtige Geschäftsmodelle betreiben, besteht die Gefahr, dass sie bei einem plötzlichen Vertrauensverlust zusammenbrechen und somit das Finanzsystem destabilisieren könnten. Auch die zunehmende Verbreitung von Stablecoins könnte die Geldpolitik von Zentralbanken untergraben, da sie die Kontrolle über den Geldfluss und die Liquidität im Finanzsystem schwächen könnten. Aus diesem Grund arbeiten viele Regierungen und Aufsichtsbehörden weltweit an einer stärkeren Regulierung von Stablecoins, um mögliche Risiken zu minimieren.

4.2.3 Zukunft des Geldes

Die Zukunft des Geldes wird zweifellos von weiteren technologischen Entwicklungen und Innovationen geprägt sein. Digitale Währungen und die zugrunde liegenden Blockchain-Technologien haben bereits gezeigt, dass sie das Potenzial haben, die Art und Weise, wie Geld verwendet, gehandelt und gespeichert wird, grundlegend zu verändern. Doch mit diesen Innovationen kommen auch neue Herausforderungen und Risiken, die von Regierungen, Zentralbanken und internationalen Institutionen berücksichtigt werden müssen.

4.2.3.1 Digitalisierung und Dezentralisierung: Wie die Blockchain-Technologie Geldsysteme verändert

Die Blockchain-Technologie, die hinter Kryptowährungen wie Bitcoin steht, hat das Potenzial, nicht nur das Geldsystem, sondern eine Vielzahl von Branchen zu revolutionieren. Im Kern ist die Blockchain eine dezentrale, unveränderliche Datenbank, die Transaktionen sicher und transparent aufzeichnet. Jeder „Block" enthält eine Gruppe von Transaktionen, die durch kryptografische Verfahren miteinander verknüpft und auf mehreren Computern weltweit gespeichert werden, was Manipulationen nahezu unmöglich macht.

Für das Finanzsystem bedeutet dies, dass Geldtransfers ohne die Notwendigkeit traditioneller Banken oder Zahlungsanbieter abgewickelt werden können. Dies bietet insbesondere in Ländern mit ineffizienten oder korrupten Finanzsystemen enorme Vorteile. Aber auch in den entwickelten Volkswirtschaften verspricht die Blockchain-Technologie, den Finanzsektor effizienter, sicherer und kostengünstiger zu machen. Banken könnten beispielsweise grenzüberschreitende Zahlungen in Echtzeit und zu einem Bruchteil der aktuellen Kosten abwickeln.

Neben Kryptowährungen gibt es jedoch zahlreiche andere Anwendungen der Blockchain im Finanzbereich. Smart Contracts, also selbstausführende Verträge, könnten komplexe Finanztransaktionen automatisieren und sicherstellen, dass Vertragsbedingungen ohne menschliches Eingreifen erfüllt werden. Dezentrale Finanzsysteme (DeFi) ermöglichen es Nutzern, Kredite aufzunehmen oder Zinsen auf ihre Einlagen zu erhalten, ohne dass eine traditionelle Bank beteiligt ist.

4.2.3.2 Herausforderungen für die Finanzstabilität: Risiken durch digitale Währungen

Trotz der vielen Vorteile, die digitale Währungen und die Blockchain-Technologie bieten, gibt es erhebliche Herausforderungen und Risiken, insbesondere für die globale Finanzstabilität. Eines der größten Risiken ist die mangelnde Regulierung und Aufsicht über den Krypto-Markt. Während traditionelle Finanzinstitutionen wie Banken und Börsen strengen Vorschriften unterliegen, operieren viele Kryptowährungsplattformen außerhalb dieser Regulierungen. Dies kann zu Missbrauch, Betrug oder systemischen Risiken führen, wie sie beispielsweise während der Finanzkrise 2008 zu beobachten waren.

Darüber hinaus stellen Kryptowährungen und digitale Zentralbankwährungen (CBDCs) Herausforderungen für die bestehenden Geldsysteme dar. Wenn ein erheblicher Teil der Geldflüsse über dezentralisierte Plattformen abgewickelt wird, könnten Zentralbanken die Kontrolle über die Geldpolitik verlieren. Dies würde ihre Fähigkeit beeinträchtigen, Inflation zu steuern oder wirtschaftliche Stabilität zu gewährleisten. Auch könnte die Einführung von CBDCs das traditionelle Bankwesen verändern, da Bürger ihre Konten direkt bei der Zentralbank halten könnten, anstatt bei Privatbanken.

4.2.3.3 Regulatorische Maßnahmen: Globale und nationale Ansätze zur Steuerung digitaler Währungen

Angesichts der Risiken und Herausforderungen, die digitale Währungen mit sich bringen, haben viele Regierungen und internationale Institutionen damit begonnen, Regulierungsrahmen zu entwickeln. Während einige Länder wie China Kryptowährungen komplett verboten haben, verfolgen andere wie die USA und die Europäische Union einen regulierten Ansatz, der sowohl die Vorteile als auch die Risiken berücksichtigt.

In der EU trat im Jahr 2020 die Verordnung über Märkte für Krypto-Assets (MiCA) in Kraft, die erstmals eine umfassende Regulierung für Kryptowährungen und Blockchain-basierte Finanzprodukte einführt. Ziel dieser Verordnung ist es, klare Regeln für die Ausgabe und den Handel von Krypto-Assets zu schaffen und gleichzeitig den Schutz der Verbraucher zu gewährleisten. Auch die USA arbeiten an einem ähnlichen Rahmen, um den Krypto-Markt zu regulieren und Missbrauch einzudämmen.

Auf internationaler Ebene bemühen sich Organisationen wie der Internationale Währungsfonds (IWF) und die Bank für Internationalen Zahlungsausgleich (BIZ), globale Standards für den Umgang mit digitalen Währungen zu entwickeln. Diese Bemühungen sind entscheidend, um eine Fragmentierung der globalen Finanzsysteme zu verhindern und sicherzustellen, dass digitale Währungen in einer Weise integriert werden, die die Stabilität der Märkte fördert.

4.3 Kapitalmärkte: Aktien, Anleihen und die Rolle von Finanzinstitutionen

Die Kapitalmärkte sind das Herzstück der modernen Wirtschaft. Sie bieten Unternehmen die Möglichkeit, Kapital aufzunehmen, und Investoren die Chance, ihr Vermögen zu vermehren. In der globalisierten Welt des 21. Jahrhunderts spielen Kapitalmärkte eine zentrale Rolle dabei, Wirtschaftswachstum zu fördern, Innovationen zu finanzieren und Unternehmen die Expansion zu ermöglichen. Doch hinter den Kulissen dieser riesigen Finanzsysteme verbirgt sich eine hochkomplexe Struktur aus Aktien, Anleihen und verschiedenen Finanzinstrumenten, die zusammen das wirtschaftliche Rückgrat vieler Nationen bilden.

4.3.1 Grundlagen der Kapitalmärkte

Kapitalmärkte ermöglichen den Handel mit Finanzinstrumenten wie Aktien und Anleihen und bieten somit Unternehmen und Regierungen eine Plattform, um Geld für Investitionen oder öffentliche Ausgaben zu beschaffen. Gleichzeitig bieten sie Anlegern die Möglichkeit, ihre Ersparnisse zu investieren und Renditen zu erwirtschaften.

4.3.1.1 Funktionen und Strukturen der Kapitalmärkte: Primär- und Sekundärmärkte

Die Kapitalmärkte lassen sich in zwei Hauptbereiche unterteilen: Primär- und Sekundärmärkte. Im Primärmarkt erfolgt die erstmalige Ausgabe von Finanzinstrumenten, wie beispielsweise der Börsengang eines Unternehmens, bei dem Aktien zum ersten Mal der Öffentlichkeit angeboten werden. Ein berühmtes Beispiel dafür ist der Börsengang von Facebook im Jahr 2012, bei dem das Unternehmen mehrere Milliarden Dollar an Kapital aufnahm, um seine Expansion zu finanzieren. Diese Ausgabe neuer Aktien oder Anleihen ermöglicht es Unternehmen, Geld zu sammeln, das sie in ihr Wachstum oder neue Projekte investieren können.

Der Sekundärmarkt hingegen ist der Ort, an dem bereits ausgegebene Finanzinstrumente gehandelt werden. Hier findet der tägliche Handel von Aktien, Anleihen und anderen Wertpapieren statt. Investoren kaufen und verkaufen Finanzprodukte, und die Preise werden von Angebot und Nachfrage bestimmt. Der Sekundärmarkt ist entscheidend für die Liquidität der Kapitalmärkte – er sorgt dafür, dass Investoren ihre Investitionen bei Bedarf schnell in Bargeld umwandeln können. Börsen wie die New York Stock Exchange oder die Frankfurter Wertpapierbörse sind die bekanntesten Plattformen für diesen Handel.

4.3.1.2 Hauptakteure: Investoren, Emittenten und Finanzintermediäre

Kapitalmärkte bestehen aus verschiedenen Akteuren, die in einem komplexen Netzwerk miteinander interagieren. An erster Stelle stehen die Emittenten, also Unternehmen oder Regierungen, die Finanzinstrumente wie Aktien oder Anleihen ausgeben, um Kapital zu beschaffen. Diese Emittenten benötigen das Kapital, um Investitionen zu tätigen, Schulden zu refinanzieren oder staatliche Projekte zu finanzieren.

Die zweite Gruppe der Akteure sind die Investoren, die ihr Kapital in Finanzinstrumente investieren, um eine Rendite zu erzielen. Sie können sowohl institutionelle Investoren, wie Pensionsfonds oder Versicherungen, als auch private Investoren sein. Institutionelle Investoren sind besonders einflussreich, da sie über große Mengen an Kapital verfügen und somit eine entscheidende Rolle bei der Preisbildung von Aktien und Anleihen spielen.

Zwischen Emittenten und Investoren stehen die Finanzintermediäre – das sind Banken, Investmentgesellschaften und andere Finanzdienstleister, die als Vermittler fungieren. Sie erleichtern den Handel von Finanzinstrumenten und bieten Dienstleistungen wie Beratung, Vermögensverwaltung und Risikoabsicherung an. Ohne diese Intermediäre wäre es für Unternehmen und Investoren erheblich schwieriger, Kapital zu beschaffen oder Investitionen zu tätigen.

4.3.1.3 Kapitalfluss und Liquidität: Bedeutung für Unternehmen und Volkswirtschaften

Der Kapitalfluss auf den Märkten ist entscheidend für das Funktionieren moderner Volkswirtschaften. Wenn Kapital in die Märkte fließt, stehen Unternehmen und Regierungen die finanziellen Mittel zur Verfügung, um zu investieren, Arbeitsplätze zu schaffen und Wachstum zu fördern. Gleichzeitig ermöglichen Kapitalmärkte den effizienten Einsatz von Ersparnissen und überschüssigem Kapital, indem sie es zu denen leiten, die es am dringendsten benötigen.

Liquidität spielt dabei eine zentrale Rolle. Sie bezeichnet die Fähigkeit, Vermögenswerte schnell und ohne größere Verluste in Bargeld umzuwandeln. Märkte mit hoher Liquidität sind besonders attraktiv, da Investoren jederzeit die Möglichkeit haben, ihre Positionen zu verkaufen, ohne große Preisabschläge hinnehmen zu müssen. Eine gut funktionierende Kapitalmarktinfrastruktur sorgt dafür, dass Kapitalströme reibungslos fließen und Unternehmen Zugang zu den benötigten Ressourcen haben.

4.3.2 Finanzprodukte und ihre Preisbildung

Kapitalmärkte bieten eine Vielzahl von Finanzprodukten, von den relativ einfachen Aktien und Anleihen bis hin zu komplexeren Instrumenten wie Derivaten. Jedes dieser Produkte hat seine eigene Dynamik, wenn es um Preisbildung und Bewertung geht.

4.3.2.1 Aktien und ihre Bewertung: Einflussfaktoren auf Aktienkurse

Aktien repräsentieren einen Anteil am Eigenkapital eines Unternehmens und bieten den Investoren das Recht, an den zukünftigen Gewinnen des Unternehmens teilzuhaben. Die Bewertung von Aktien ist eine der zentralen Aufgaben der Kapitalmärkte, und ihre Preise werden durch eine Vielzahl von Faktoren beeinflusst. Dazu gehören die finanzielle Performance des Unternehmens, die allgemeine Wirtschaftslage, Zinsänderungen, geopolitische Entwicklungen und das allgemeine Marktumfeld.

Die Preisbildung von Aktien erfolgt größtenteils durch Angebot und Nachfrage an den Börsen. Wenn Investoren glauben, dass ein Unternehmen in Zukunft profitabler sein wird, steigt die Nachfrage nach dessen Aktien, und der Preis steigt. Umgekehrt führt ein Verlust an Vertrauen zu einem Rückgang des Aktienkurses. Ein berühmtes Beispiel hierfür ist der Einbruch der Aktienmärkte während der Finanzkrise 2008, als das Vertrauen in die Stabilität der globalen Wirtschaft massiv erschüttert wurde.

Zusätzlich zu den fundamentalen Einflussfaktoren gibt es technische Faktoren, die die Aktienkurse beeinflussen können. Dazu gehören kurzfristige Handelsstrategien, algorithmischer Handel und spekulative Aktivitäten, die die Preise in kurzer Zeit erheblich schwanken lassen können.

4.3.2.2 Anleihen und Zinssätze: Zusammenhang zwischen Anleihepreisen und Marktzinsen

Anleihen sind Schuldtitel, die von Unternehmen oder Regierungen ausgegeben werden, um Kapital zu beschaffen. Im Gegenzug für das geliehene Geld erhalten die Anleihegläubiger regelmäßige Zinszahlungen und am Ende der Laufzeit den Nennwert der Anleihe zurück. Anleihen gelten in der Regel als sicherere Anlageform im Vergleich zu Aktien, da sie feste Erträge bieten und im Insolvenzfall eines Unternehmens Vorrang gegenüber Aktionären haben.

Ein entscheidender Faktor bei der Bewertung von Anleihen ist das allgemeine Zinsniveau. Es besteht ein umgekehrtes Verhältnis zwischen den Marktzinsen und den Preisen von Anleihen: Wenn die Zinsen steigen, sinken die Anleihekurse, und wenn die Zinsen fallen, steigen die Anleihekurse. Dieser Zusammenhang ergibt sich aus der Tatsache, dass neu ausgegebene Anleihen höhere Zinszahlungen bieten, wenn die Marktzinsen steigen, was ältere Anleihen mit niedrigeren Zinsen weniger attraktiv macht. Umgekehrt gewinnen ältere Anleihen an Wert, wenn die Marktzinsen sinken, da sie im Vergleich höhere Zinszahlungen bieten.

Betrachten wir ein konkretes Beispiel: Eine Anleihe mit einem festen Zinssatz von 3 % wird zu einem Zeitpunkt ausgegeben, an dem das allgemeine Zinsniveau ebenfalls bei 3 % liegt. Wenn jedoch die Zinsen auf dem Markt auf 4 % steigen, werden Investoren weniger geneigt sein, die Anleihe mit 3 % Zinsen zu kaufen, da neuere Anleihen mit höheren Zinssätzen attraktiver sind. Um ältere Anleihen dennoch verkaufen zu können, müssen deren Preise fallen, damit ihre effektive Rendite mit den höheren Marktzinsen übereinstimmt.

Der umgekehrte Fall tritt ein, wenn die Zinsen sinken. In diesem Fall steigt der Preis der Anleihe, da ihre festen Zinszahlungen nun attraktiver sind als die niedrigeren Zinsen, die neuere Anleihen bieten.

Dieser Zusammenhang zwischen Anleihepreisen und Zinssätzen macht Anleihen besonders sensibel gegenüber geldpolitischen Entscheidungen von Zentralbanken. Wenn Zentralbanken wie die Europäische Zentralbank oder die Federal Reserve die Zinssätze ändern, beeinflussen sie direkt die Preise von Anleihen. Daher beobachten Investoren in den Anleihemärkten genau die geldpolitischen Signale, um ihre Anlagestrategien anzupassen.

4.3.2.3 Derivate und komplexe Finanzinstrumente: Nutzen und Risiken

Neben Aktien und Anleihen spielen Derivate eine zunehmend wichtige Rolle in den Kapitalmärkten. Derivate sind Finanzinstrumente, deren Wert sich von einem zugrunde liegenden Vermögenswert ableitet, wie zum Beispiel Aktien, Anleihen, Rohstoffen oder Währungen. Zu den bekanntesten Arten von Derivaten gehören Optionen, Futures und Swaps.

Der Hauptnutzen von Derivaten liegt in ihrer Fähigkeit, Risiken abzusichern. Unternehmen und Investoren nutzen Derivate, um sich gegen Preisschwankungen abzusichern, die durch Veränderungen in den Märkten verursacht werden. Ein Beispiel dafür ist der Rohstoffmarkt, auf dem Fluggesellschaften häufig Futures-Kontrakte kaufen, um sich gegen steigende Ölpreise abzusichern. Mit einem solchen Vertrag verpflichtet sich die Fluggesellschaft, zu einem festgelegten Preis in der Zukunft Öl zu kaufen, unabhängig davon, wie sich die Preise bis dahin entwickelt haben. Auf diese Weise können sie ihre Kosten stabil halten und Preisschwankungen vermeiden.

Derivate bieten jedoch nicht nur Absicherungsmöglichkeiten, sondern auch erhebliche Spekulationspotenziale. Händler nutzen Derivate, um auf Preisbewegungen von Vermögenswerten zu wetten, oft mit dem Ziel, hohe Gewinne zu erzielen. Allerdings sind Derivate aufgrund ihrer Komplexität und Hebelwirkung auch mit erheblichen Risiken verbunden. Da der Wert eines Derivats oft nur einen Bruchteil des Wertes des zugrunde liegenden Vermögenswertes darstellt, können sowohl Gewinne als auch Verluste stark überproportional ausfallen. In extremen Fällen kann dies zu großen Verlusten führen, wie beispielsweise bei der Finanzkrise 2008, bei der Derivate eine Schlüsselrolle spielten.

Die Risiken, die mit Derivaten und anderen komplexen Finanzinstrumenten verbunden sind, haben dazu geführt, dass Regulierungsbehörden weltweit strengere Vorschriften für deren Handel und Einsatz erlassen haben. Ziel ist es, sicherzustellen, dass diese Instrumente nicht zu einer Bedrohung für die Stabilität des Finanzsystems werden.

4.3.3 Die Rolle der Finanzinstitutionen

Finanzinstitutionen wie Banken, Investmentgesellschaften und Versicherungen spielen eine entscheidende Rolle in den Kapitalmärkten. Sie agieren nicht nur als Vermittler zwischen Investoren und Emittenten, sondern bieten auch eine Vielzahl von Dienstleistungen an, die von der Vermögensverwaltung bis zur Risikoabsicherung reichen.

4.3.3.1 Banken und Investmentgesellschaften: Ihre Funktionen in den Kapitalmärkten

Banken und Investmentgesellschaften sind die wichtigsten Akteure in den Kapitalmärkten. Sie ermöglichen Unternehmen den Zugang zu Kapital, indem sie als Vermittler bei der Ausgabe von Aktien und Anleihen fungieren, und sie bieten Investoren die Möglichkeit, in verschiedene Finanzprodukte zu investieren.

Investmentbanken wie Goldman Sachs oder Morgan Stanley sind besonders aktiv in den Primärmärkten, wo sie Unternehmen dabei unterstützen, Kapital durch Börsengänge oder Anleiheemissionen zu beschaffen. Sie übernehmen oft die Rolle des „Underwriters", was bedeutet, dass sie das Risiko übernehmen, die ausgegebenen Wertpapiere auf dem Markt zu platzieren. In den Sekundärmärkten handeln sie mit Aktien, Anleihen und anderen Finanzinstrumenten, sowohl für ihre Kunden als auch für sich selbst.

Darüber hinaus bieten viele Banken und Investmentgesellschaften Vermögensverwaltungsdienste an, bei denen sie das Kapital ihrer Kunden in eine Vielzahl von Finanzinstrumenten investieren, um deren Vermögen zu vermehren. Diese Institutionen verfügen über große Expertise und können durch ihre globalen Netzwerke und Ressourcen Risiken effizient managen.

4.3.3.2 Regulierungsbehörden und ihre Bedeutung: Sicherstellung der Marktstabilität

Regulierungsbehörden spielen eine entscheidende Rolle dabei, die Stabilität und Integrität der Kapitalmärkte zu gewährleisten. Ohne klare Regeln und Überwachung könnte das Vertrauen der Investoren schnell erodieren, was zu Marktverwerfungen und finanziellen Krisen führen könnte. Daher gibt es weltweit eine Vielzahl von Institutionen, deren Aufgabe es ist, den Finanzsektor zu regulieren und zu überwachen.

In den USA ist die Securities and Exchange Commission (SEC) die wichtigste Regulierungsbehörde für den Wertpapierhandel. Sie überwacht den Aktienmarkt, stellt sicher, dass Unternehmen die richtigen Informationen zur Verfügung stellen, um Investoren vor Betrug zu schützen, und ahndet Verstöße gegen die Finanzmarktregeln. Ähnlich fungiert in Europa die Europäische Wertpapier- und Marktaufsichtsbehörde (ESMA), die eine übergreifende Aufsicht über die Finanzmärkte in der Europäischen Union hat und harmonisierte Regeln für den Handel mit Finanzprodukten entwickelt.

Regulierungsbehörden haben mehrere wichtige Aufgaben. Erstens sorgen sie dafür, dass der Markt fair und transparent funktioniert. Dazu gehört, dass alle relevanten Informationen offengelegt werden müssen, damit Investoren fundierte Entscheidungen treffen können. Börsennotierte Unternehmen sind beispielsweise verpflichtet, regelmäßig Geschäftsberichte zu veröffentlichen und signifikante Ereignisse, die den Aktienkurs beeinflussen könnten, sofort zu melden.

Zweitens setzen Regulierungsbehörden strenge Regeln zum Schutz der Investoren durch. Dies schließt Maßnahmen gegen Insiderhandel ein – also den unfairen Vorteil durch die Nutzung von nicht-öffentlichen Informationen zum Kauf oder Verkauf von Aktien. Solche Praktiken untergraben das Vertrauen in die Märkte und können schwerwiegende rechtliche Konsequenzen nach sich ziehen.

Drittens überwachen sie die Stabilität des Finanzsystems, indem sie sicherstellen, dass Finanzinstitutionen wie Banken und Investmentgesellschaften angemessene Eigenkapitalreserven halten, um Verluste aufzufangen und einer möglichen Insolvenz vorzubeugen. Eine der Lehren aus der Finanzkrise von 2008 war, dass viele Banken zu stark gehebelt waren – das heißt, sie hatten enorme Schulden im Verhältnis zu ihrem Eigenkapital aufgenommen, was sie anfällig für Verluste machte. Infolge der Krise wurden international strengere Kapitalanforderungen für Banken durch das Basel-III-Abkommen eingeführt.

Schließlich übernehmen Regulierungsbehörden auch eine wichtige Rolle in der Überwachung von Finanzprodukten. Da immer komplexere Instrumente wie Derivate oder börsengehandelte Fonds (ETFs) auf den Markt kommen, ist es entscheidend, dass diese Produkte transparent und sicher sind. Die Regulierer prüfen die Struktur dieser Produkte, um sicherzustellen, dass sie keine unkontrollierbaren Risiken für die Finanzmärkte darstellen.

4.3.3.3 Finanzkrisen und ihre Bewältigung: Lehren aus der Vergangenheit

Finanzkrisen sind ein wiederkehrendes Phänomen in der Geschichte der Kapitalmärkte. Von der Großen Depression in den 1930er Jahren bis zur globalen Finanzkrise 2008 haben diese Ereignisse gezeigt, wie empfindlich die Märkte auf Fehlentwicklungen reagieren können. Jede Krise hat einzigartige Ursachen und Merkmale, aber viele gemeinsame Muster wie übermäßige Spekulation, Kreditblasen und mangelnde Regulierung lassen sich in den meisten von ihnen beobachten.

Die Finanzkrise 2008 war ein Schock für die Weltwirtschaft und führte zu tiefgreifenden Veränderungen im globalen Finanzsystem. Ausgelöst wurde sie durch den Zusammenbruch des US-Immobilienmarktes und den anschließenden Ausfall von Hypothekenkrediten. Viele dieser Kredite waren in hochkomplexen Finanzprodukten wie Collateralized Debt Obligations (CDOs) gebündelt, die von Investoren weltweit gehandelt wurden. Als die zugrunde liegenden Hypotheken ausfielen, brach das Vertrauen in diese Produkte zusammen, und große Finanzinstitutionen wie Lehman Brothers gingen in Konkurs.

Die Krise zeigte, dass das globale Finanzsystem stark vernetzt und anfällig für systemische Risiken ist. Eine der Lehren daraus war, dass es unerlässlich ist, klare Regelungen und Kontrollen zu haben, um exzessive Risikobereitschaft zu begrenzen. In der Folge wurden weltweit umfangreiche Reformen durchgeführt, um die Widerstandsfähigkeit des Finanzsystems zu stärken. Dazu gehören strengere Kapitalanforderungen für Banken, eine bessere Regulierung des Derivatehandels und die Schaffung von Mechanismen zur Abwicklung insolventer Finanzinstitutionen.

Ein weiteres wichtiges Ergebnis der Krise war die Einsicht, dass Zentralbanken eine Schlüsselrolle bei der Bewältigung von Finanzkrisen spielen. Die Federal Reserve in den USA, die Europäische Zentralbank (EZB) und andere Zentralbanken griffen massiv in die Märkte ein, um Liquidität bereitzustellen und das Vertrauen der Investoren wiederherzustellen. Durch Maßnahmen wie den Ankauf von Staatsanleihen und die Senkung der Zinssätze konnten sie die schlimmsten Auswirkungen der Krise abmildern und eine noch tiefere Rezession verhindern.

Die Krise von 2008 hat auch die Bedeutung internationaler Zusammenarbeit in der Finanzpolitik verdeutlicht. Institutionen wie der Internationale Währungsfonds (IWF) und die Bank für Internationalen Zahlungsausgleich (BIZ) spielen eine wichtige Rolle bei der Koordinierung globaler Maßnahmen, um Finanzkrisen zu verhindern und zu bewältigen. Angesichts der globalen Vernetzung der Kapitalmärkte ist es unerlässlich, dass Länder und Institutionen gemeinsam daran arbeiten, die Stabilität der Märkte zu gewährleisten.

4.4 Natürliche Ressourcen und Umwelt: Nachhaltigkeit als wirtschaftlicher Imperativ

Während die Weltwirtschaft kontinuierlich wächst und sich weiterentwickelt, stehen natürliche Ressourcen und die Umwelt im Mittelpunkt vieler wirtschaftlicher Diskussionen. Rohstoffe wie Öl, Gas, Metalle und Holz haben seit Jahrhunderten die Grundlage der Weltwirtschaft gebildet. Doch mit zunehmender Ressourcenknappheit und dem wachsenden Bewusstsein für die ökologischen Auswirkungen der Ressourcennutzung gewinnt die Frage der Nachhaltigkeit an Bedeutung. Unternehmen, Regierungen und internationale Organisationen stehen vor der Herausforderung, ein Gleichgewicht zwischen wirtschaftlichem Wachstum und ökologischer Verantwortung zu finden. Nachhaltigkeit ist längst kein reines Umweltanliegen mehr – sie ist zu einem zentralen wirtschaftlichen Imperativ geworden.

4.4.1 Wertschöpfung durch natürliche Ressourcen

Natürliche Ressourcen sind das Rückgrat der globalen Wirtschaft. Ohne Rohstoffe könnten keine Produkte hergestellt, keine Gebäude gebaut und keine Energie gewonnen werden. Doch wie bei jedem knappen Gut spielen Angebot und Nachfrage eine zentrale Rolle in der Preisbildung und bestimmen maßgeblich den wirtschaftlichen Wert von Ressourcen.

4.4.1.1 Ressourcengewinnung und -nutzung: Rohstoffe als Grundlage der Wirtschaft

Die Gewinnung und Nutzung natürlicher Ressourcen ist ein komplexer Prozess, der von vielen Faktoren beeinflusst wird. Rohstoffe wie Öl, Gas, Kohle, Metalle und Mineralien werden in riesigen Mengen abgebaut, transportiert und verarbeitet, um den Bedarf der globalen Industrie zu decken. Diese Ressourcen sind entscheidend für die Produktion von Gütern, die den modernen Lebensstil ermöglichen, von Smartphones über Autos bis hin zu Stromnetzen.

Die Gewinnung von Rohstoffen ist oft mit erheblichen wirtschaftlichen und ökologischen Kosten verbunden. Der Abbau von Bodenschätzen erfordert enorme Investitionen in Infrastruktur und Technologie. Gleichzeitig hat der Rohstoffabbau weitreichende Auswirkungen auf die Umwelt. Große Minen, Ölbohrungen und Gasförderanlagen können Landschaften zerstören, Wasserquellen verschmutzen und die Lebensräume von Tieren und Pflanzen gefährden. Zudem führt der Abbau fossiler Brennstoffe wie Kohle und Öl zu erheblichen CO_2-Emissionen, die den Klimawandel anheizen.

Nicht nur die Umwelt, auch politische und gesellschaftliche Faktoren beeinflussen die Ressourcengewinnung. In vielen Ländern sind Rohstoffreserven eine zentrale Quelle für staatliche Einnahmen, und der Zugang zu diesen Ressourcen kann geopolitische Spannungen auslösen. Die Kontrolle über Öl- und Gasvorkommen war in der Vergangenheit oft Auslöser für internationale Konflikte.

4.4.1.2 Preisbildung bei Rohstoffen: Einfluss von Knappheit und Nachfrage

Die Preisbildung bei Rohstoffen ist stark von den Marktbedingungen geprägt, insbesondere von der Knappheit eines Rohstoffs und der globalen Nachfrage danach. Wenn eine Ressource knapp wird – sei es aufgrund begrenzter Reserven, politischer Instabilität in Förderregionen oder wachsender Nachfrage – steigt ihr Preis. Umgekehrt sinken die Preise, wenn die Förderkapazitäten steigen oder die Nachfrage zurückgeht.

Ein klassisches Beispiel hierfür sind die Ölpreise. Der Ölmarkt ist seit Jahrzehnten von Schwankungen geprägt, die oft auf geopolitische Ereignisse oder globale Wirtschaftsentwicklungen zurückzuführen sind. In Zeiten wirtschaftlichen Wachstums steigt die Nachfrage nach Öl, was die Preise in die Höhe treibt. Wenn jedoch die globale Wirtschaft schwächelt, wie während der COVID-19-Pandemie, fällt die Nachfrage, und die Preise sinken.

Die OPEC (Organisation erdölexportierender Länder) ist ein prominentes Beispiel für den Versuch, die Ölpreise durch Angebotssteuerung zu stabilisieren. Indem sie die Fördermengen ihrer Mitgliedsländer koordiniert, kann die OPEC das globale Angebot kontrollieren und somit Einfluss auf die Preise nehmen. Diese Preismanipulation hat weitreichende Auswirkungen auf die Weltwirtschaft, da Öl ein zentraler Energieträger ist, dessen Preis viele andere Wirtschaftssektoren beeinflusst.

4.4.1.3 Geopolitische Faktoren: Ressourcenverteilung und internationale Konflikte

Ressourcen sind oft ungleich auf der Welt verteilt, was zu geopolitischen Spannungen führen kann. Einige Länder besitzen enorme Rohstoffvorkommen, während andere auf Importe angewiesen sind, um ihre Wirtschaft zu betreiben. Diese Abhängigkeiten schaffen Machtstrukturen und Konflikte.

Ein Beispiel ist der Wettstreit um seltene Erden, Mineralien, die für die Produktion von Hochtechnologieprodukten wie Smartphones, Batterien und Windturbinen unerlässlich sind. China kontrolliert einen Großteil der weltweiten Vorkommen dieser Rohstoffe, was ihm einen erheblichen wirtschaftlichen und politischen Vorteil verschafft. Diese Dominanz hat zu Spannungen mit anderen Ländern geführt, die zunehmend nach Wegen suchen, ihre Abhängigkeit von chinesischen Exporten zu reduzieren.

Geopolitische Spannungen um Rohstoffe manifestieren sich auch in Energiekriegen. Der Zugang zu Gas- und Ölvorkommen ist ein strategischer Faktor in vielen internationalen Konflikten. In den vergangenen Jahrzehnten haben Spannungen in rohstoffreichen Regionen wie dem Nahen Osten immer wieder zu militärischen Auseinandersetzungen geführt, da Länder um die Kontrolle über die lebenswichtigen Energieressourcen kämpfen.

Die internationale Gemeinschaft versucht, diese Spannungen durch diplomatische und wirtschaftliche Maßnahmen zu entschärfen. Internationale Abkommen und Organisationen wie die Vereinten Nationen oder die Weltbank spielen eine wichtige Rolle dabei, Konflikte um Ressourcen zu verhindern und eine gerechte Verteilung sicherzustellen. Gleichzeitig setzen viele Länder zunehmend auf technologische Innovationen, um ihre Abhängigkeit von bestimmten Rohstoffen zu verringern und nachhaltige Alternativen zu entwickeln.

4.4.2 Nachhaltigkeit und Ressourcennutzung

Angesichts der zunehmenden Ressourcenknappheit und der dringenden Notwendigkeit, den Klimawandel zu bekämpfen, ist das Thema Nachhaltigkeit zu einem zentralen Anliegen in der modernen Wirtschaft geworden. Es reicht längst nicht mehr aus, lediglich wirtschaftlichen Nutzen aus natürlichen Ressourcen zu ziehen — der Erhalt und die nachhaltige Nutzung dieser Ressourcen ist heute ein wirtschaftlicher Imperativ. Unternehmen, Regierungen und Verbraucher müssen Wege finden, die Ressourcen effizient zu nutzen und gleichzeitig sicherzustellen, dass die ökologischen Auswirkungen minimiert werden.

4.4.2.1 Ökologischer Fußabdruck und nachhaltige Entwicklung: Definition und Bedeutung

Der ökologische Fußabdruck ist eine Methode, um zu messen, wie viel Land- und Wasserfläche benötigt wird, um die von einem Menschen, einem Unternehmen oder einem Land verbrauchten Ressourcen zu produzieren und die entstehenden Abfälle zu absorbieren. Dieser Indikator zeigt, ob ein nachhaltiger Umgang mit den Ressourcen stattfindet oder ob der Verbrauch die natürliche Regenerationsfähigkeit übersteigt.

Weltweit zeigt der ökologische Fußabdruck, dass die Menschheit weit über die regenerativen Kapazitäten der Erde hinausgeht. Jedes Jahr wird der sogenannte „Earth Overshoot Day" berechnet, der den Tag markiert, an dem die Menschheit alle natürlichen Ressourcen für das Jahr verbraucht hat, die die Erde innerhalb dieses Jahres regenerieren kann. Ab diesem Zeitpunkt leben wir „auf Pump" und verbrauchen Ressourcen, die zukünftigen Generationen fehlen werden.

Die Idee der nachhaltigen Entwicklung, die erstmals in den 1980er Jahren durch den Brundtland-Bericht der Vereinten Nationen populär wurde, zielt darauf ab, genau dieses Ungleichgewicht zu beseitigen. Nachhaltige Entwicklung bedeutet, dass die Bedürfnisse der gegenwärtigen Generation erfüllt werden, ohne die Fähigkeit zukünftiger Generationen zu gefährden, ihre eigenen Bedürfnisse zu erfüllen. Dies erfordert eine Balance zwischen wirtschaftlichem Wachstum, sozialer Gerechtigkeit und ökologischer Verantwortung.

Für Unternehmen und Staaten bedeutet das, langfristig zu denken. Der Fokus liegt darauf, Produktionsmethoden zu entwickeln, die Ressourcen schonen, erneuerbare Energien zu nutzen und innovative Technologien einzusetzen, um den CO_2-Ausstoß und andere schädliche Emissionen zu verringern. Gleichzeitig müssen sie sicherstellen, dass wirtschaftliche Vorteile wie Beschäftigung und Wohlstandsgenerierung nicht auf Kosten der Umwelt oder sozialer Ungerechtigkeit gehen.

4.4.2.2 Kreislaufwirtschaft: Modelle für eine ressourcenschonende Wirtschaft

Die Kreislaufwirtschaft ist ein Konzept, das darauf abzielt, das lineare Wirtschaftsmodell − „nehmen, herstellen, entsorgen" − zu durchbrechen und Ressourcen so lange wie möglich im Nutzungskreislauf zu halten. In einer Kreislaufwirtschaft werden Produkte so entworfen, dass sie am Ende ihrer Nutzungszeit entweder recycelt, wiederverwendet oder biologisch abgebaut werden können. Abfall wird somit nicht als unvermeidliches Nebenprodukt des Wirtschaftens gesehen, sondern als wertvolle Ressource, die in den Produktionsprozess zurückgeführt werden kann.

Ein Beispiel für ein Unternehmen, das die Prinzipien der Kreislaufwirtschaft erfolgreich umsetzt, ist der niederländische Elektronikhersteller Philips. Philips hat sich verpflichtet, seine Produkte so zu gestalten, dass sie leicht zerlegt und recycelt werden können. Dies umfasst nicht nur das Recycling von Materialien, sondern auch das Refurbishment − die Wiederaufbereitung von Produkten, um sie wieder in den Markt einzuführen. Durch solche Ansätze kann das Unternehmen den Verbrauch von Rohstoffen deutlich reduzieren und gleichzeitig wirtschaftlich profitieren, indem es neue Geschäftsmodelle entwickelt, die auf der Verlängerung des Produktlebenszyklus basieren.

Ein weiterer Bereich, in dem die Kreislaufwirtschaft eine zentrale Rolle spielt, ist das Abfallmanagement. Städte und Gemeinden auf der ganzen Welt implementieren zunehmend Programme zur Abfalltrennung und zum Recycling, um sicherzustellen, dass wertvolle

Materialien nicht auf Mülldeponien landen. Gleichzeitig arbeiten Unternehmen an innovativen Lösungen, um den Einsatz von Einwegplastik zu reduzieren und den Kunststoffverbrauch zu minimieren.

Der Übergang zur Kreislaufwirtschaft erfordert jedoch nicht nur technologische Innovationen, sondern auch einen kulturellen Wandel. Verbraucher müssen sensibilisiert werden, bewusster zu konsumieren und Produkte länger zu nutzen, zu reparieren oder wiederzuverwenden. Auch Regierungen spielen eine wichtige Rolle, indem sie Anreize schaffen und Regulierungen einführen, die Unternehmen und Verbraucher zu nachhaltigeren Praktiken ermutigen.

4.4.2.3 Erneuerbare Ressourcen vs. fossile Brennstoffe: Kosten-Nutzen-Analyse

Einer der größten Hebel, um Nachhaltigkeit zu fördern und gleichzeitig die Wirtschaft zu transformieren, ist der Übergang von fossilen Brennstoffen zu erneuerbaren Energien. Fossile Brennstoffe wie Kohle, Öl und Gas sind nach wie vor die dominierende Energiequelle der globalen Wirtschaft, aber ihre negativen ökologischen Auswirkungen, insbesondere der hohe CO_2-Ausstoß, machen sie langfristig unhaltbar. Gleichzeitig werden fossile Brennstoffe zunehmend knapper und teurer, was die Abhängigkeit von ihnen sowohl ökologisch als auch ökonomisch problematisch macht.

Erneuerbare Energien, wie Wind-, Solar- und Wasserkraft, bieten eine umweltfreundlichere und langfristig kostengünstigere Alternative. In den letzten Jahren sind die Kosten für die Erzeugung von Solar- und Windenergie dramatisch gesunken, was sie wettbewerbsfähig mit fossilen Brennstoffen macht. Dieser technologische Fortschritt hat die Voraussetzungen geschaffen, um den globalen Energiemarkt grundlegend zu verändern. Länder wie Deutschland, die stark in erneuerbare Energien investiert haben, zeigen, dass eine nachhaltige Energiezukunft machbar ist, ohne das wirtschaftliche Wachstum zu gefährden.

Jedoch gibt es auch Herausforderungen bei der Umstellung auf erneuerbare Energien. Die Energieerzeugung aus Wind und Sonne ist abhängig von Wetterbedingungen und somit nicht konstant. Dies stellt Anforderungen an die Infrastruktur und die Entwicklung von Energiespeicherlösungen, um eine zuverlässige Stromversorgung sicherzustellen. Auch der Übergang selbst erfordert massive Investitionen in neue Technologien, Netze und Speicherlösungen.

Eine umfassende Kosten-Nutzen-Analyse zeigt jedoch, dass die langfristigen Vorteile der Umstellung auf erneuerbare Energien – in Form von niedrigeren Betriebskosten, geringerer Umweltbelastung und größerer Energieunabhängigkeit – die anfänglichen Kosten und Herausforderungen bei Weitem überwiegen.

4.4.3 Umweltökonomik und Preisbildung

Die Integration ökologischer Faktoren in die wirtschaftliche Preisbildung ist eine der größten Herausforderungen unserer Zeit. Traditionelle Wirtschaftsmodelle berücksichtigen oft nicht die Kosten, die durch Umweltverschmutzung, den CO_2-Ausstoß oder die Übernutzung von Ressourcen entstehen. Die Umweltökonomik setzt sich dafür ein, diese „externen Kosten" in die Preisbildung einfließen zu lassen und so einen nachhaltigen Umgang mit natürlichen Ressourcen zu fördern. Es geht darum, wirtschaftliche Anreize zu schaffen, die sowohl Umwelt- als auch Wirtschaftsziele unterstützen.

4.4.3.1 Internalisierung externer Kosten: Umweltsteuern und Emissionshandel

Ein zentraler Ansatz der Umweltökonomik ist die Internalisierung externer Kosten. Dies bedeutet, dass die Kosten, die durch Umweltverschmutzung oder Ressourcennutzung entstehen, von den Verursachern getragen werden. Ein klassisches Beispiel ist die CO_2-Steuer. Bei einer CO_2-Steuer zahlen Unternehmen und Verbraucher einen Preis für jede Tonne Kohlendioxid, die sie in die Atmosphäre ausstoßen. Diese Steuer erhöht die Kosten für klimaschädliche Aktivitäten wie das Verbrennen fossiler Brennstoffe und schafft so Anreize, um auf saubere Alternativen wie erneuerbare Energien umzusteigen.

Ein weiteres Instrument zur Internalisierung externer Kosten ist der Emissionshandel. Hierbei wird ein Höchstlimit für den Ausstoß von Treibhausgasen festgelegt, und Unternehmen erhalten das Recht, eine bestimmte Menge an Emissionen zu verursachen. Diese Rechte können gehandelt werden – Unternehmen, die weniger Emissionen verursachen, können ihre überschüssigen Rechte an andere Unternehmen verkaufen. Dies schafft einen finanziellen Anreiz, den CO_2-Ausstoß zu verringern. Der Emissionshandel wurde in der EU mit dem sogenannten „Europäischen Emissionshandelssystem" (EU-ETS) eingeführt und hat sich zu einem zentralen Instrument im Kampf gegen den Klimawandel entwickelt.

Beide Modelle – die CO_2-Steuer und der Emissionshandel – haben das Ziel, den wahren Preis für umweltschädliche Aktivitäten zu ermitteln und dadurch die Wirtschaft zu lenken. Unternehmen, die innovative und umweltfreundliche Technologien entwickeln, werden durch solche Mechanismen belohnt, während diejenigen, die weiterhin auf klimaschädliche Praktiken setzen, höhere Kosten tragen müssen.

4.4.3.2 Marktbasierte Ansätze zur Umweltregulierung: Cap-and-Trade, CO_2-Steuern

Marktbasierte Ansätze wie „Cap-and-Trade" und CO_2-Steuern haben sich als effektive Methoden erwiesen, um Umweltbelastungen zu reduzieren und gleichzeitig wirtschaftliche Flexibilität zu bewahren. Das „Cap-and-Trade"-System setzt ein festes Limit für den Ausstoß von Treibhausgasen (das „Cap") und erlaubt es Unternehmen, ihre Emissionsrechte zu handeln. Dies ermöglicht Unternehmen, die ihre Emissionen kostengünstiger reduzieren können, ihre überschüssigen Zertifikate zu verkaufen, während andere Unternehmen, die höhere Kosten für Emissionsminderungen hätten, Zertifikate kaufen können.

Das „Cap-and-Trade"-Modell schafft also ein marktbasiertes System, das Anreize zur Reduzierung von Emissionen bietet, ohne den Unternehmen die Mittel zur Zielerreichung vorzuschreiben. Diese Flexibilität hat sich in vielen Fällen als effektiv erwiesen, insbesondere in der Europäischen Union, wo das EU-ETS seit 2005 operiert. Hier hat das System zur Reduzierung der Emissionen in energieintensiven Industrien geführt und gleichzeitig Investitionen in umweltfreundlichere Technologien gefördert.

Die CO_2-Steuer ist ein alternatives Instrument, das simpler gestaltet ist, aber ebenfalls effektiv sein kann. Sie legt einen festen Preis pro Tonne CO_2 fest, was Unternehmen dazu motiviert, ihren Kohlenstoffausstoß zu senken, um Kosten zu sparen. Länder wie Schweden haben eine CO_2-Steuer erfolgreich eingeführt und konnten ihre Emissionen deutlich reduzieren, während die Wirtschaft weiter wuchs.

Während sowohl „Cap-and-Trade"-Systeme als auch CO_2-Steuern das Potenzial haben, umweltfreundliches Verhalten zu fördern, hängt ihr Erfolg stark von der politischen Umsetzung und der globalen Koordination ab. Beide Instrumente bieten Regierungen die Möglichkeit, nicht nur Umweltziele zu erreichen, sondern auch Einnahmen zu generieren, die für grüne Investitionen und Klimaschutzprogramme genutzt werden können.

4.4.3.3 Wirtschaftliche Anreize für Nachhaltigkeit: Subventionen, Zertifikate und grüne Investitionen

Ein weiterer wichtiger Ansatz, um Nachhaltigkeit wirtschaftlich zu fördern, ist die Schaffung von Anreizen durch Subventionen, Zertifikate und gezielte Investitionen in grüne Technologien. Viele Länder bieten mittlerweile staatliche Subventionen für Unternehmen an, die in erneuerbare Energien, energieeffiziente Technologien oder nachhaltige Produktionsmethoden investieren. Diese Subventionen verringern die Kosten für grüne Technologien und machen sie wettbewerbsfähiger gegenüber konventionellen Lösungen.

Ein prominentes Beispiel sind die Einspeisevergütungen für erneuerbare Energien, die in vielen Ländern die Installation von Solaranlagen oder Windkraftwerken fördern. Diese Vergütungen garantieren den Betreibern erneuerbarer Energien feste Preise für den von ihnen produzierten Strom, was die wirtschaftliche Rentabilität dieser Projekte sicherstellt. Solche Subventionen haben dazu beigetragen, dass die Kosten für erneuerbare Energien weltweit drastisch gesunken sind und die Technologie zunehmend mit fossilen Brennstoffen konkurrieren kann.

Zertifikate sind ein weiteres Mittel, um Nachhaltigkeit zu fördern. Nachhaltigkeitszertifikate wie der „Grüne Punkt" oder der „Blaue Engel" kennzeichnen Produkte, die umweltfreundlich hergestellt wurden oder besonders energiesparend sind. Diese Zertifikate bieten Verbrauchern eine Orientierungshilfe beim Kauf und schaffen gleichzeitig einen Anreiz für Unternehmen, ihre Produkte nach strengeren Umweltstandards zu produzieren.

Ein wachsender Trend sind auch grüne Investitionen. Immer mehr Investoren legen ihr Kapital gezielt in Unternehmen und Projekte an, die nachhaltige Ziele verfolgen. Diese sogenannten ESG-Investitionen (Environmental, Social, Governance) haben in den letzten

Jahren enorm an Bedeutung gewonnen. Investmentfonds, die auf nachhaltige Anlagen setzen, erfreuen sich steigender Beliebtheit, da Investoren nicht nur finanzielle, sondern auch ökologische und soziale Renditen erzielen möchten.

Unternehmen, die sich auf Nachhaltigkeit konzentrieren, profitieren zunehmend von diesen Investitionstrends. Es hat sich gezeigt, dass nachhaltig wirtschaftende Unternehmen oft langfristig widerstandsfähiger und profitabler sind, da sie sich besser an regulatorische Veränderungen anpassen und weniger Risiken durch Umweltzerstörung oder soziale Konflikte eingehen.

Insgesamt zeigt sich, dass wirtschaftliche Anreize für Nachhaltigkeit nicht nur zur Erreichung ökologischer Ziele beitragen, sondern auch enorme Chancen für wirtschaftliches Wachstum und Innovation bieten. Der Übergang zu einer grüneren Wirtschaft wird nicht nur als moralische Verpflichtung gesehen, sondern als wirtschaftliche Notwendigkeit und Chance für die Zukunft.

4.5 Fazit: Neue Wege für eine globale Ökonomie

Die globale Wirtschaft befindet sich im 21. Jahrhundert in einem tiefgreifenden Wandel. Die fortschreitende Digitalisierung, technologische Innovationen und die wachsende Bedeutung von Nachhaltigkeit verändern grundlegend, wie wir produzieren, konsumieren und wirtschaften. Kapitalmärkte, natürliche Ressourcen, digitale Währungen und die Herausforderungen einer nachhaltigen Entwicklung stehen im Zentrum dieser Transformation. Doch während sich neue Chancen eröffnen, müssen auch neue Risiken gemeistert werden.

Technologische Entwicklungen wie Echtzeit-Pricing, Algorithmen und digitale Währungen haben bereits begonnen, traditionelle ökonomische Modelle auf den Kopf zu stellen. Während diese Innovationen die Effizienz steigern und neue Märkte erschließen, werfen sie auch Fragen hinsichtlich Datenschutz, Fairness und Finanzstabilität auf. Der globale Wettbewerb um Ressourcen, insbesondere im Hinblick auf fossile Brennstoffe und seltene Erden, bleibt ein potenzieller Zündstoff für geopolitische Spannungen, obwohl die verstärkte Nutzung erneuerbarer Energien und nachhaltigerer Technologien langfristig einen stabilisierenden Effekt haben könnte.

Nachhaltigkeit ist mehr als ein Schlagwort – sie ist ein unverzichtbares Element jeder modernen Wirtschaftsstrategie. Unternehmen, die langfristig erfolgreich sein wollen, müssen sich den Herausforderungen der Kreislaufwirtschaft, der Reduzierung ihres ökologischen Fußabdrucks und der Internalisierung externer Kosten stellen. Die Umweltökonomik zeigt auf, wie wirtschaftliche Instrumente wie Steuern, Zertifikate und marktbasierte Ansätze den Wandel hin zu einer ressourcenschonenderen und umweltfreundlicheren Wirtschaft unterstützen können. Subventionen und grüne Investitionen zeigen zudem, dass die Verbindung von ökologischen und wirtschaftlichen Zielen nicht nur möglich, sondern auch profitabel sein kann.

Doch all diese Entwicklungen zeigen auch, dass die Rolle der Regierungen und internationaler Institutionen zentral bleibt. Regulierungsbehörden und internationale Zusammenarbeit sind unerlässlich, um die Finanzmärkte zu stabilisieren, Monopole zu verhindern und eine faire und nachhaltige Wirtschaft zu fördern. Dabei wird der Balanceakt zwischen freier Marktregulierung und notwendiger Kontrolle immer komplexer, insbesondere angesichts der rasanten technologischen Fortschritte und der Globalisierung.

In den kommenden Jahrzehnten wird die Frage, wie sich der Wohlstand der Nationen entwickelt, maßgeblich davon abhängen, wie effektiv diese neuen Wege in der globalen Ökonomie beschritten werden. Nur wenn wirtschaftliche, soziale und ökologische Ziele gemeinsam verfolgt werden, kann eine nachhaltige, gerechte und florierende Weltwirtschaft entstehen, die den Bedürfnissen aller gerecht wird – heute und in Zukunft.

Das 21. Jahrhundert bietet zahlreiche Chancen für diejenigen, die bereit sind, sich auf Innovation, Kooperation und Verantwortung einzulassen. Die Reise ist keineswegs einfach, doch sie birgt das Potenzial, den Wohlstand der Nationen auf ein neues, nachhaltigeres Fundament zu stellen.

Kapitel 5: Einkommen und Wohlstand

In einer Welt, die sich ständig verändert, stellen sich Nationen immer wieder die Frage, wie Wohlstand gerecht verteilt und erhalten werden kann. Während technologischer Fortschritt und Globalisierung neue Chancen schaffen, verstärken sie gleichzeitig bestehende Ungleichheiten. Die Einkommen und der Wohlstand der Menschen sind heute stärker als je zuvor vom Zugang zu Bildung, dem Besitz von Humankapital und der Verfügbarkeit von Ressourcen abhängig. Es ist die Geschichte von Ländern, die sich im Spannungsfeld zwischen wirtschaftlicher Dynamik und sozialer Verantwortung bewegen.

5.1 Löhne und Gehälter: Die Rolle von Humankapital und Bildung

Löhne und Gehälter – sie sind nicht nur Ausdruck dessen, was auf dem Gehaltszettel steht, sondern auch ein Spiegelbild der wirtschaftlichen Strukturen, der Qualifikation der Arbeitskräfte und der Produktivität ganzer Volkswirtschaften. Doch was bestimmt eigentlich, wie viel ein Mensch verdient? In einer global vernetzten Wirtschaft spielen viele Faktoren eine Rolle. Angebot und Nachfrage auf dem Arbeitsmarkt, das Bildungsniveau und die gesammelte Berufserfahrung eines Individuums – all das beeinflusst, ob ein Gehalt über oder unter dem Durchschnitt liegt. Um die komplexen Mechanismen hinter Löhnen und Gehältern zu verstehen, muss man tief in die Ökonomie des Arbeitsmarktes eintauchen.

5.1.1 Bestimmungsfaktoren der Löhne und Gehälter

5.1.1.1 Angebot und Nachfrage auf dem Arbeitsmarkt: Wie Märkte Löhne bestimmen

Wenn wir über den Arbeitsmarkt sprechen, geht es im Kern um ein einfaches Prinzip: Angebot und Nachfrage. In einem Markt mit hoher Nachfrage nach qualifizierten Arbeitskräften und begrenztem Angebot steigen die Löhne. Besonders in Branchen, in denen spezialisierte Kenntnisse gefragt sind, wie in der IT oder im Ingenieurwesen, sehen wir immer wieder diesen Effekt. Das Gegenteil gilt für Berufe mit einem Überangebot an Arbeitskräften. Hier bleibt der Lohn oft niedriger, da die Konkurrenz unter den Arbeitnehmern höher ist. Es ist ein Marktmechanismus, der sich aus der Dynamik von Angebot und Nachfrage ergibt, vergleichbar mit jedem anderen Markt, auf dem Güter und Dienstleistungen gehandelt werden.

5.1.1.2 Qualifikation und Fachwissen: Der Einfluss von Bildung und Berufserfahrung

Bildung ist der Schlüssel zum Erfolg, heißt es oft. Und tatsächlich: In der modernen Wissensgesellschaft ist Bildung die Grundlage für wirtschaftlichen Fortschritt und individuelle Karrierechancen. Je höher die Qualifikation, desto höher in der Regel der Verdienst. Doch nicht nur das Ausbildungsniveau spielt eine Rolle – auch die

Berufserfahrung ist ein wesentlicher Faktor. Ein Universitätsabsolvent mag auf den ersten Blick eine attraktive Anstellung finden, aber erst mit zunehmender Erfahrung im Berufsleben steigen die Gehälter signifikant. Der Wert von Fachwissen und Spezialisierung zeigt sich besonders in komplexen Industrien, in denen technologische Entwicklungen ständige Weiterbildung erfordern.

5.1.1.3 Produktivität und Unternehmensprofitabilität: Zusammenhang zwischen Leistung und Vergütung

Der Zusammenhang zwischen der Produktivität eines Mitarbeiters und seiner Vergütung ist ein zentrales Thema in der Lohnfindung. Produktive Arbeitnehmer tragen direkt zur Profitabilität eines Unternehmens bei, und diese Leistung spiegelt sich oftmals in höheren Gehältern wider. Besonders in wissensintensiven Berufen, wo die individuelle Leistung entscheidend für den Erfolg des Unternehmens ist, besteht eine direkte Korrelation zwischen der Produktivität des Einzelnen und dem Gehalt. Unternehmen, die erfolgreich sind und hohe Gewinne erzielen, sind in der Regel auch bereit, höhere Gehälter zu zahlen, um die besten Talente zu halten.

5.1.2 Bildung und Humankapital

Der Begriff "Humankapital" mag auf den ersten Blick abstrakt wirken, doch er beschreibt einen der zentralen Hebel des wirtschaftlichen Erfolgs. Der Mensch, ausgestattet mit Wissen, Fähigkeiten und Erfahrungen, ist das Fundament jeder wirtschaftlichen Aktivität. Bildung ist dabei das Werkzeug, mit dem Humankapital geformt und erweitert wird. In einer zunehmend technologisierten Welt spielt sie eine entscheidende Rolle, um die Arbeitskräfte von morgen auf die Herausforderungen der Zukunft vorzubereiten.

5.1.2.1 Der Wert von Bildung: Investitionen in Humankapital und ihre Rendite

Bildung ist mehr als nur ein persönlicher Gewinn – sie ist eine Investition in die Zukunft. Sowohl auf individueller als auch auf nationaler Ebene führt höhere Bildung zu besseren wirtschaftlichen Ergebnissen. Eine gut ausgebildete Arbeitskraft ist produktiver, kann komplexere Aufgaben bewältigen und trägt somit direkt zum Wachstum von Unternehmen und Volkswirtschaften bei. Doch die Investitionen in Bildung zahlen sich nicht nur in Form von höheren Gehältern aus – auch die soziale Mobilität und die Fähigkeit, sich an neue wirtschaftliche Gegebenheiten anzupassen, werden durch ein stabiles Bildungssystem gestärkt.

5.1.2.2 Bildungssysteme und deren Einfluss auf den Arbeitsmarkt: Fallstudien und Best Practices

Ein funktionierendes Bildungssystem ist der Motor für Innovation, Wohlstand und soziale Gerechtigkeit. Unterschiedliche Länder haben dabei verschiedene Ansätze entwickelt, um ihre Bevölkerung auf den Arbeitsmarkt vorzubereiten. Ein herausragendes Beispiel ist Finnland, dessen Bildungssystem weltweit als Vorbild gilt. Hier wird stark auf Gleichberechtigung im Bildungssystem gesetzt, wodurch die Kluft zwischen den Leistungen verschiedener sozialer Schichten deutlich kleiner ist als in anderen Ländern. Der Erfolg liegt in einer hohen Autonomie der Schulen, einem geringen Leistungsdruck auf die Schüler und vor allem in der exzellenten Ausbildung der Lehrer.

Demgegenüber steht das duale Ausbildungssystem Deutschlands, das in Europa als eines der effizientesten gilt. Es ermöglicht jungen Menschen, schon während der Ausbildung praktische Erfahrungen zu sammeln und so nach Abschluss ihrer Lehre sofort in den Arbeitsmarkt integriert zu werden. Dieser pragmatische Ansatz hat sich besonders in Branchen wie Handwerk, Maschinenbau und Ingenieurswesen als erfolgreich erwiesen, wo theoretisches Wissen direkt in die Praxis umgesetzt werden kann.

Im Gegensatz dazu haben Länder wie die USA mit großen Herausforderungen zu kämpfen. Hier führen enorme Unterschiede in der Qualität der Bildung, abhängig vom Wohnort und dem Einkommen der Eltern, zu einer Fragmentierung des Arbeitsmarktes. Während Absolventen angesehener Universitäten exzellente Karriereaussichten haben, bleibt für viele Jugendliche in benachteiligten Gegenden der soziale Aufstieg über Bildung oft ein unerreichbarer Traum.

5.1.2.3 Weiterbildung und Umschulung: Anpassung der Arbeitskräfte an den technologischen Wandel

Der rasante technologische Wandel stellt die Arbeitswelt vor enorme Herausforderungen. Berufe, die vor wenigen Jahrzehnten noch sicher schienen, werden zunehmend durch Automatisierung und künstliche Intelligenz ersetzt. Deshalb gewinnt die Weiterbildung von Arbeitskräften eine immer größere Bedeutung. Lebenslanges Lernen ist mehr als nur ein Schlagwort; es ist zur Notwendigkeit geworden, um auf einem sich ständig verändernden Arbeitsmarkt zu bestehen.

Unternehmen und Regierungen weltweit haben erkannt, dass die Förderung von Umschulungen entscheidend ist, um Arbeitskräfte für die Jobs der Zukunft zu qualifizieren. Beispielhaft ist hier Singapur, das mit seinem „SkillsFuture"-Programm einen innovativen Ansatz verfolgt. Jeder Bürger erhält ein persönliches Bildungskonto, das ihm hilft, Kurse und Weiterbildungen zu finanzieren, die seine Karrierechancen verbessern. Ähnliche Ansätze finden sich in skandinavischen Ländern, wo Arbeitnehmer durch staatlich geförderte

Umschulungsprogramme auf die Digitalisierung vorbereitet werden.

5.1.3 Lohnunterschiede und -ungleichheiten

Trotz aller Bemühungen zur Verbesserung der Bildungssysteme und der Qualifikation von Arbeitskräften bestehen weltweit weiterhin erhebliche Lohnunterschiede. Diese resultieren nicht nur aus der Nachfrage nach bestimmten Qualifikationen, sondern auch aus strukturellen Ungerechtigkeiten, die sich im Laufe der Zeit manifestiert haben. Geschlecht, geografische Lage und gesellschaftliche Hintergründe sind einige der Faktoren, die maßgeblich zu diesen Ungleichheiten beitragen.

5.1.3.1 Geschlechter- und Einkommensungleichheit: Ursachen und Lösungen

Die Frage der Lohnungleichheit zwischen Männern und Frauen ist nach wie vor ein zentrales Thema in der Debatte um soziale Gerechtigkeit. In vielen Ländern verdienen Frauen für dieselbe Arbeit immer noch deutlich weniger als Männer. Dieser sogenannte Gender Pay Gap ist das Ergebnis mehrerer Faktoren: Zum einen arbeiten Frauen häufiger in schlechter bezahlten Branchen und Berufen, zum anderen nehmen sie öfter berufliche Auszeiten für die Betreuung von Kindern oder Angehörigen, was ihre Karrierechancen einschränkt.

Gleichzeitig haben Studien gezeigt, dass in männerdominierten Berufen oft höhere Löhne gezahlt werden, selbst wenn die Anforderungen an die Qualifikation ähnlich sind wie in frauendominierten Berufen. Länder wie Island und Schweden sind Vorreiter im Kampf gegen diese Ungerechtigkeiten. Sie haben gesetzliche Vorgaben erlassen, die Unternehmen verpflichten, gleiche Löhne für Männer und Frauen bei gleicher Qualifikation und Tätigkeit zu zahlen. Solche politischen Maßnahmen, gepaart mit kulturellen Veränderungen, haben das Potenzial, diese Ungleichheiten nachhaltig zu reduzieren.

5.1.3.2 Geografische Unterschiede: Löhne in städtischen vs. ländlichen Gebieten

Ein weiterer wichtiger Faktor für Lohnunterschiede ist die geografische Lage. In Ballungsräumen und Großstädten sind die Gehälter in der Regel höher als in ländlichen Gebieten. Dies liegt vor allem an der höheren Nachfrage nach Arbeitskräften und den oftmals besser entwickelten Branchen in urbanen Zentren. Gleichzeitig sind jedoch auch die Lebenshaltungskosten in Städten deutlich höher, was den vermeintlichen Gehaltsvorteil relativiert.

Ländliche Regionen hingegen haben oft mit einem Mangel an gut bezahlten Arbeitsplätzen zu kämpfen. Hier dominieren meist landwirtschaftliche oder handwerkliche Berufe, die traditionell schlechter vergütet werden. Zudem fehlt es oft an attraktiven Bildungs- und Weiterbildungsmöglichkeiten, was es für die Bewohner schwieriger macht, in besser bezahlte Berufe zu wechseln. Eine mögliche Lösung dieses Problems könnte die gezielte Förderung von Infrastrukturprojekten und Bildungseinrichtungen in ländlichen Gebieten sein, um so neue Arbeitsplätze zu schaffen und die wirtschaftliche Attraktivität dieser Regionen zu steigern.

5.1.3.3 Politische Maßnahmen zur Lohnregulierung: Mindestlohn, Tarifverhandlungen und Lohngerechtigkeit

Politische Maßnahmen zur Regulierung von Löhnen spielen eine entscheidende Rolle, um Einkommensungleichheiten zu verringern. Der gesetzliche Mindestlohn, der in vielen Ländern eingeführt wurde, ist ein Instrument, um sicherzustellen, dass auch die am schlechtesten bezahlten Arbeitnehmer einen existenzsichernden Lohn erhalten. Allerdings variiert die Höhe des Mindestlohns stark von Land zu Land, und die Frage, ob er ausreicht, um Armut zu verhindern, bleibt umstritten.

Neben dem Mindestlohn spielen Tarifverhandlungen eine wichtige Rolle bei der Festlegung von Löhnen. In Ländern mit starken Gewerkschaften, wie Deutschland oder Schweden, haben Arbeitnehmer die Möglichkeit, durch kollektive Verhandlungen höhere Löhne und bessere Arbeitsbedingungen durchzusetzen. Dies trägt nicht nur zur Einkommensgerechtigkeit bei, sondern stärkt auch das soziale Sicherheitsnetz für Arbeitnehmer in prekären Arbeitsverhältnissen.

5.2 Vermögensungleichheit: Ursachen, Auswirkungen und politische Maßnahmen

Während Einkommensungleichheiten oftmals direkt sichtbar und nachvollziehbar sind, liegt die Vermögensungleichheit häufig tiefer verborgen. Dennoch ist sie ein entscheidender Faktor für die soziale Mobilität und die Chancengleichheit innerhalb einer Gesellschaft. Vermögen beeinflusst den Zugang zu Bildung, Gesundheitsversorgung und Wohnraum und ermöglicht es, wirtschaftliche Krisen besser zu überstehen. Im 21. Jahrhundert hat die Konzentration von Vermögen auf einige wenige Haushalte in vielen Ländern jedoch bedenkliche Ausmaße erreicht. Diese Ungleichverteilung hat weitreichende wirtschaftliche und gesellschaftliche Folgen, die von Regierungen weltweit zunehmend als Problem erkannt werden.

5.2.1 Ursachen der Vermögensungleichheit

5.2.1.1 Historische Entwicklung der Vermögensverteilung: Von der Industrialisierung bis heute

Um die heutigen Formen der Vermögensungleichheit zu verstehen, ist ein Blick in die Geschichte unerlässlich. Bereits mit der Industrialisierung im 19. Jahrhundert begann sich das Kapital in den Händen weniger Unternehmer und Großgrundbesitzer zu konzentrieren. In den folgenden Jahrzehnten wurden große Vermögen nicht nur durch unternehmerischen Erfolg, sondern auch durch Erbschaften und geschickte Investitionen in Immobilien und Finanzmärkte aufgebaut.

Nach den beiden Weltkriegen kam es in vielen westlichen Ländern zu einer kurzen Phase der Angleichung von Vermögen, da die Einführung von Sozialstaaten und progressiven Steuersystemen sowie der wirtschaftliche Wiederaufbau breiten Bevölkerungsschichten zugutekam. Doch seit den 1980er Jahren sehen wir eine gegenläufige Entwicklung: Die Liberalisierung der Finanzmärkte und die Globalisierung haben es den Reichsten ermöglicht, ihre Vermögen noch weiter zu vergrößern, während die Vermögen der Mittelschicht stagnieren oder sogar schrumpfen. Das Vermögen konzentriert sich heute stärker in den Händen weniger als je zuvor, und die Schere zwischen arm und reich wird immer größer.

5.2.1.2 Kapitalakkumulation und Erbschaft: Der Einfluss von Vermögen auf soziale Mobilität

Ein Großteil des Reichtums wird nicht mehr durch Erwerbsarbeit erwirtschaftet, sondern durch den Besitz und die Vermehrung von Kapital. Immobilien, Aktien und andere Finanzanlagen generieren Einkommen, ohne dass die Besitzer aktiv arbeiten müssen. Diese Kapitalerträge tragen maßgeblich zur Vergrößerung des Vermögens bei und verstärken die Ungleichheit, da vor allem reiche Haushalte in der Lage sind, in diese Vermögensarten zu investieren.

Ein weiterer wesentlicher Faktor ist die Erbschaft. Vermögen wird von Generation zu Generation weitergegeben und verfestigt die soziale Hierarchie. Kinder wohlhabender Eltern haben von Beginn an einen Startvorteil – sie profitieren von besserer Bildung, einem stabilen finanziellen Hintergrund und oftmals von den Netzwerken ihrer Familien. So wird es für Menschen ohne diesen Rückhalt zunehmend schwieriger, sozialen Aufstieg durch eigene Leistung zu erreichen.

5.2.1.3 Einkommensungleichheit vs. Vermögensungleichheit: Unterschiede und Zusammenhänge

Während Einkommensungleichheiten sich meist auf die Differenz in den Löhnen und Gehältern beziehen, ist die Vermögensungleichheit in vielen Gesellschaften deutlich ausgeprägter. Der Unterschied liegt vor allem darin, dass Einkommen in erster Linie durch Arbeit erzielt wird, während Vermögen oft durch passive Kapitalerträge und Erbschaften anwächst. Ein hochqualifizierter Arbeiter oder Angestellter mag ein hohes Einkommen erzielen, aber ohne Zugang zu Kapitalanlagen und Erbschaften wird er Schwierigkeiten haben, langfristig Vermögen aufzubauen.

Die Einkommensungleichheit ist oft ein Vorbote der Vermögensungleichheit: Wer über viele Jahre hinweg ein hohes Einkommen erzielt, kann dieses in Vermögenswerte investieren und sein Kapital vermehren. Umgekehrt führt ein niedriges Einkommen oft dazu, dass Menschen gar nicht erst die Möglichkeit haben, Ersparnisse anzulegen oder in Vermögensaufbau zu investieren. So entsteht ein Teufelskreis, der die Ungleichheit verstärkt.

5.2.2 Auswirkungen der Vermögensungleichheit

5.2.2.1 Wirtschaftliches Wachstum und soziale Stabilität: Wie Ungleichheit Wirtschaft und Gesellschaft beeinflusst

Eine zu große Konzentration von Vermögen kann negative Auswirkungen auf das wirtschaftliche Wachstum haben. Wenn eine kleine Gruppe von Menschen den Großteil des Vermögens besitzt, fließen die Gewinne des wirtschaftlichen Fortschritts nicht in die Breite der Gesellschaft. Dies führt dazu, dass große Teile der Bevölkerung weniger konsumieren können, was wiederum das Wirtschaftswachstum dämpft. Ökonomen sprechen hier von einer "Nachfragelücke". Wenn die Mehrheit der Menschen finanziell nicht in der Lage ist, in den Konsum zu investieren, stockt das Wachstum.

Darüber hinaus kann eine hohe Vermögenskonzentration soziale Spannungen hervorrufen. Ungleichheit führt zu Unzufriedenheit und einem Gefühl der Ungerechtigkeit, was in vielen Fällen soziale Konflikte verstärkt. Politische Instabilität, soziale Unruhen und wachsende Ungleichheiten in der Lebensqualität können die Folge sein. In einigen Fällen führt diese Dynamik zu einer Spaltung der Gesellschaft, die sich auch in politischen Extremen äußern kann.

5.2.2.2 Politische und soziale Spannungen: Potenzielle Risiken einer hohen Vermögenskonzentration

Hohe Vermögensungleichheit führt oft zu einer wachsenden Kluft zwischen den Reichen und den restlichen Gesellschaftsschichten. Dies kann sich in politischer Polarisierung und einer Erosion des gesellschaftlichen Zusammenhalts niederschlagen. In Gesellschaften, in denen das Gefühl vorherrscht, dass der Wohlstand ungerecht verteilt ist, wird das Vertrauen in staatliche Institutionen und das Wirtschaftssystem erodiert. So kann die wachsende Ungleichheit auch populistische Bewegungen befeuern, die das bestehende System infrage stellen.

Das Beispiel der USA zeigt eindrucksvoll, wie Vermögensungleichheit zu sozialen und politischen Spannungen führt. Die reichsten 10 Prozent des Landes besitzen heute etwa 70 Prozent des gesamten Vermögens. Diese Entwicklung hat zu einer tiefen Spaltung in der Gesellschaft geführt. Politische Parteien und Bewegungen, die sich gegen das Establishment richten und radikale Veränderungen fordern, gewinnen immer mehr Zulauf, während das Vertrauen in die traditionelle Politik sinkt.

5.2.2.3 Auswirkungen auf Konsum und Investitionen: Der Zusammenhang zwischen Vermögen und wirtschaftlicher Dynamik

Das Verhalten der wohlhabenden Haushalte hat großen Einfluss auf die Wirtschaft. Wohlhabende Menschen investieren ihr Vermögen häufig in spekulative Finanzprodukte, Immobilien oder andere Kapitalanlagen, die nicht unbedingt zur Schaffung neuer Arbeitsplätze oder zur Stärkung der Realwirtschaft beitragen. Dies führt zu einer Verzerrung der wirtschaftlichen Dynamik, da Kapital in Bereiche fließt, die wenig zur breiten wirtschaftlichen Entwicklung beitragen.

Gleichzeitig verringert sich die Konsumneigung bei besonders vermögenden Haushalten. Während ärmere Haushalte einen Großteil ihres Einkommens für den Konsum verwenden, investieren Wohlhabende einen größeren Anteil in Vermögenswerte. Dies führt zu einer sinkenden gesamtwirtschaftlichen Nachfrage und damit zu einer Verringerung des Wirtschaftswachstums.

5.2.3 Politische Maßnahmen zur Reduzierung der Vermögensungleichheit

Angesichts der weitreichenden Auswirkungen der Vermögensungleichheit auf Wirtschaft und Gesellschaft stellt sich die Frage, welche politischen Maßnahmen ergriffen werden können, um diese Ungleichheit zu verringern. Regierungen weltweit experimentieren mit unterschiedlichen Ansätzen, von der Steuerpolitik über soziale Sicherungssysteme bis hin zur Förderung von Bildung und Chancengleichheit. Ziel ist es, nicht nur den Reichtum umzuverteilen, sondern auch langfristig gleiche Chancen für alle Bürger zu schaffen.

5.2.3.1 Steuerpolitik: Progressive Steuersysteme und Vermögenssteuern

Eine der effektivsten Möglichkeiten zur Verringerung der Vermögensungleichheit ist eine gerechte und progressive Steuerpolitik. Progressive Steuersysteme sorgen dafür, dass die Wohlhabenden einen größeren Anteil ihres Einkommens und Vermögens zur Finanzierung des Gemeinwohls beitragen. Dies kann über die Einkommensteuer geschehen, aber auch durch gezielte Vermögenssteuern.

Ein prominentes Beispiel für eine Vermögenssteuer ist Frankreich, wo über viele Jahre eine Steuer auf große Vermögen erhoben wurde. Die „Impôt de Solidarité sur la Fortune" war eine direkte Maßnahme, um die Konzentration von Reichtum zu begrenzen. Zwar wurde die Steuer in ihrer ursprünglichen Form im Jahr 2018 abgeschafft, doch das Modell zeigt, wie Regierungen versuchen, die Vermögenskonzentration direkt anzugehen. Auch in Deutschland gibt es immer wieder Diskussionen über die Wiedereinführung einer Vermögenssteuer oder einer höheren Erbschaftssteuer, um die Ungleichheit zu bekämpfen.

Ein weiteres Beispiel sind die sogenannten Kapitalertragssteuern, die in vielen Ländern erhoben werden. Hierbei geht es darum, die Erträge aus Aktien, Immobilien und anderen Kapitalanlagen zu besteuern. Da besonders reiche Haushalte über ein hohes Kapitalvermögen verfügen, zielt diese Steuer direkt auf die Konzentration von Vermögen ab. Eine faire Gestaltung dieser Steuer ist jedoch entscheidend, um sicherzustellen, dass sie nicht zu einer Investitionsbremse wird.

5.2.3.2 Soziale Sicherungssysteme: Renten, Sozialhilfe und Zugang zu öffentlichen Dienstleistungen

Neben der Steuerpolitik spielen soziale Sicherungssysteme eine entscheidende Rolle bei der Reduzierung von Vermögensungleichheit. Renten, Sozialhilfe, Arbeitslosengeld und andere staatliche Transferleistungen sind wichtige Instrumente, um sicherzustellen, dass auch die weniger wohlhabenden Schichten am gesellschaftlichen Wohlstand teilhaben. Ein gut ausgebautes Sozialstaatssystem kann verhindern, dass Menschen aufgrund von Arbeitslosigkeit, Krankheit oder Alter in Armut abrutschen.

Die skandinavischen Länder sind bekannt für ihre umfassenden sozialen Sicherungssysteme, die auf dem Prinzip der Umverteilung basieren. In Schweden und Dänemark, wo ein hoher Anteil des Bruttoinlandsprodukts in soziale Programme fließt, ist die Vermögensungleichheit im internationalen Vergleich relativ gering. Diese Länder haben gezeigt, dass ein starkes Sozialsystem in Kombination mit einer wettbewerbsfähigen Wirtschaft möglich ist.

Ein weiteres Beispiel für den Einfluss von sozialen Sicherungssystemen auf die Vermögensungleichheit ist das Konzept der "Bürgerdividende". In Alaska beispielsweise erhalten alle Einwohner des Bundesstaates einen Anteil an den Gewinnen aus den Ölverkäufen. Dieses Modell könnte Vorbildcharakter für andere Länder haben, in denen natürliche Ressourcen oder staatliche Unternehmen einen erheblichen Teil der Wirtschaft ausmachen.

5.2.3.3 Bildung und Chancengleichheit: Langfristige Ansätze zur Vermögensverteilung

Während Steuer- und Sozialpolitik kurzfristig Wirkung zeigen können, zielt die Förderung von Bildung und Chancengleichheit auf langfristige Veränderungen ab. Investitionen in Bildung ermöglichen es Menschen aus allen sozialen Schichten, Zugang zu besseren Arbeitsmöglichkeiten und somit zu höheren Einkommen und Vermögen zu erhalten. Bildung ist der Schlüssel zur sozialen Mobilität und kann langfristig die Einkommens- und Vermögensungleichheit reduzieren.

Ein wichtiger Ansatz ist hier die frühkindliche Bildung. Zahlreiche Studien haben gezeigt, dass der Zugang zu hochwertiger Bildung in den ersten Lebensjahren entscheidend für den späteren Erfolg ist. Kinder aus wohlhabenden Familien haben oft einen besseren Zugang zu guten Schulen, Nachhilfe und außerschulischen Aktivitäten, während Kinder aus ärmeren Verhältnissen oft benachteiligt sind. Staaten, die in die frühkindliche Bildung investieren und diese für alle zugänglich machen, schaffen eine Grundlage für langfristig weniger Ungleichheit.

Darüber hinaus spielt auch die Förderung von Hochschulbildung eine zentrale Rolle. In Ländern wie den USA, wo Studiengebühren hoch sind, bleiben Universitäten oft einer wohlhabenderen Elite vorbehalten. Im Gegensatz dazu bieten Länder wie Deutschland oder die skandinavischen Staaten kostenlose oder stark subventionierte Hochschulbildung an. Dies schafft gleiche Chancen für alle und verhindert, dass der Zugang zu Bildung vom finanziellen Hintergrund der Familie abhängig ist.

Zusammenfassend lässt sich sagen, dass die Reduzierung der Vermögensungleichheit ein komplexes Zusammenspiel von kurzfristigen Maßnahmen wie Steuern und sozialen Sicherungssystemen sowie langfristigen Investitionen in Bildung und Chancengleichheit erfordert. Regierungen müssen eine Balance finden zwischen der Förderung von wirtschaftlichem Wachstum und Innovation und der Sicherstellung einer fairen Verteilung des Wohlstands.

5.3 Sozialkapital und Wohlfahrtsökonomie: Der Wert von Gesundheit, Bildung und sozialer Sicherheit

Neben materiellen Ressourcen wie Einkommen und Vermögen spielt auch das Sozialkapital eine zentrale Rolle für den Wohlstand von Nationen. Sozialkapital beschreibt die Netzwerke, Beziehungen und das Vertrauen, das Individuen in einer Gesellschaft miteinander verbindet. Diese immateriellen Ressourcen sind ebenso wichtig wie finanzielle Mittel, wenn es um das individuelle und kollektive Wohlergehen geht. Länder, in denen das Sozialkapital stark ausgeprägt ist, erleben oft weniger Kriminalität, mehr soziale Sicherheit und eine höhere Lebensqualität.

5.3.1 Definition und Bedeutung von Sozialkapital

5.3.1.1 Was ist Sozialkapital? Theoretische Grundlagen und empirische Befunde

Sozialkapital ist ein Begriff, der erstmals von Soziologen wie Pierre Bourdieu und Robert Putnam populär gemacht wurde. Es beschreibt die Verbindungen zwischen Menschen, das Maß an Vertrauen innerhalb einer Gemeinschaft und die Bereitschaft zur Zusammenarbeit. In einer gut vernetzten Gesellschaft, in der Menschen Vertrauen in ihre Mitbürger und Institutionen haben, funktioniert die Wirtschaft besser. Die Menschen sind bereit, in Unternehmen zu investieren, neue Ideen zu entwickeln und aktiv am Gemeinwesen teilzunehmen.

Studien haben gezeigt, dass hohes Sozialkapital direkt mit wirtschaftlichem Erfolg korreliert. In Ländern, in denen das Vertrauen in staatliche Institutionen hoch ist, sind Korruption und Ineffizienz geringer, während das wirtschaftliche Wachstum stärker ist. Sozialkapital hat auch eine direkte Auswirkung auf das Wohlbefinden der Menschen: Wer sich auf ein starkes soziales Netzwerk verlassen kann, lebt gesünder, glücklicher und länger.

5.3.1.2 Sozialkapital und wirtschaftlicher Erfolg: Der Zusammenhang zwischen sozialen Netzwerken und Wohlstand

Der Einfluss von Sozialkapital auf den wirtschaftlichen Erfolg darf nicht unterschätzt werden. Ein gut vernetztes Individuum hat in der Regel Zugang zu besseren beruflichen Möglichkeiten, profitiert von Empfehlungen und kann schneller auf neue Chancen reagieren. Soziale Netzwerke, also die Verbindungen zwischen Menschen und Institutionen, schaffen Vertrauen und erleichtern die Zusammenarbeit, was wiederum wirtschaftliches Handeln effizienter macht.

Länder, in denen das Sozialkapital stark ausgeprägt ist, erleben oft eine höhere wirtschaftliche Dynamik. Ein Beispiel dafür ist Japan, wo die enge Zusammenarbeit zwischen Unternehmen, Banken und Regierung, oft als „Keiretsu" bezeichnet, ein hohes Maß an sozialem Kapital schafft. Diese Netzwerke ermöglichen es den Beteiligten, langfristig zu planen und gegenseitiges Vertrauen zu nutzen, um Innovationen voranzutreiben. In westlichen Ländern zeigt sich die Bedeutung von sozialem Kapital oft im sogenannten „Vitamin

B", das in vielen Branchen und Berufsfeldern entscheidend für den Zugang zu neuen Positionen und Projekten ist.

Sozialkapital stärkt nicht nur die Wirtschaft, sondern auch die Innovationskraft. Unternehmen und Start-ups, die auf ein starkes Netzwerk aus Investoren, Mentoren und Experten zurückgreifen können, haben bessere Erfolgschancen. Ein klassisches Beispiel sind die Technologiekonzerne im Silicon Valley. Hier existiert ein dichtes Netz aus Kontakten zwischen Unternehmern, Risikokapitalgebern und Universitäten, das die Innovationskraft der Region befeuert. Dieser „Innovationscluster" ist nicht nur auf technologische Exzellenz zurückzuführen, sondern auch auf das soziale Kapital, das Vertrauen und die Kooperationsbereitschaft zwischen den Akteuren.

5.3.1.3 Messung von Sozialkapital: Indikatoren und Herausforderungen

Die Messung von Sozialkapital ist komplex, da es sich um ein immaterielles Gut handelt. Während Einkommen oder Vermögen in klaren Zahlen ausgedrückt werden können, basiert Sozialkapital auf Beziehungen, Vertrauen und kulturellen Normen, die schwer quantifizierbar sind. Dennoch haben Sozialwissenschaftler in den letzten Jahrzehnten verschiedene Indikatoren entwickelt, um das Maß an Sozialkapital in einer Gesellschaft zu erfassen.

Ein zentraler Indikator ist das Maß an Vertrauen in eine Gesellschaft. In Umfragen, wie dem „World Values Survey" oder dem „European Social Survey", werden Menschen regelmäßig gefragt, ob sie der Meinung sind, dass die meisten Menschen vertrauenswürdig sind. Hohe Werte in solchen Umfragen deuten auf ein starkes Sozialkapital hin. Länder wie Schweden oder die Niederlande schneiden hier besonders gut ab, was mit der stabilen politischen Lage, einem gut ausgebauten Wohlfahrtsstaat und einem hohen Maß an sozialer Gerechtigkeit zusammenhängt.

Ein weiterer wichtiger Indikator sind die freiwilligen Tätigkeiten und das ehrenamtliche Engagement in einer Gesellschaft. In Gemeinschaften, in denen viele Menschen sich aktiv in Vereinen, politischen Organisationen oder sozialen Projekten engagieren, ist das Sozialkapital oft stärker ausgeprägt. Die aktive Teilnahme am öffentlichen Leben stärkt nicht nur die sozialen Bindungen, sondern fördert auch das Vertrauen in staatliche Institutionen und die Bereitschaft zur Kooperation.

Herausfordernd bei der Messung von Sozialkapital ist jedoch, dass kulturelle Unterschiede berücksichtigt werden müssen. In individualistisch geprägten Gesellschaften wie den USA kann das Sozialkapital anders organisiert sein als in kollektivistischen Kulturen wie Japan. Während in den USA Netzwerke oft informeller und auf beruflichen Interessen basierend sind, spielen in Japan traditionelle soziale Strukturen und familiäre Bindungen eine größere Rolle.

5.3.2 Gesundheit und wirtschaftlicher Wohlstand

Gesundheit ist nicht nur ein individueller, sondern auch ein gesellschaftlicher Reichtum. Eine gesunde Bevölkerung ist produktiver, belastbarer und innovativer, was direkte Auswirkungen auf die wirtschaftliche Leistungsfähigkeit eines Landes hat. Die Frage, wie der Zugang zu Gesundheitsversorgung organisiert wird, ist daher von zentraler Bedeutung für die Entwicklung des Wohlstands. Gesundheitssysteme und die Gesundheitspolitik stehen vor der Herausforderung, einerseits den Zugang zur Versorgung zu gewährleisten und andererseits effizient und finanzierbar zu bleiben.

5.3.2.1 Der wirtschaftliche Wert von Gesundheit: Produktivität und Lebensqualität

Eine gesunde Arbeitskraft ist eine produktive Arbeitskraft. Krankheitsbedingte Ausfälle kosten Unternehmen jedes Jahr Milliarden und senken die Gesamtproduktivität der Volkswirtschaften. Chronische Krankheiten, psychische Belastungen oder schlechte Arbeitsbedingungen führen nicht nur zu individuellen Schicksalen, sondern haben auch einen direkten Einfluss auf die wirtschaftliche Leistungsfähigkeit ganzer Länder.

Der wirtschaftliche Wert von Gesundheit zeigt sich besonders deutlich in Ländern, in denen in Prävention und Gesundheitsförderung investiert wird. In skandinavischen Ländern beispielsweise liegt ein großer Fokus auf der Prävention von Krankheiten, was die Arbeitsausfälle reduziert und langfristig die Kosten des Gesundheitssystems senkt. Auch Länder wie Deutschland, die betriebliche Gesundheitsförderung und flexible Arbeitsmodelle fördern, sehen positive Effekte auf die Produktivität ihrer Arbeitskräfte.

Neben der Produktivität hat Gesundheit auch einen Einfluss auf die Lebensqualität, die sich wiederum auf die wirtschaftliche Dynamik auswirkt. In Ländern mit gutem Zugang zu medizinischer Versorgung und hoher Lebensqualität sind die Menschen zufriedener und arbeiten effizienter. Darüber hinaus tragen gesunde Bürger zu einer stabileren und innovativeren Gesellschaft bei, was die Grundlage für nachhaltiges wirtschaftliches Wachstum bildet.

5.3.2.2 Zugang zu Gesundheitsversorgung: Unterschiede zwischen Ländern und Bevölkerungsgruppen

Der Zugang zu Gesundheitsversorgung ist ein entscheidender Faktor für die wirtschaftliche und soziale Stabilität einer Gesellschaft. In vielen Ländern gibt es jedoch erhebliche Unterschiede in der Versorgung, sowohl zwischen verschiedenen Regionen als auch zwischen verschiedenen sozialen Schichten. Während in den wohlhabenden Teilen der Gesellschaft hochwertige medizinische Versorgung leicht zugänglich ist, kämpfen ärmere Bevölkerungsgruppen oft mit unzureichenden Gesundheitsdiensten.

Die USA sind ein prominentes Beispiel für diese Problematik. Trotz des technologisch fortschrittlichen Gesundheitsystems haben viele Amerikaner keinen Zugang zu bezahlbarer Gesundheitsversorgung, was die soziale Ungleichheit weiter verschärft. Im Gegensatz dazu bieten Länder mit universellen Gesundheitssystemen wie Großbritannien oder Schweden allen Bürgern unabhängig von ihrem Einkommen Zugang zu medizinischer Versorgung. Diese Systeme sind zwar teuer, tragen jedoch dazu bei, die soziale Gerechtigkeit zu fördern und die langfristigen Gesundheitskosten zu senken, da sie präventive Maßnahmen stärker unterstützen.

5.3.2.3 Gesundheitsökonomie: Kosten-Nutzen-Analysen und Effizienz von Gesundheitssystemen

Gesundheitssysteme sind oft ein erheblicher Kostenfaktor für den Staatshaushalt. Daher ist es wichtig, dass die eingesetzten Ressourcen effizient genutzt werden, um die bestmögliche Versorgung zu gewährleisten. Die Gesundheitsökonomie beschäftigt sich mit der Frage, wie Gesundheitssysteme organisiert werden können, um sowohl effizient als auch gerecht zu sein.

Kosten-Nutzen-Analysen spielen eine zentrale Rolle bei der Bewertung von Gesundheitssystemen. Dabei wird untersucht, wie viel Geld in bestimmte Behandlungen, Medikamente oder Präventionsprogramme investiert wird und welchen Nutzen diese für die Gesellschaft haben. Hier zeigt sich oft, dass präventive Maßnahmen wie Impfprogramme oder Aufklärungskampagnen langfristig deutlich günstiger sind als die Behandlung von Krankheiten im fortgeschrittenen Stadium. Gleichzeitig stehen Gesundheitssysteme vor der Herausforderung, den technologischen Fortschritt in der Medizin, der oft teuer ist, für alle zugänglich zu machen, ohne die Kosten aus dem Ruder laufen zu lassen.

5.3.3 Bildung als Motor des Wohlstands

Bildung ist nicht nur der Schlüssel zu individuellen Karrierechancen, sondern auch ein essenzieller Faktor für das wirtschaftliche Wachstum und die gesellschaftliche Entwicklung. In einer wissensbasierten globalen Ökonomie sind gut ausgebildete Arbeitskräfte die treibende Kraft hinter Innovationen, technologischem Fortschritt und wirtschaftlicher Wettbewerbsfähigkeit. Länder, die stark in Bildung investieren, sichern sich langfristig nicht nur eine führende Rolle auf den globalen Märkten, sondern fördern auch soziale Mobilität und Chancengleichheit.

5.3.3.1 Bildung und soziale Mobilität: Bildung als Schlüssel zur Armutsbekämpfung

Bildung ist das mächtigste Werkzeug im Kampf gegen Armut und soziale Ungleichheit. Kinder aus benachteiligten Verhältnissen, die Zugang zu hochwertiger Bildung erhalten, haben eine deutlich größere Chance, aus dem Teufelskreis der Armut auszubrechen und ein höheres Einkommen zu erzielen. Bildung schafft nicht nur bessere Verdienstmöglichkeiten, sondern öffnet auch Türen zu weiterführenden Karrieren, Netzwerken und Möglichkeiten.

Soziale Mobilität beschreibt die Fähigkeit eines Individuums, durch eigene Leistung die soziale und ökonomische Position zu verbessern. Bildung spielt dabei eine zentrale Rolle. Ein anschauliches Beispiel für den positiven Einfluss von Bildung auf die soziale Mobilität sind die skandinavischen Länder, in denen das Bildungssystem stark gefördert wird und für alle gleichermaßen zugänglich ist. Hier ist die Kluft zwischen den verschiedenen sozialen Schichten im internationalen Vergleich geringer, was zeigt, dass gleiche Bildungschancen zu einer gerechteren Gesellschaft führen können.

Dennoch bleibt Bildung in vielen Teilen der Welt ungleich verteilt. In einkommensschwachen Ländern oder ländlichen Gebieten ist der Zugang zu qualitativ hochwertiger Bildung nach wie vor eine Herausforderung. Kinder aus reichen Familien haben oft bessere Chancen, die besten Schulen und Universitäten zu besuchen, was langfristig zu einer Verstärkung der sozialen Ungleichheit führt. Regierungen weltweit stehen daher vor der Aufgabe, Bildungssysteme so zu gestalten, dass sie nicht nur Wissen vermitteln, sondern auch soziale Barrieren abbauen.

5.3.3.2 Bildungssysteme im Vergleich: Erfolgsfaktoren und Reformansätze

Unterschiedliche Länder verfolgen verschiedene Ansätze, um ihr Bildungssystem zu gestalten und ihre Bevölkerung auf die Herausforderungen der modernen Arbeitswelt vorzubereiten. Dabei gibt es sowohl erfolgreiche Modelle als auch Systeme, die mit erheblichen Problemen zu kämpfen haben. Ein internationaler Vergleich zeigt, dass es keine universelle „Patentlösung" gibt, sondern dass jedes Land einen Weg finden muss, der seinen spezifischen gesellschaftlichen und wirtschaftlichen Rahmenbedingungen entspricht.

Finnland ist ein bekanntes Beispiel für ein besonders erfolgreiches Bildungssystem. Der finnische Ansatz setzt auf Chancengleichheit, geringen Leistungsdruck und eine hohe pädagogische Autonomie der Lehrer. Interessanterweise gibt es in Finnland kaum standardisierte Tests oder Notensysteme, was den Stress für die Schüler reduziert und das Lernen auf natürliche Weise fördert. Lehrer werden hoch geschätzt und gut ausgebildet, was sich in den hervorragenden Bildungsleistungen der Schüler widerspiegelt.

Im Gegensatz dazu hat das Bildungssystem der USA mit massiven Ungleichheiten zu kämpfen. Die Qualität der Bildung variiert stark je nach Region und sozioökonomischem Hintergrund. Während wohlhabende Familien oft Zugang zu privaten oder gut finanzierten öffentlichen Schulen haben, sind viele Kinder in ärmeren Gegenden auf unterfinanzierte Schulen angewiesen. Dieser Mangel an Chancengleichheit führt zu einer tiefen Spaltung der Gesellschaft und begrenzt die soziale Mobilität.

Auch Deutschland hat mit der Einführung des „G8"-Abiturs und der Ausweitung der Ganztagsschulen Reformen angestoßen, die darauf abzielen, die Bildungsergebnisse zu verbessern. Das duale Ausbildungssystem, das Theorie und Praxis miteinander verbindet, ist international hoch angesehen und wird von vielen Ländern als Modell für die Ausbildung qualifizierter Fachkräfte übernommen. Dennoch gibt es auch hier Herausforderungen, insbesondere bei der Integration von Kindern mit Migrationshintergrund und der Schaffung eines fairen Zugangs zu höherer Bildung für alle Gesellschaftsschichten.

5.3.3.3 Investitionen in Bildung: Öffentliche vs. private Finanzierung und ihre Auswirkungen

Eine der größten Debatten im Bereich der Bildungspolitik dreht sich um die Frage der Finanzierung. Soll der Staat die Bildung vollumfänglich finanzieren, um allen Bürgern gleiche Chancen zu bieten, oder sollten private Akteure eine größere Rolle übernehmen? Beide Ansätze haben ihre Vor- und Nachteile, und die richtige Balance zu finden, ist entscheidend für den Erfolg eines Bildungssystems.

In Ländern wie Deutschland, den skandinavischen Staaten und vielen anderen europäischen Ländern ist das Bildungssystem überwiegend öffentlich finanziert. Dies stellt sicher, dass der Zugang zu Bildung nicht vom Einkommen der Eltern abhängt und dass soziale Ungleichheiten zumindest in der Theorie reduziert werden. Öffentliche Universitäten und Schulen sind in diesen Ländern entweder kostenlos oder stark subventioniert, was zu einem allgemein hohen Bildungsniveau führt. Allerdings führt diese staatliche Finanzierung manchmal zu einem Ressourcenmangel, insbesondere in wirtschaftlich schwierigen Zeiten.

Im Gegensatz dazu gibt es in den USA und Großbritannien eine starke Tradition der privaten Bildungseinrichtungen, insbesondere auf Hochschulniveau. Eliteuniversitäten wie Harvard, Oxford oder Stanford verlangen hohe Studiengebühren, was die soziale Mobilität erschwert, gleichzeitig aber auch enorme finanzielle Mittel für Forschung und Lehre bereitstellt. Dies ermöglicht den Institutionen, eine hervorragende Bildungsqualität anzubieten, führt aber gleichzeitig zu einer Elitisierung des Bildungssystems.

Eine Mischform, die in vielen Ländern erfolgreich umgesetzt wird, ist die Zusammenarbeit zwischen staatlichen und privaten Akteuren. Hierbei finanzieren private Unternehmen teilweise die Ausbildung ihrer zukünftigen Mitarbeiter oder investieren in spezielle Bildungsprogramme. Dieses Modell verbindet die Sicherheit des öffentlichen Bildungssystems mit der Innovationskraft und Flexibilität privater Investitionen.

5.3.4 Soziale Sicherheit und Wohlfahrtsstaat

Ein starkes Sozialversicherungssystem ist das Rückgrat einer funktionierenden Gesellschaft. Es sorgt dafür, dass Menschen in Zeiten von Arbeitslosigkeit, Krankheit oder im Alter abgesichert sind. Der Wohlfahrtsstaat hat sich über die letzten Jahrzehnte als effektives Instrument erwiesen, um soziale Ungleichheit zu verringern und den Wohlstand breiter Bevölkerungsschichten zu sichern. Doch angesichts der Herausforderungen des demografischen Wandels, der Globalisierung und der Digitalisierung steht der Wohlfahrtsstaat im 21. Jahrhundert vor großen Herausforderungen.

5.3.4.1 Entwicklung des Wohlfahrtsstaats: Historische Perspektiven und Modelle

Der moderne Wohlfahrtsstaat, wie wir ihn heute kennen, entstand nach dem Zweiten Weltkrieg als Reaktion auf die sozialen und wirtschaftlichen Herausforderungen der damaligen Zeit. In vielen europäischen Ländern wurden umfassende Sozialversicherungssysteme aufgebaut, die allen Bürgern Zugang zu Gesundheitsversorgung, Renten und Sozialleistungen garantierten. Besonders in den nordischen Ländern entwickelte sich das Modell des universellen Wohlfahrtsstaats, der darauf abzielt, soziale Gerechtigkeit und Chancengleichheit für alle zu gewährleisten.

Ein anderes Modell stellt der liberalere Wohlfahrtsstaat dar, wie er beispielsweise in den USA oder Großbritannien vorzufinden ist. Hier liegt der Fokus stärker auf individueller Verantwortung, und staatliche Leistungen werden nur in begrenztem Umfang bereitgestellt. Soziale Absicherung erfolgt vermehrt über private Versicherungssysteme, was zu einer stärkeren Ungleichheit führen kann, aber gleichzeitig die Staatsausgaben begrenzt.

Die Entwicklung des Wohlfahrtsstaats ist stark abhängig von den politischen und kulturellen Gegebenheiten eines Landes. In Deutschland beispielsweise basieren viele der sozialen Sicherungssysteme auf dem Bismarckschen Modell, das vor allem auf die soziale Absicherung der Arbeiterklasse abzielt. Im Laufe der Zeit wurden diese Systeme jedoch ausgebaut, um auch Selbstständige, Beamte und andere Berufsgruppen zu erfassen. Heute stellt sich die Frage, wie der Wohlfahrtsstaat in einer globalisierten und digitalisierten Welt bestehen kann.

5.3.4.2 Arbeitslosengeld, Renten und Sozialhilfe: Wirkungsweise und Herausforderungen

Arbeitslosengeld, Renten und Sozialhilfe sind zentrale Elemente des modernen Wohlfahrtsstaats, die dafür sorgen, dass Bürger in schwierigen Lebenslagen abgesichert sind. Diese Systeme bieten nicht nur finanzielle Unterstützung, sondern tragen auch maßgeblich zur sozialen Stabilität bei. Doch in Zeiten des demografischen Wandels, einer alternden Bevölkerung und der Digitalisierung des Arbeitsmarktes stehen sie vor immer größeren Herausforderungen.

Das Arbeitslosengeld ist eine der wichtigsten Stützen für Menschen, die ihren Arbeitsplatz verloren haben. Es bietet ihnen finanzielle Sicherheit, während sie nach einer neuen Anstellung suchen, und verhindert, dass Arbeitslosigkeit sofort in Armut mündet. In Ländern wie Deutschland ist das Arbeitslosengeld in zwei Stufen unterteilt: Zunächst erhalten Arbeitslose für einen bestimmten Zeitraum eine einkommensabhängige Leistung (Arbeitslosengeld I), bevor sie gegebenenfalls auf die Grundsicherung (Arbeitslosengeld II oder „Hartz IV") zurückgreifen müssen. Dieses System stellt sicher, dass die Menschen nicht unmittelbar nach einem Jobverlust in Existenznot geraten, aber es steht auch in der Kritik, langfristig nicht ausreichend Anreize zur Wiedereingliederung in den Arbeitsmarkt zu bieten.

In den USA hingegen gibt es ein weniger ausgebautes System, das stark auf individuelle Verantwortung setzt. Hier erhalten Arbeitslose nur für eine begrenzte Zeit finanzielle Unterstützung, und die Höhe der Leistungen variiert stark je nach Bundesstaat. Dies führt dazu, dass Arbeitslose schneller gezwungen sind, neue Arbeitsmöglichkeiten anzunehmen, was teilweise zu einer höheren Beschäftigungsrate führt, aber auch zu Unsicherheit und Prekarität im Arbeitsleben.

Die Renten stellen eine weitere Säule des Wohlfahrtsstaats dar und sind besonders im Kontext des demografischen Wandels ein heiß diskutiertes Thema. In vielen westlichen Ländern kommt es durch die steigende Lebenserwartung und die sinkende Geburtenrate zu einer wachsenden Belastung der Rentensysteme. Immer weniger junge Menschen müssen für immer mehr Rentner aufkommen, was die Finanzierbarkeit des Systems gefährdet. In Deutschland wird das Rentensystem größtenteils über ein Umlageverfahren finanziert, bei dem die gegenwärtig Berufstätigen für die Renten der aktuellen Ruheständler aufkommen. Das Prinzip funktioniert nur, wenn genügend Menschen im Erwerbsleben stehen – eine Herausforderung in alternden Gesellschaften.

Einige Länder, wie die Niederlande oder Schweden, haben auf diese Herausforderung mit sogenannten Mischsystemen reagiert, bei denen die staatliche Rente durch private Vorsorge ergänzt wird. In Schweden beispielsweise basiert das Rentensystem auf einem „Notional Defined Contribution"-Modell, bei dem die Rentenansprüche auf der Basis des individuellen Einkommenslebenszyklus berechnet werden. Dies bietet eine gewisse Flexibilität und ermöglicht eine nachhaltigere Finanzierung, setzt jedoch voraus, dass die Bürger sich aktiv an ihrer Altersvorsorge beteiligen.

Die Sozialhilfe wiederum ist darauf ausgelegt, den Menschen zu helfen, die keine anderen Einkommensquellen mehr haben. Sie fungiert als letztes Sicherheitsnetz für diejenigen, die durch die Maschen der anderen Sozialsysteme fallen, sei es aufgrund von Krankheit, Langzeitarbeitslosigkeit oder anderen Lebenskrisen. In Ländern mit gut ausgebauten Sozialstaaten wie Deutschland oder den skandinavischen Ländern ist die Sozialhilfe relativ großzügig, was sicherstellt, dass niemand in absoluter Armut leben muss. Allerdings steht das System auch hier in der Kritik: Einerseits wird häufig argumentiert, dass die Zahlungen nicht ausreichen, um ein würdiges Leben zu führen, andererseits wird befürchtet, dass zu großzügige Sozialhilfesysteme Anreize zur Arbeitssuche mindern könnten.

5.3.4.3 Zukünftige Herausforderungen des Wohlfahrtsstaats: Demografie, Globalisierung und Digitalisierung

Die Zukunft des Wohlfahrtsstaats ist eng mit den großen Megatrends unserer Zeit verbunden: Demografie, Globalisierung und Digitalisierung. Diese Entwicklungen stellen den traditionellen Wohlfahrtsstaat vor beispiellose Herausforderungen und zwingen Regierungen weltweit, neue Lösungsansätze zu entwickeln.

Der demografische Wandel ist eine der größten Herausforderungen. In vielen Industrienationen altert die Bevölkerung rapide, während die Geburtenraten sinken. Das bedeutet, dass immer weniger Erwerbstätige für eine wachsende Zahl von Rentnern aufkommen müssen. Dadurch gerät das traditionelle Umlagesystem der Rentenversicherung unter Druck. In Ländern wie Deutschland wird bereits über eine Anhebung des Rentenalters diskutiert, um die Finanzierbarkeit des Systems zu sichern. Doch auch Maßnahmen wie die Förderung privater Altersvorsorge und eine stärkere Integration von Zuwanderern in den Arbeitsmarkt könnten dazu beitragen, die Herausforderungen des demografischen Wandels zu bewältigen.

Die Globalisierung bringt weitere Herausforderungen mit sich. Auf der einen Seite ermöglicht sie es Unternehmen, weltweit zu agieren, was zu mehr Wachstum und Wohlstand führen kann. Auf der anderen Seite verstärkt sie aber auch den Druck auf nationale Sozialsysteme, da Kapital und Arbeitskraft immer mobiler werden. Hochqualifizierte Fachkräfte können sich ihre Arbeitsorte aussuchen, während Unternehmen ihre Produktionsstätten in Länder mit niedrigeren Löhnen und weniger strengen Arbeitsgesetzen verlagern. Dies führt zu einem zunehmenden Wettbewerb zwischen den Staaten, was wiederum den Spielraum für sozialstaatliche Maßnahmen einschränken kann. Gleichzeitig nimmt der Druck auf Regierungen zu, international wettbewerbsfähig zu bleiben, was oft zu Einsparungen bei Sozialleistungen führt.

Die Digitalisierung wird langfristig das Gesicht des Arbeitsmarkts und des Wohlfahrtsstaats massiv verändern. Viele traditionelle Berufe werden durch Automatisierung und künstliche Intelligenz obsolet, während neue Jobs in der IT- und Dienstleistungsbranche entstehen. Doch diese neuen Arbeitsplätze erfordern oft andere Qualifikationen, und nicht jeder Arbeitnehmer ist in der Lage, sich schnell genug an die neuen Anforderungen anzupassen. Diese Entwicklung könnte zu einer wachsenden Kluft zwischen Hoch- und Niedrigqualifizierten führen und den Druck auf die Sozialsysteme weiter erhöhen.

Ein weiteres Problem ist die Prekarisierung der Arbeitsverhältnisse, die mit der Digitalisierung einhergeht. Immer mehr Menschen arbeiten als Selbstständige oder in Teilzeitjobs ohne ausreichende soziale Absicherung. Plattformen wie Uber oder Deliveroo bieten Flexibilität, aber auch wenig soziale Sicherheit. Die Herausforderung besteht darin, diese neuen Arbeitsformen in den traditionellen Sozialstaat zu integrieren, um sicherzustellen, dass auch Menschen in unkonventionellen Arbeitsverhältnissen abgesichert sind.

Zusammengefasst steht der Wohlfahrtsstaat im 21. Jahrhundert vor tiefgreifenden Veränderungen. Die Sicherung der sozialen Gerechtigkeit und die finanzielle Tragfähigkeit müssen neu gedacht werden, um den Herausforderungen einer globalisierten, digitalisierten und alternden Welt gerecht zu werden.

5.4 Die Rolle der Steuern: Steuerpolitik zur Förderung von Innovation und sozialer Gerechtigkeit

Steuern sind weit mehr als nur ein Instrument zur Finanzierung staatlicher Aufgaben. Sie beeinflussen das Verhalten von Unternehmen und Individuen, steuern Investitionen und können entscheidend dazu beitragen, wie innovativ, gerecht und wettbewerbsfähig eine Volkswirtschaft ist. Gleichzeitig dienen sie als zentrales Werkzeug der Umverteilung von Wohlstand, um Ungleichheiten in einer Gesellschaft auszugleichen und soziale Gerechtigkeit herzustellen. Doch wie lässt sich eine Steuerpolitik gestalten, die sowohl Innovation fördert als auch soziale Gerechtigkeit sichert?

5.4.1 Grundlagen der Steuerpolitik

5.4.1.1 Prinzipien der Besteuerung: Effizienz, Gerechtigkeit und Einfachheit

Steuersysteme stehen vor der Herausforderung, gleichzeitig effizient, gerecht und einfach zu sein – ein schwieriger Spagat, der in der Praxis oft nicht leicht zu erreichen ist. Ein effizienter Steuersatz stellt sicher, dass die Wirtschaft nicht übermäßig belastet wird und das Wachstum gefördert wird, ohne dass der Staat auf notwendige Einnahmen verzichtet. Gleichzeitig muss das Steuersystem gerecht sein, indem es sowohl den stärksten als auch den schwächsten Teilen der Gesellschaft gerecht wird. Und schließlich spielt auch die Einfachheit eine entscheidende Rolle, denn ein kompliziertes Steuersystem kann nicht nur die Verwaltungskosten erhöhen, sondern auch Anreize zur Steuerhinterziehung schaffen.

Effizienz in der Steuerpolitik bedeutet, dass die Steuerlast die wirtschaftlichen Entscheidungen der Menschen und Unternehmen so wenig wie möglich beeinflussen sollte. Eine übermäßige Steuerbelastung kann dazu führen, dass Unternehmen weniger investieren oder ihre Geschäftstätigkeiten ins Ausland verlagern, während Arbeitnehmer möglicherweise weniger Arbeitsstunden leisten oder sich einer Schwarzarbeit zuwenden, wenn sie das Gefühl haben, dass der Großteil ihres Einkommens durch Steuern aufgezehrt wird.

Gerechtigkeit bezieht sich auf die faire Verteilung der Steuerlast. Es gibt unterschiedliche Ansichten darüber, was als gerecht gilt – während manche betonen, dass jeder Bürger proportional zu seinem Einkommen besteuert werden sollte (proportionale Besteuerung), argumentieren andere, dass Reiche einen größeren Anteil tragen sollten, um Ungleichheiten auszugleichen (progressive Besteuerung). Ein progressives Steuersystem, bei dem Wohlhabendere einen größeren Teil ihres Einkommens in Form von Steuern abgeben, wird oft als gerechter angesehen, da es zu einer Umverteilung beiträgt und die soziale Kohäsion stärkt.

Einfachheit schließlich bedeutet, dass das Steuersystem für alle Beteiligten leicht verständlich und administrativ nicht übermäßig aufwendig sein sollte. Ein komplexes Steuersystem erfordert erhebliche Ressourcen für die Steuerverwaltung und kann zu Rechtsunsicherheiten führen, was wiederum den Handlungsspielraum für Unternehmen und Privatpersonen einschränkt. Ein einfaches Steuersystem hingegen verringert die Kosten der Steuererhebung und erhöht die Compliance, da Bürger und Unternehmen eher bereit sind, ihre Steuern zu zahlen, wenn sie das System verstehen und als fair empfinden.

5.4.1.2 Direkte vs. indirekte Steuern: Vor- und Nachteile unterschiedlicher Steuerarten

Steuern können grob in zwei Kategorien unterteilt werden: direkte und indirekte Steuern. Beide Arten der Besteuerung haben Vor- und Nachteile und spielen eine unterschiedliche Rolle bei der Finanzierung staatlicher Aufgaben und der Umverteilung von Wohlstand.

Direkte Steuern wie die Einkommensteuer oder die Körperschaftsteuer werden direkt auf das Einkommen oder den Gewinn von Individuen und Unternehmen erhoben. Diese Steuerform hat den Vorteil, dass sie relativ transparent ist und eine progressive Besteuerung ermöglicht, da die Steuersätze mit dem Einkommen oder Gewinn steigen können. Direkte Steuern sind ein wirksames Instrument zur Umverteilung von Einkommen und Vermögen, da sie Reiche stärker belasten und somit einen Beitrag zur sozialen Gerechtigkeit leisten.

Ein Nachteil direkter Steuern ist jedoch, dass sie in der Regel stärker spürbar sind und somit zu unerwünschten Verhaltensänderungen führen können. Hohe Einkommensteuern könnten beispielsweise dazu führen, dass gutverdienende Fachkräfte in Länder mit niedrigeren Steuersätzen abwandern. Auch Unternehmen könnten bei hohen Körperschaftssteuersätzen dazu neigen, ihre Gewinne durch kreative Buchführung zu verschieben oder ihre Produktionsstandorte in steuerlich günstigere Länder zu verlagern.

Indirekte Steuern, wie die Mehrwertsteuer (oder Umsatzsteuer) und Verbrauchssteuern, werden auf den Konsum von Waren und Dienstleistungen erhoben. Ein Vorteil dieser Steuerform ist, dass sie weniger spürbar ist, da sie beim Kauf von Produkten erhoben wird und nicht direkt vom Einkommen oder Vermögen abgezogen wird. Indirekte Steuern sind in der Regel einfacher zu verwalten und schwerer zu umgehen als direkte Steuern.

Allerdings haben indirekte Steuern den Nachteil, dass sie oft regressiv wirken, das heißt, dass sie Menschen mit niedrigem Einkommen stärker belasten als Wohlhabende. Da alle Bürger, unabhängig von ihrem Einkommen, beim Kauf von Waren und Dienstleistungen den gleichen Steuersatz zahlen, geben ärmere Haushalte einen größeren Anteil ihres Einkommens für Konsumsteuern aus. Um diese regressiven Effekte abzumildern, können Regierungen niedrigere Steuersätze auf Grundnahrungsmittel oder lebensnotwendige Güter erheben oder durch Steuervergünstigungen für einkommensschwache Haushalte ausgleichen.

5.4.1.3 Steuerwettbewerb und internationale Steuersysteme: Globale Herausforderungen und Kooperationen

Im Zeitalter der Globalisierung stehen nationale Steuersysteme zunehmend unter dem Druck des internationalen Steuerwettbewerbs. Länder konkurrieren miteinander, um Unternehmen und wohlhabende Privatpersonen anzuziehen, indem sie ihre Steuersätze senken oder spezielle steuerliche Vorteile bieten. Dies führt zu einem sogenannten „race to the bottom", bei dem Staaten ihre Steuern immer weiter senken, um international wettbewerbsfähig zu bleiben, was wiederum zu einem Rückgang der staatlichen Einnahmen führen kann.

Ein klassisches Beispiel hierfür sind die Steueroasen, die durch niedrige Unternehmenssteuersätze multinationale Konzerne anziehen. Länder wie Irland, Luxemburg oder die Schweiz haben sich in den letzten Jahrzehnten zu beliebten Standorten für internationale Unternehmen entwickelt, die dort ihren steuerlichen Hauptsitz anmelden, obwohl sie in anderen Ländern ihre tatsächlichen Geschäftstätigkeiten durchführen. Dieser aggressive Steuerwettbewerb hat dazu geführt, dass viele Staaten Schwierigkeiten haben, ihre Steuereinnahmen auf einem ausreichenden Niveau zu halten, um ihre sozialen Sicherungssysteme zu finanzieren.

Um diesem Problem zu begegnen, sind in den letzten Jahren vermehrt internationale Kooperationen entstanden. Organisationen wie die OECD und die Europäische Union arbeiten an Maßnahmen zur Harmonisierung der Unternehmenssteuersätze und zur Bekämpfung von Steuervermeidung. Ein wichtiger Schritt in diese Richtung war die Einführung des OECD-geführten „Base Erosion and Profit Shifting" (BEPS)-Projekts, das darauf abzielt, Schlupflöcher zu schließen, die es Unternehmen ermöglichen, Gewinne in Niedrigsteuerländer zu verschieben.

Auch die Einführung einer globalen Mindeststeuer für Unternehmen, die 2021 von der G7 und G20 unterstützt wurde, stellt einen wichtigen Meilenstein dar. Die Idee einer globalen Mindeststeuer zielt darauf ab, den schädlichen Steuerwettbewerb zu begrenzen und sicherzustellen, dass Unternehmen ihre Steuern dort zahlen, wo sie ihre Gewinne tatsächlich erwirtschaften. Dies könnte langfristig zu einer gerechteren und stabileren Finanzierung der Staaten führen.

5.4.2 Steuern und wirtschaftliche Anreize

Steuern sind nicht nur ein Mittel, um staatliche Einnahmen zu generieren, sondern können auch gezielt eingesetzt werden, um wirtschaftliches Verhalten zu beeinflussen. Regierungen auf der ganzen Welt nutzen das Steuersystem, um Innovationen zu fördern, Investitionen zu lenken und die Wirtschaft in eine gewünschte Richtung zu entwickeln. Durch steuerliche Anreize können Staaten Unternehmen dazu bewegen, in bestimmte Branchen zu investieren, neue Technologien zu entwickeln oder Arbeitsplätze zu schaffen. Gleichzeitig können sie durch gezielte Steuererhöhungen auch ungewolltes Verhalten wie Umweltverschmutzung oder spekulative Blasen in Schach halten.

5.4.2.1 Steuern und Innovation: Anreize für Forschung und Entwicklung

Innovation ist der Motor für das wirtschaftliche Wachstum im 21. Jahrhundert. Technologische Fortschritte und die kontinuierliche Weiterentwicklung von Produkten und Dienstleistungen sind entscheidend für den langfristigen Erfolg von Volkswirtschaften. Regierungen weltweit nutzen steuerliche Anreize, um Unternehmen zu ermutigen, mehr in Forschung und Entwicklung (F&E) zu investieren und so den Innovationszyklus zu beschleunigen.

Ein weit verbreitetes Instrument ist die F&E-Steuergutschrift. Diese gewährt Unternehmen steuerliche Vorteile für ihre Ausgaben im Bereich Forschung und Entwicklung. In den USA beispielsweise können Unternehmen, die in F&E investieren, einen Teil ihrer Ausgaben von ihrer Steuerlast abziehen, was dazu führt, dass Unternehmen mehr Ressourcen in die Entwicklung neuer Technologien und Produkte stecken. Auch in Deutschland gibt es seit 2020 eine Forschungszulage, die vor allem kleine und mittelständische Unternehmen dazu motivieren soll, in die Forschung zu investieren.

Diese Steueranreize zeigen sich als besonders wirksam in Hochtechnologie-Branchen wie der Informationstechnologie, der Biotechnologie oder dem Maschinenbau. Länder wie Südkorea oder Israel, die starke F&E-Anreize bieten, haben sich in den letzten Jahren zu technologischen Vorreitern entwickelt. Das israelische Start-up-Ökosystem, auch bekannt als „Silicon Wadi", hat dank großzügiger Steuererleichterungen für junge Technologieunternehmen und massiver staatlicher Investitionen in Forschung weltweit Aufmerksamkeit erlangt. Steuerliche Anreize wirken hier als Katalysator für Innovation und schaffen langfristig Wettbewerbsvorteile.

Allerdings bergen F&E-Steuergutschriften auch Herausforderungen. Unternehmen könnten dazu verleitet werden, ihre Innovationsprojekte zu überschätzen, um von den steuerlichen Vorteilen zu profitieren. Hier muss eine strikte Überwachung und Evaluierung der tatsächlichen Ergebnisse stattfinden, um sicherzustellen, dass die gewährten Steuervergünstigungen tatsächlich zu messbaren Innovationen und technologischem Fortschritt führen.

5.4.2.2 Unternehmensbesteuerung: Auswirkungen auf Investitionen und Standortentscheidungen

Die Höhe der Unternehmenssteuern spielt eine zentrale Rolle bei der Frage, wo Unternehmen investieren und ihre Aktivitäten ansiedeln. Staaten mit niedrigen Körperschaftsteuersätzen können ausländische Investitionen anziehen und heimische Unternehmen im globalen Wettbewerb stärken. Dies hat in den letzten Jahrzehnten zu einem intensiven Wettbewerb zwischen Ländern geführt, die ihre Steuersätze senken, um international attraktiv zu bleiben.

Irland ist ein Beispiel für den Erfolg dieses Modells. Durch seinen extrem niedrigen Körperschaftssteuersatz von 12,5 Prozent hat das Land große internationale Technologiekonzerne wie Apple, Google und Facebook angelockt, die dort ihre europäischen Hauptquartiere eröffneten. Diese Strategie hat Irland geholfen, zu einem bedeutenden Technologiestandort zu werden und Arbeitsplätze zu schaffen. Auf der anderen Seite führt ein solcher Steuerwettbewerb oft dazu, dass andere Länder ihre Steuersätze ebenfalls senken müssen, um im Wettbewerb nicht den Anschluss zu verlieren. Dies kann dazu führen, dass Staaten wichtige Steuereinnahmen verlieren und ihre öffentlichen Finanzen unter Druck geraten.

Ein weiteres Beispiel ist das Vereinigte Königreich, das durch die Ankündigung, die Unternehmenssteuern nach dem Brexit zu senken, ausländische Investitionen anziehen möchte. Gleichzeitig könnten Länder wie Frankreich oder Deutschland, die höhere Unternehmenssteuersätze haben, Schwierigkeiten haben, mit solchen Niedrigsteuerländern zu konkurrieren, was zu einer potenziellen Abwanderung von Unternehmen führen könnte.

Allerdings zeigen sich bei der Unternehmensbesteuerung auch Grenzen des Steuerwettbewerbs. Viele Unternehmen treffen ihre Standortentscheidungen nicht allein auf Basis der Steuersätze, sondern berücksichtigen auch Faktoren wie Infrastruktur, Arbeitskräfte und politische Stabilität. Während niedrige Steuern ein attraktiver Faktor sind, müssen sie mit anderen Standortvorteilen einhergehen, um langfristig erfolgreich zu sein. Es gibt Hinweise darauf, dass extrem niedrige Steuersätze allein nicht ausreichen, um Investitionen nachhaltig zu fördern, wenn andere wichtige Faktoren nicht erfüllt sind.

5.4.2.3 Besteuerung von Kapital und Arbeit: Gerechtigkeitsfragen und ökonomische Effizienz

Ein wichtiger Aspekt der Steuerpolitik ist das Verhältnis zwischen der Besteuerung von Arbeit und Kapital. In vielen Ländern ist die Besteuerung von Arbeit – in Form von Lohn- und Einkommensteuern sowie Sozialversicherungsabgaben – oft höher als die Besteuerung von Kapitalerträgen, wie Dividenden, Zinsen oder Aktiengewinnen. Dies führt zu einer potenziellen Verzerrung im Steuersystem und wirft Gerechtigkeitsfragen auf.

Kapitalerträge werden in der Regel niedriger besteuert, da sie als wichtige Quelle für Investitionen und wirtschaftliches Wachstum gelten. Investoren und Unternehmen benötigen Kapital, um ihre Projekte zu finanzieren, Arbeitsplätze zu schaffen und Innovationen voranzutreiben. Aus diesem Grund haben viele Länder Kapitalertragssteuern gesenkt, um Investitionsanreize zu schaffen und das Wachstum zu fördern. Ein Beispiel hierfür sind die USA, wo Kapitalgewinne langfristig mit einem niedrigeren Steuersatz besteuert werden als Arbeitseinkommen. Dies soll Investoren ermutigen, ihr Kapital langfristig in die Wirtschaft zu investieren, anstatt kurzfristig auf spekulative Gewinne zu setzen.

Allerdings führt diese Politik zu Gerechtigkeitsfragen, da die meisten Kapitalerträge von wohlhabenderen Bürgern erzielt werden. Wenn Kapitalgewinne niedriger besteuert werden als Arbeitseinkommen, kann dies zu einer Verstärkung der Einkommens- und Vermögensungleichheit führen. Niedrigere Einkommensschichten, die vor allem von ihrem Arbeitslohn abhängig sind, tragen in diesem Fall eine höhere Steuerlast, während wohlhabende Bürger von den Steuervergünstigungen für Kapital profitieren.

Ein mögliches Modell zur Lösung dieses Problems ist die Einführung eines einheitlichen Steuersatzes auf Kapital- und Arbeitseinkommen. Einige Länder haben bereits Modelle der sogenannten „Flat Tax" erprobt, bei der alle Einkommensarten mit einem einheitlichen Steuersatz belegt werden. Befürworter argumentieren, dass dies zu mehr Gerechtigkeit führt und das Steuersystem vereinfacht. Kritiker hingegen befürchten, dass ein solcher Ansatz die progressiven Elemente der Besteuerung untergräbt und das Steuersystem weniger sozial gerecht macht.

5.4.3 Steuern als Instrument zur Förderung sozialer Gerechtigkeit

Steuern sind nicht nur ein Instrument zur Finanzierung staatlicher Ausgaben oder zur Lenkung wirtschaftlichen Verhaltens, sondern auch ein wirksames Mittel, um soziale Ungleichheiten zu verringern. Eine kluge Steuerpolitik kann dazu beitragen, Wohlstand umzuverteilen und soziale Sicherheit zu gewährleisten, indem sie einkommensschwache Haushalte unterstützt und einkommensstarke Haushalte stärker belastet.

5.4.3.1 Progressives Steuersystem: Umverteilung und Bekämpfung von Ungleichheit

Ein progressives Steuersystem ist das Herzstück jeder umverteilenden Steuerpolitik. Es stellt sicher, dass wohlhabende Bürger einen höheren Anteil ihres Einkommens zur Finanzierung öffentlicher Güter und sozialer Programme beitragen als Bürger mit geringeren Einkommen. Diese Umverteilung zielt darauf ab, Einkommens- und Vermögensungleichheiten zu verringern und allen Bürgern gleiche Chancen zu bieten.

In vielen Ländern ist das progressive Steuersystem über die Einkommensteuer umgesetzt. So steigt der Steuersatz in Deutschland oder den USA mit dem Einkommen an, was bedeutet, dass Reiche prozentual mehr Steuern zahlen als Geringverdiener. Dieser Ansatz ermöglicht es, die staatlichen Einnahmen zu erhöhen und gleichzeitig soziale Gerechtigkeit zu fördern, indem ärmere Haushalte entlastet werden.

5.4.3.2 Steuergutschriften und soziale Transfers: Unterstützung von Niedrigverdienern und Familien

Steuergutschriften und soziale Transfers spielen eine entscheidende Rolle, um die Auswirkungen von Einkommensungleichheiten abzumildern und einkommensschwache Haushalte zu unterstützen. Diese Instrumente bieten finanzielle Erleichterungen für Niedrigverdiener und Familien, indem sie ihre Steuerlast reduzieren oder direkte Zahlungen an sie leisten. Sie sind ein zentraler Bestandteil vieler progressiver Steuersysteme und sollen gewährleisten, dass auch die weniger wohlhabenden Teile der Bevölkerung von den staatlichen Umverteilungsmechanismen profitieren.

Steuergutschriften, auch als Steuervergünstigungen bekannt, reduzieren die Höhe der Steuern, die eine Person oder ein Haushalt zahlen muss. In vielen Ländern gibt es Steuergutschriften, die speziell auf Familien, Geringverdiener oder Menschen in besonderen Lebenslagen zugeschnitten sind. Ein Beispiel hierfür ist der „Earned Income Tax Credit" (EITC) in den USA, der darauf abzielt, arbeitenden Familien mit niedrigem Einkommen eine finanzielle Entlastung zu bieten. Diese Steuergutschrift ist ein Anreiz für Menschen mit geringen Einkommen, eine Beschäftigung anzunehmen, da sie den Nettolohn durch eine Reduzierung der Steuerlast erhöht. In Deutschland gibt es ähnliche Mechanismen, wie zum Beispiel den Kinderfreibetrag, der Eltern eine Steuervergünstigung in Höhe der Ausgaben für ihre Kinder gewährt.

Diese Instrumente haben den Vorteil, dass sie gezielt die Menschen unterstützen, die es am meisten brauchen, ohne dass die allgemeine Steuerlast erhöht werden muss. Sie bieten einen Anreiz zur Arbeitsaufnahme und sind ein effektives Mittel, um Armut zu verringern und Familien zu entlasten. Ein weiterer positiver Effekt besteht darin, dass Steuergutschriften und soziale Transfers die Konsumkraft der betroffenen Haushalte stärken, was sich positiv auf die gesamtwirtschaftliche Nachfrage auswirkt.

Soziale Transfers, wie Arbeitslosengeld, Sozialhilfe oder Kinderzulagen, sind direkte Zahlungen des Staates an einkommensschwache Haushalte oder Einzelpersonen. Diese Zahlungen dienen als Sicherheitsnetz und sollen sicherstellen, dass alle Bürgerinnen und Bürger ein Minimum an materieller Sicherheit haben, auch wenn sie temporär oder langfristig nicht in der Lage sind, ihren Lebensunterhalt durch Arbeit zu bestreiten. Soziale Transfers sind ein unverzichtbarer Bestandteil des Wohlfahrtsstaats und haben das Ziel, soziale Ausgrenzung zu verhindern und die gesellschaftliche Teilhabe zu fördern.

In skandinavischen Ländern, die für ihre umfassenden Sozialstaaten bekannt sind, werden großzügige Sozialtransfers bereitgestellt, um das Wohlstandsgefälle zu minimieren und den sozialen Frieden zu sichern. In Schweden und Dänemark etwa erhalten Eltern hohe Kinderzulagen, um die Kosten für die Erziehung zu decken, und Arbeitslose werden durch ein großzügiges Arbeitslosengeldsystem unterstützt. Diese Maßnahmen tragen dazu bei, die Armut zu bekämpfen und die soziale Mobilität zu fördern, indem sie den weniger privilegierten Mitgliedern der Gesellschaft finanzielle Stabilität bieten.

Die Herausforderung bei der Gestaltung von Steuergutschriften und sozialen Transfers besteht jedoch darin, sicherzustellen, dass sie nicht zu negativen Anreizen führen. In einigen Fällen könnten großzügige Transferzahlungen dazu führen, dass Menschen weniger Anreiz haben, eine Erwerbstätigkeit aufzunehmen, da die Einkommensunterschiede zwischen Erwerbsarbeit und Transferleistungen zu gering sind. Um diesen Effekt zu vermeiden, setzen viele Länder auf Kombinationen aus Steuergutschriften und sozialen Transfers, die gezielt diejenigen unterstützen, die arbeiten, aber trotzdem unter einem bestimmten Einkommensniveau liegen.

5.4.3.3 Umweltsteuern und Nachhaltigkeit: Steuerliche Maßnahmen zur Förderung von Umwelt- und Klimaschutz

In den letzten Jahren haben viele Regierungen erkannt, dass das Steuersystem nicht nur zur Umverteilung und Wirtschaftsförderung genutzt werden kann, sondern auch als Instrument, um nachhaltige Entwicklungen und den Umweltschutz zu unterstützen. Umweltsteuern, auch als „ökologische Steuern" bekannt, sollen Anreize schaffen, umweltfreundliches Verhalten zu fördern und gleichzeitig Einnahmen für umweltpolitische Maßnahmen zu generieren.

Ein prominentes Beispiel für eine solche Steuer ist die CO_2-Bepreisung. Dabei wird der Ausstoß von Kohlendioxid, einem der Haupttreiber des Klimawandels, besteuert. Diese Steuer zwingt Unternehmen und Konsumenten dazu, ihre Emissionen zu reduzieren, da sie für den CO_2-Ausstoß bezahlen müssen. Länder wie Schweden, die bereits in den 1990er Jahren eine CO_2-Steuer eingeführt haben, haben gezeigt, dass eine solche Maßnahme effektiv sein kann. Schweden konnte seine Emissionen signifikant reduzieren, während die Wirtschaft weiterwuchs. Die Einnahmen aus dieser Steuer wurden teilweise genutzt, um erneuerbare Energien zu fördern und Infrastrukturprojekte für nachhaltige Mobilität zu finanzieren.

Auch die **Besteuerung von fossilen Brennstoffen**, wie Benzin oder Diesel, gehört zu den gängigen Maßnahmen, um umweltfreundliches Verhalten zu fördern. Diese Art der Besteuerung macht umweltbelastende Energiequellen teurer und schafft somit Anreize, auf erneuerbare Energiequellen umzusteigen oder den Energieverbrauch insgesamt zu reduzieren. Gleichzeitig kann der Staat die Einnahmen aus diesen Steuern nutzen, um umweltfreundliche Alternativen wie Elektrofahrzeuge oder die Entwicklung von grünen Technologien zu fördern.

Ein weiteres Beispiel ist die **Plastiksteuer**, die in einigen Ländern eingeführt wurde, um den Verbrauch von Einwegplastik zu verringern. Diese Steuer wird auf Kunststoffverpackungen und -produkte erhoben, um deren übermäßigen Einsatz zu reduzieren und den Übergang zu nachhaltigeren Materialien zu fördern. In Ländern wie Italien und Großbritannien hat diese Steuer dazu beigetragen, dass der Einsatz von Einwegplastikprodukten erheblich zurückgegangen ist.

Umweltsteuern sind jedoch nicht unumstritten. Kritiker argumentieren, dass sie vor allem einkommensschwache Haushalte unverhältnismäßig belasten könnten, da diese einen größeren Anteil ihres Einkommens für Energie und Mobilität aufwenden. Um diese Belastung zu verringern, setzen viele Länder auf „Steuerrecycling", bei dem die Einnahmen aus Umweltsteuern gezielt genutzt werden, um sozial schwächere Haushalte zu entlasten. In Deutschland beispielsweise wird ein Teil der Einnahmen aus der CO_2-Steuer verwendet, um die Strompreise zu senken, was besonders für einkommensschwache Haushalte von Vorteil ist.

Zusammenfassend lässt sich sagen, dass Steuerpolitik im 21. Jahrhundert ein vielseitiges Instrument ist, das nicht nur zur Finanzierung staatlicher Aufgaben dient, sondern auch zur Förderung von Innovation, zur Umverteilung von Wohlstand und zur Bekämpfung des Klimawandels eingesetzt werden kann. Die Herausforderung für Regierungen besteht darin, diese Ziele miteinander in Einklang zu bringen und ein Steuersystem zu schaffen, das sowohl wirtschaftlich effizient als auch sozial gerecht und ökologisch nachhaltig ist.

Dieses Kapitel hat eindrucksvoll gezeigt, dass Einkommen, Wohlstand und das Steuersystem in einer modernen globalen Ökonomie untrennbar miteinander verknüpft sind. Die Mechanismen, die Löhne und Gehälter bestimmen, sind komplex und werden von einer Vielzahl an Faktoren beeinflusst – von der Qualifikation der Arbeitnehmer über die Produktivität bis hin zu den globalen Arbeitsmarktbedingungen. Gleichzeitig spielen Bildung und Humankapital eine entscheidende Rolle für die individuelle und kollektive wirtschaftliche Leistungsfähigkeit.

Die wachsende Vermögensungleichheit ist eine der größten Herausforderungen des 21. Jahrhunderts und führt zu erheblichen wirtschaftlichen und sozialen Spannungen. Historische Entwicklungen, Kapitalakkumulation und Erbschaften haben dazu beigetragen, dass der Wohlstand in den Händen weniger konzentriert ist. Um dem entgegenzuwirken, ist es unerlässlich, dass Regierungen

Maßnahmen ergreifen, die sowohl die Verteilung von Einkommen als auch von Vermögen gerechter gestalten, indem sie auf Steuerpolitik, soziale Transfers und Bildungsinvestitionen setzen.

Das Sozialkapital, der Wert von Gesundheit und Bildung, sowie die Sicherheit, die der Wohlfahrtsstaat bietet, haben ebenfalls einen enormen Einfluss auf den Wohlstand der Nationen. Eine gesunde, gut ausgebildete Bevölkerung ist die Grundlage für langfristiges wirtschaftliches Wachstum und gesellschaftliche Stabilität. Der Wohlfahrtsstaat muss sich jedoch den Herausforderungen des demografischen Wandels, der Globalisierung und der Digitalisierung stellen, um auch in Zukunft soziale Sicherheit bieten zu können.

Die Steuerpolitik nimmt hierbei eine Schlüsselrolle ein. Sie ist nicht nur ein Instrument zur Finanzierung öffentlicher Dienstleistungen, sondern auch ein mächtiges Mittel zur Lenkung wirtschaftlichen Verhaltens, zur Förderung von Innovationen und zur Sicherstellung sozialer Gerechtigkeit. Progressives Besteuern, Steuergutschriften für sozial Schwächere und gezielte Umweltsteuern sind Beispiele dafür, wie Steuern positiv auf die Gesellschaft einwirken können. Doch die Gestaltung eines Steuersystems, das effizient, gerecht und nachhaltig ist, bleibt eine der größten politischen Aufgaben unserer Zeit.

Am Ende steht die Erkenntnis, dass Einkommen und Wohlstand im 21. Jahrhundert weit über die reine Finanzkraft hinausgehen. Es sind die sozialen Strukturen, die Bildungs- und Gesundheitsressourcen sowie die Steuergerechtigkeit, die den Wohlstand einer Nation bestimmen. Nur durch ein ausgewogenes Zusammenspiel dieser Faktoren lässt sich eine gerechte und zukunftsfähige Ökonomie schaffen, die allen Bürgern Wohlstand und soziale Sicherheit garantiert.

6. Der Einfluss der Technologie auf die Wirtschaft

6.1 Automatisierung und Künstliche Intelligenz: Chancen und Herausforderungen für den Arbeitsmarkt

6.1.1 Grundlagen der Automatisierung

6.1.1.1 Historische Entwicklung: Von der industriellen Revolution zur digitalen Revolution

Die Weltwirtschaft hat sich in den letzten Jahrhunderten grundlegend verändert, vor allem durch die kontinuierliche Weiterentwicklung von Technologie. Ein herausragender Meilenstein dieser Entwicklung war die Industrielle Revolution im 18. Jahrhundert, die die Art und Weise, wie Güter produziert und Ressourcen genutzt wurden, grundlegend revolutionierte. Damals erlebte die Menschheit den Übergang von handwerklichen Fertigungen hin zur maschinellen Produktion in Fabriken. Spinnmaschinen, mechanische Webstühle und Dampfmaschinen stellten die Grundlage für ein neues Wirtschaftswachstum, und das maschinelle Zeitalter hatte begonnen.

Während dieser Zeit wurden große Teile der Arbeiterschaft von Maschinen verdrängt, aber gleichzeitig entstanden auch neue Berufe und Branchen. So wie die Dampfmaschine die Schifffahrt und den Transport auf eine völlig neue Ebene hob, brachte sie auch die Landwirtschaft und das Handwerk durcheinander – eine Entwicklung, die nicht ohne soziale Spannungen ablief.

In der heutigen Zeit sprechen wir von einer ähnlichen Umwälzung: der Digitalen Revolution. Diese steht ganz im Zeichen der Automatisierung und der Einführung von Künstlicher Intelligenz (KI). War es in der Vergangenheit die Mechanisierung manueller Arbeit, so erleben wir heute, dass auch kognitive und analytische Tätigkeiten zunehmend von Maschinen übernommen werden. Die Automatisierung von Datenverarbeitung, Analyse und sogar Entscheidungsfindung durch KI und maschinelles Lernen läutet eine neue Ära ein, in der der menschliche Beitrag in der Arbeitswelt neu definiert werden muss.

6.1.1.2 Typen der Automatisierung: Mechanische vs. digitale Automatisierung

Die Automatisierung lässt sich grundsätzlich in zwei große Kategorien einteilen: mechanische und digitale Automatisierung. Bei der mechanischen Automatisierung handelt es sich um die frühere Form der Automatisierung, die in der industriellen Revolution ihren Ursprung fand. Hierbei wurden Maschinen entwickelt, die einfache, wiederkehrende Aufgaben mechanisch erledigten, wie etwa das Zusammenbauen von Teilen oder das Weben von Stoffen.

Die digitale Automatisierung hingegen ist das Produkt der modernen Computertechnologie. Sie zielt darauf ab, nicht nur physische Aufgaben, sondern auch komplexe, intellektuelle Prozesse zu automatisieren. Ein gutes Beispiel hierfür ist die Einführung von computergesteuerten Produktionsanlagen, bei denen Maschinen mithilfe von Algorithmen und Sensoren eigenständig Entscheidungen treffen können, um etwa den Produktionsprozess effizienter zu gestalten.

In der heutigen Wirtschaft wird die digitale Automatisierung zunehmend durch Künstliche Intelligenz ergänzt, die es Maschinen ermöglicht, nicht nur vordefinierte Aufgaben abzuarbeiten, sondern auch aus Daten zu lernen und selbstständig neue Lösungen zu entwickeln. Die Integration von Robotik, maschinellem Lernen und künstlicher Intelligenz markiert den Höhepunkt dieser Entwicklung.

6.1.1.3 Schlüsseltechnologien: Robotik, maschinelles Lernen und AI

Die Robotik, das maschinelle Lernen und die Künstliche Intelligenz stellen die drei Grundpfeiler der modernen Automatisierung dar. Roboter, die in Produktionsstätten eingesetzt werden, haben längst die Fähigkeit erlangt, menschliche Tätigkeiten in Geschwindigkeit und Präzision zu übertreffen. Doch es ist das maschinelle Lernen, das diesen Maschinen ermöglicht, eigenständig und ohne ständige menschliche Überwachung zu agieren. Maschinen lernen aus vergangenen Daten und können ihr Verhalten auf dieser Grundlage optimieren – eine Fähigkeit, die ihnen die Künstliche Intelligenz verleiht.

KI-Systeme wie etwa selbstfahrende Autos oder automatische Spracherkennung basieren auf Algorithmen, die in der Lage sind, aus großen Datenmengen Muster zu erkennen und Entscheidungen zu treffen. Diese Entwicklungen treiben nicht nur die Automatisierung voran, sondern bieten auch neue Perspektiven für viele Branchen – von der Medizin bis hin zur Finanzwirtschaft.

6.1.2 Auswirkungen auf den Arbeitsmarkt

6.1.2.1 Automatisierung und Arbeitsplatzverlust: Bedrohte Branchen und Berufsfelder

Die Einführung von Automatisierung und Künstlicher Intelligenz hat nicht nur Vorteile, sondern auch tiefgreifende Auswirkungen auf den Arbeitsmarkt, die von zahlreichen Experten kritisch beobachtet werden. Eine der größten Sorgen ist der Verlust von Arbeitsplätzen in vielen traditionellen Branchen. Sobald Maschinen in der Lage sind, menschliche Arbeitskräfte in bestimmten Bereichen zu ersetzen, stehen ganze Berufsfelder auf dem Spiel.

Besonders betroffen sind einfache, repetitive Tätigkeiten, die leicht durch Maschinen ersetzt werden können. In der Automobilindustrie, wo bereits Roboter in den Fließbändern einen Großteil der Montagearbeiten übernehmen, sehen sich Arbeiter, die jahrzehntelang einfache Handwerks- oder Fertigungsarbeiten verrichtet haben, zunehmend bedroht. Aber auch im Dienstleistungssektor gibt es diese Tendenzen: Kassenpersonal in Supermärkten oder Fast-Food-Restaurants wird immer häufiger durch Selbstbedienungskioske und automatisierte Kassensysteme ersetzt.

Auch die Logistikbranche steht vor einem Wandel. Mit der Entwicklung autonomer Fahrzeuge droht den Berufskraftfahrern eine drastische Reduktion ihrer Stellen. Diese Entwicklungen werfen Fragen zur sozialen Absicherung der betroffenen Arbeitnehmer auf. Obwohl technologische Fortschritte traditionell immer auch neue Arbeitsplätze geschaffen haben, bleibt die Frage, ob der aktuelle Wandel diesmal zu massiven strukturellen Arbeitslosigkeiten führen könnte.

6.1.2.2 Neue Arbeitsplätze durch Technologie: Entstehung neuer Branchen und Berufe

Doch wie bei jeder technologischen Revolution eröffnen sich nicht nur Risiken, sondern auch Chancen. Neben dem Wegfall von Arbeitsplätzen in traditionell stark automatisierten Bereichen entstehen auch völlig neue Branchen und Berufe, die von der technologischen Entwicklung profitieren. Insbesondere in der Informationstechnologie, im Bereich der erneuerbaren Energien und in der datengetriebenen Wirtschaft boomen neue Berufe.

So hat beispielsweise der Aufstieg der Künstlichen Intelligenz eine enorme Nachfrage nach Experten in Bereichen wie Data Science, maschinellem Lernen und Cybersecurity ausgelöst. Unternehmen sind zunehmend auf der Suche nach Fachkräften, die nicht nur die technischen Systeme verstehen, sondern auch in der Lage sind, die Technologie so zu nutzen, dass sie einen wirtschaftlichen Vorteil bringt.

Berufe wie der „Data Analyst" oder „KI-Spezialist" waren vor wenigen Jahrzehnten noch völlig unbekannt, sind heute aber zentrale Schlüsselrollen in modernen Unternehmen. Auch Berufe, die eine Brücke zwischen technischer Expertise und Management schlagen, wie der „Chief Technology Officer" oder „Innovation Manager", gewinnen immer mehr an Bedeutung.

Darüber hinaus entstehen neue Arbeitsplätze in Branchen, die vor wenigen Jahren noch nicht existierten. Beispiele hierfür sind die Bereiche der digitalen Medien, der Blockchain-Technologie oder der Plattformökonomie, die durch Unternehmen wie Uber und Airbnb angeführt werden. Diese Entwicklung zeigt, dass die digitale Revolution nicht nur Arbeitsplätze vernichtet, sondern auch die Grundlage für eine Vielzahl neuer Karrieremöglichkeiten schafft.

6.1.2.3 Qualifikationsanforderungen und Umschulung: Der Bedarf an neuen Fähigkeiten

Angesichts dieser Veränderungen wird der Bedarf an neuen Qualifikationen immer deutlicher. Arbeitskräfte, die sich an die neuen Gegebenheiten anpassen möchten, stehen vor der Herausforderung, ihre Fähigkeiten kontinuierlich zu erweitern. Berufe, die früher keine technischen Kenntnisse erforderten, benötigen heute zunehmend ein tiefes Verständnis von digitalen Tools und Technologien.

In diesem Zusammenhang wird oft das Konzept des „lebenslangen Lernens" betont. Arbeitnehmer müssen bereit sein, ihre Qualifikationen durch ständige Weiterbildung zu aktualisieren. Viele Regierungen und Unternehmen haben dies erkannt und investieren in Umschulungsprogramme, um die bestehenden Arbeitskräfte auf die Anforderungen der Zukunft vorzubereiten. Besonders im Fokus stehen dabei technische Kompetenzen wie Programmierung, Datenanalyse oder der Umgang mit neuen Automatisierungstechnologien.

Doch nicht nur technische Fähigkeiten sind gefragt. Die zunehmende Automatisierung betont auch den Wert von sogenannten „weichen Fähigkeiten" wie kreatives Denken, Problemlösungskompetenz und zwischenmenschliche Fähigkeiten, die Maschinen nicht so leicht ersetzen können. Während Algorithmen Routineaufgaben übernehmen, bleibt die Fähigkeit des Menschen, innovative Lösungen zu entwickeln und komplexe zwischenmenschliche Interaktionen zu managen, von zentraler Bedeutung.

6.1.3 Politische und gesellschaftliche Herausforderungen

6.1.3.1 Einkommensungleichheit und soziale Folgen: Risiko der Polarisierung

Mit der wachsenden Bedeutung von Automatisierung und Künstlicher Intelligenz zeichnet sich ein zunehmendes Risiko der gesellschaftlichen Polarisierung ab. Eine der zentralen Sorgen betrifft die Einkommensungleichheit. Während die technologischen Fortschritte die Produktivität in vielen Bereichen erhöhen, sind die ökonomischen Gewinne oft ungleich verteilt. Ein relativ kleiner Teil der Bevölkerung, insbesondere hochqualifizierte Fachkräfte und diejenigen, die Kapital in Technologieunternehmen investieren, profitiert stark von diesen Entwicklungen. Auf der anderen Seite stehen viele Arbeitnehmer in weniger qualifizierten Berufen, deren Einkommen stagniert oder sogar sinkt, da ihre Arbeitsplätze durch Automatisierung gefährdet sind.

Diese Ungleichheit könnte zu erheblichen sozialen Spannungen führen. Denn während Technologieunternehmen und deren Investoren enorme Gewinne einfahren, fühlen sich viele Arbeiter abgehängt und marginalisiert. Solche Ungleichheiten sind ein Nährboden für politischen Populismus und gesellschaftliche Unzufriedenheit. Historisch gesehen hat die Einführung neuer Technologien immer auch soziale Verwerfungen verursacht – doch die Geschwindigkeit und das Ausmaß des aktuellen technologischen Wandels könnten diese Probleme verschärfen.

Zusätzlich zur Einkommensungleichheit gibt es die Gefahr, dass die Automatisierung die Schere zwischen Ballungszentren und ländlichen Regionen weiter öffnet. Hochentwickelte Technologieunternehmen siedeln sich überwiegend in urbanen Zentren an, während traditionelle Industrien, die in ländlichen Gebieten oft dominieren, zunehmend automatisiert werden. Dies führt nicht nur zu regionalen Disparitäten, sondern könnte auch zu einer weiteren Abwanderung junger, gut ausgebildeter Menschen in die Städte führen.

6.1.3.2 Regulierungsansätze: Arbeitsrecht und Sicherheit im Zeitalter der Automatisierung

Um diesen Herausforderungen zu begegnen, spielen Regulierungen eine entscheidende Rolle. Regierungen weltweit stehen vor der Aufgabe, einen rechtlichen Rahmen zu schaffen, der den Auswirkungen der Automatisierung gerecht wird. Ein zentrales Thema dabei ist das Arbeitsrecht. Wie können Arbeitnehmer in einem Zeitalter, in dem Maschinen zunehmend ihre Aufgaben übernehmen, vor Arbeitslosigkeit und Prekarisierung geschützt werden?

Einige Länder haben bereits begonnen, darüber nachzudenken, wie sie neue Sicherungssysteme einführen können, die die Auswirkungen der Automatisierung abfedern. So wird in Ländern wie Finnland oder den Niederlanden das Konzept eines bedingungslosen Grundeinkommens (BGE) erprobt. Die Idee dahinter ist, allen Bürgern unabhängig von ihrer Beschäftigung ein existenzsicherndes Einkommen zu garantieren, um die sozialen Folgen von Arbeitsplatzverlusten zu mildern.

Darüber hinaus müssen auch Fragen der Arbeitsplatzsicherheit und des Gesundheitsschutzes neu gedacht werden. In einer Arbeitswelt, in der Menschen zunehmend mit komplexen Maschinen interagieren, wird es unerlässlich, klare Vorschriften zu schaffen, die sicherstellen, dass Arbeitnehmer nicht durch unsichere Arbeitsbedingungen gefährdet werden. Hier könnten neue Technologien wie etwa Sensoren, die Maschinen stoppen, sobald sich Menschen nähern, eine Lösung bieten.

6.1.3.3 Der soziale Dialog: Gewerkschaften, Arbeitgeber und die Zukunft der Arbeit

Ein weiterer Schlüssel zur Bewältigung der gesellschaftlichen Herausforderungen der Automatisierung liegt im sozialen Dialog. Gewerkschaften und Arbeitgeber müssen gemeinsam an Lösungen arbeiten, um die Arbeitsbedingungen und die Zukunft der Beschäftigten zu sichern. Hierbei geht es nicht nur darum, neue Rahmenbedingungen für Arbeitszeiten und Bezahlung auszuhandeln, sondern auch um die Förderung von Weiterbildung und Umschulung.

Gewerkschaften stehen in diesem Zusammenhang vor einer doppelten Herausforderung. Zum einen müssen sie sich gegen Arbeitsplatzverluste wehren, zum anderen müssen sie jedoch auch proaktiv Wege finden, um ihre Mitglieder auf die neuen Gegebenheiten des Arbeitsmarkts vorzubereiten. Dazu gehört auch, aktiv an der

Gestaltung von Bildungs- und Umschulungsprogrammen mitzuwirken, die es Arbeitnehmern ermöglichen, sich den neuen Anforderungen der Automatisierung anzupassen.

Es zeichnet sich ab, dass der soziale Dialog in den kommenden Jahren an Bedeutung gewinnen wird. Um eine tiefgreifende Spaltung der Gesellschaft zu verhindern, wird es notwendig sein, alle betroffenen Akteure – Arbeitnehmer, Arbeitgeber und Regierungen – an einen Tisch zu bringen. Nur so kann sichergestellt werden, dass der technologische Fortschritt nicht zu einer Bedrohung für den sozialen Zusammenhalt wird, sondern als Chance genutzt werden kann.

6.2 Digitalisierung der Wirtschaft: E-Commerce, Big Data und die Zukunft des Handels

Die Digitalisierung hat das Gesicht der Weltwirtschaft grundlegend verändert. Besonders im Handel hat sie eine Revolution ausgelöst, die sowohl Verbraucher als auch Unternehmen betrifft. Was einst durch den physischen Gang in ein Geschäft bestimmt wurde, ist heute in vielen Bereichen durch einen einfachen Klick online erreichbar. Doch die Digitalisierung des Handels ist mehr als nur eine bequeme Möglichkeit, Produkte zu erwerben – sie hat das Konsumverhalten, die Wettbewerbsbedingungen und die gesamte Infrastruktur des globalen Handels nachhaltig beeinflusst.

6.2.1 E-Commerce und seine Entwicklung

6.2.1.1 Die Evolution des Online-Handels: Von den Anfängen bis heute

Die Anfänge des E-Commerce gehen auf die frühen 1990er Jahre zurück, als das Internet langsam Einzug in den Alltag hielt. Unternehmen wie Amazon und eBay, die heute zu den Giganten des Online-Handels gehören, starteten als kleine Nischenprojekte, die Bücher, CDs und gebrauchte Waren verkauften. Jeff Bezos gründete Amazon im Jahr 1994, und sein ursprünglicher Plan bestand darin, eine „Online-Buchhandlung" zu betreiben. Doch schon bald erkannte er das Potenzial des Internets, das weit über den Verkauf von Büchern hinausging. In rasantem Tempo erweiterte Amazon sein Sortiment und entwickelte sich zu einem der größten Marktplätze der Welt.

Die 2000er Jahre brachten dann die erste große Welle der E-Commerce-Revolution mit sich, als immer mehr Menschen Zugang zum Internet erhielten und das Online-Shopping als bequeme Alternative zum stationären Handel entdeckten. Der Siegeszug des Smartphones ab 2007 verstärkte diesen Trend weiter. Heute ist es für Verbraucher selbstverständlich, Produkte über Apps oder Websites zu bestellen, ohne das Haus verlassen zu müssen.

Während der Online-Handel in seinen frühen Jahren vor allem auf Konsumgüter wie Bücher, Elektronik und Kleidung konzentriert war, hat er mittlerweile fast alle Branchen erfasst. Lebensmittel, Möbel, Dienstleistungen – alles ist digital und mobil erhältlich. Dabei hat sich nicht nur das Sortiment, sondern auch die Logistik dahinter drastisch verändert. Versandzeiten haben sich durch verbesserte Technologien und optimierte Lieferketten verkürzt, und das Kundenbedürfnis nach sofortiger Verfügbarkeit von Waren hat den Wettbewerb weiter angeheizt.

6.2.1.2 Plattformökonomie: Amazon, Alibaba und die Macht der Marktplätze

Ein zentraler Bestandteil der E-Commerce-Entwicklung ist das Aufkommen der Plattformökonomie. Unternehmen wie Amazon und Alibaba sind mehr als nur Online-Händler – sie bieten Plattformen, auf denen andere Unternehmen ihre Produkte anbieten können. Dadurch haben sie die Rolle traditioneller Einzelhändler stark verändert. Während klassische Händler Waren einkauften und sie in ihren Geschäften verkauften, fungieren diese Plattformen als Vermittler zwischen Händlern und Konsumenten.

Diese Entwicklung hat weitreichende Konsequenzen für den Handel. Einerseits haben auch kleine und mittelständische Unternehmen durch diese Plattformen die Möglichkeit, weltweit Kunden zu erreichen, was ihnen in der Vergangenheit nicht möglich war. Andererseits entstehen durch die Marktmacht der Plattformen neue Abhängigkeiten. Händler sind oft gezwungen, hohe Gebühren zu zahlen oder ihre Geschäftsmodelle an die Vorgaben der Plattformen anzupassen, um überhaupt wettbewerbsfähig zu bleiben.

Diese Entwicklung wird von Experten kritisch beobachtet, da die Marktmacht der großen Plattformen eine zunehmende Konzentration des Handels auf wenige dominierende Unternehmen zur Folge hat. Besonders in China und den USA, den Heimatmärkten von Alibaba und Amazon, gibt es bereits Debatten darüber, wie die Macht dieser Unternehmen reguliert werden kann, um faire Wettbewerbsbedingungen aufrechtzuerhalten.

6.2.1.3 Veränderungen im Konsumverhalten: Von stationären Geschäften zu Online-Einkäufen

Die Digitalisierung hat das Konsumverhalten der Menschen tiefgreifend verändert. Früher war der Besuch von stationären Geschäften ein zentraler Bestandteil des täglichen Lebens – sei es zum Einkaufen von Lebensmitteln, Kleidung oder Elektronikartikeln. Heute bestellen immer mehr Menschen ihre Waren online und lassen sie sich bequem nach Hause liefern. Dies betrifft nicht nur alltägliche Konsumgüter, sondern auch Bereiche wie Mode, Unterhaltung und sogar den Lebensmittelhandel.

Ein wichtiger Faktor für den Erfolg des E-Commerce ist die Bequemlichkeit. Der Einkauf von zu Hause aus, rund um die Uhr, bietet den Verbrauchern ein Maß an Flexibilität, das der stationäre Handel nicht leisten kann. Gleichzeitig ermöglichen es digitale Marktplätze den Kunden, Produkte und Preise einfacher zu vergleichen und so das beste Angebot zu finden.

Besonders stark hat sich das Konsumverhalten im Zuge der COVID-19-Pandemie verändert. In Zeiten von Ausgangsbeschränkungen und Lockdowns erlebte der E-Commerce einen nie dagewesenen Boom, da der Online-Kauf für viele Menschen die einzige Möglichkeit war, ihre Bedürfnisse zu decken. Auch nach der Pandemie haben viele dieser Konsumgewohnheiten Bestand, da Verbraucher den Komfort und die Sicherheit des Online-Handels schätzen gelernt haben.

Die Entwicklung des E-Commerce zeigt also, wie stark digitale Technologien den Handel transformiert haben. Doch diese Veränderungen betreffen nicht nur den Vertrieb, sondern auch die Daten, die dabei entstehen. Im nächsten Abschnitt werden wir uns genauer mit der Bedeutung von Big Data und datengetriebenen Entscheidungen in der Wirtschaft beschäftigen.

6.2.2 Big Data und datengetriebene Entscheidungen

6.2.2.1 Die Rolle von Big Data: Definition und Bedeutung in der Wirtschaft

Big Data ist eines der Schlagworte der modernen Wirtschaft, das inzwischen in nahezu jeder Branche von Bedeutung ist. Der Begriff beschreibt die riesigen Datenmengen, die durch digitale Aktivitäten entstehen – sei es durch Online-Einkäufe, soziale Medien, Finanztransaktionen oder den Einsatz von vernetzten Geräten im Rahmen des „Internets der Dinge" (IoT). Was Big Data jedoch so besonders macht, ist nicht nur die schiere Menge an Daten, sondern auch die Geschwindigkeit, mit der sie generiert werden, und die Vielfalt der Informationen, die sie umfassen.

In der Wirtschaft hat sich Big Data zu einem zentralen Instrument entwickelt, um fundierte und zielgerichtete Entscheidungen zu treffen. Unternehmen nutzen diese Daten, um das Verhalten von Konsumenten besser zu verstehen, Prozesse zu optimieren oder innovative Produkte zu entwickeln. Big Data bietet die Möglichkeit, Muster und Trends zu erkennen, die in kleineren Datensätzen nicht sichtbar wären. Dies führt zu einem Wettbewerbsvorteil für Unternehmen, die in der Lage sind, ihre Daten effektiv zu nutzen.

Besonders im Handel spielt Big Data eine große Rolle. Online-Händler wie Amazon und Zalando analysieren ständig das Kaufverhalten ihrer Kunden, um personalisierte Produktempfehlungen abzugeben oder ihre Lagerbestände entsprechend den erwarteten Trends anzupassen. Auch in der Fertigungsindustrie oder im Finanzsektor sorgt die Auswertung großer Datenmengen für effizientere Abläufe und schnellere Entscheidungsprozesse.

6.2.2.2 Datenanalyse und prädiktive Modelle: Wie Unternehmen datengetriebene Entscheidungen treffen

Der wahre Wert von Big Data liegt in der Analyse. Unternehmen sammeln nicht nur Daten, sondern sie nutzen ausgeklügelte Analysetools und Algorithmen, um diese Daten auszuwerten und daraus prädiktive Modelle zu erstellen. Diese Modelle sind in der Lage, zukünftige Entwicklungen vorherzusagen und helfen dabei, Geschäftsentscheidungen auf eine datenbasierte Grundlage zu stellen.

Ein Beispiel für den Einsatz von prädiktiven Modellen ist die Lagerhaltung. Viele Unternehmen nutzen diese Modelle, um genau zu bestimmen, wie viel von einem bestimmten Produkt auf Lager sein muss, um Engpässe zu vermeiden und gleichzeitig Überbestände zu reduzieren. Diese Vorhersagen basieren auf historischen Verkaufsdaten, aktuellen Trends und externen Faktoren wie Wetterbedingungen oder saisonalen Ereignissen.

Auch im Marketing spielt die prädiktive Datenanalyse eine entscheidende Rolle. Unternehmen können das zukünftige Verhalten ihrer Kunden vorhersagen und maßgeschneiderte Werbekampagnen erstellen, die genau auf die Bedürfnisse und Vorlieben der Zielgruppen abgestimmt sind. Diese personalisierte Ansprache führt zu höheren Erfolgsquoten und steigert die Kundenzufriedenheit.

Ein weiteres Anwendungsfeld ist die Preisgestaltung. Unternehmen wie Fluggesellschaften oder Hotels nutzen dynamische Preismodelle, die auf Echtzeit-Daten basieren. Diese Modelle passen die Preise automatisch an die Nachfrage an und optimieren so die Einnahmen. In solchen Szenarien zeigt sich, wie Big Data die Art und Weise, wie Unternehmen arbeiten, revolutioniert hat – Entscheidungen, die früher auf Intuition oder begrenzten Daten basierten, sind heute hochpräzise und effizient.

6.2.2.3 Datenschutz und Ethik: Herausforderungen im Umgang mit großen Datenmengen

So vielversprechend Big Data auch ist, es wirft gleichzeitig komplexe ethische und rechtliche Fragen auf. Einer der wichtigsten Aspekte ist der Datenschutz. Angesichts der enormen Menge an persönlichen Daten, die gesammelt und analysiert werden, ist der Schutz der Privatsphäre zu einem zentralen Thema geworden. Vor allem, wenn Unternehmen sensible Daten wie Kreditkartendaten, persönliche Vorlieben oder sogar Gesundheitsinformationen verarbeiten, besteht das Risiko von Datenmissbrauch und Identitätsdiebstahl.

Regierungen auf der ganzen Welt haben in den letzten Jahren versucht, den Datenschutz durch strengere Vorschriften zu gewährleisten. Ein prominentes Beispiel hierfür ist die Europäische Datenschutz-Grundverordnung (DSGVO), die im Jahr 2018 in Kraft trat. Sie legt strikte Regeln für den Umgang mit persönlichen Daten fest und gibt den Verbrauchern mehr Kontrolle über ihre Daten. Unternehmen, die diese Vorschriften nicht einhalten, drohen hohe Strafen, was den Druck auf sie erhöht, transparente und verantwortungsvolle Datenpraktiken zu entwickeln.

Doch es geht nicht nur um den rechtlichen Rahmen. Auch ethische Fragen werden immer lauter: Wie viel sollten Unternehmen über ihre Kunden wissen dürfen? Ist es moralisch vertretbar, Daten so zu nutzen, dass sie das Verhalten von Verbrauchern manipulieren? Diese Fragen führen zu einer breiten Debatte über die Verantwortung der Unternehmen im digitalen Zeitalter.

Ein weiterer ethischer Aspekt betrifft die Datenqualität. Schlechte oder fehlerhafte Daten können zu falschen Schlussfolgerungen und damit zu Fehlentscheidungen führen. Unternehmen müssen daher sicherstellen, dass die gesammelten Daten zuverlässig und repräsentativ sind, um Verzerrungen zu vermeiden und faire Entscheidungen zu treffen.

Die Chancen, die Big Data bietet, sind enorm – doch ebenso groß sind die Herausforderungen, die sich daraus ergeben. Der verantwortungsvolle Umgang mit Daten wird in den kommenden Jahren entscheidend sein, um das Vertrauen der Verbraucher zu erhalten und die positiven Effekte der Digitalisierung zu maximieren.

6.2.3 Die Zukunft des Handels

6.2.3.1 Omnichannel-Strategien: Integration von Online- und Offline-Vertriebskanälen

Die Zukunft des Handels wird zunehmend durch Omnichannel-Strategien geprägt, die eine nahtlose Integration von Online- und Offline-Vertriebskanälen ermöglichen. Während der stationäre Handel in den vergangenen Jahrzehnten zunehmend durch den E-Commerce herausgefordert wurde, erkennen immer mehr Unternehmen, dass die Zukunft nicht in einem Entweder-oder, sondern in einem Sowohl-als-auch liegt.

Omnichannel bedeutet, dass Konsumenten auf vielfältige Weise mit einem Unternehmen interagieren können – sei es über physische Geschäfte, Websites, mobile Apps, soziale Medien oder andere digitale Plattformen. Das Ziel dieser Strategie ist es, dem Kunden ein einheitliches, kohärentes Einkaufserlebnis zu bieten, egal, auf welchem Weg er mit dem Unternehmen in Kontakt tritt. Ein Kunde könnte beispielsweise ein Produkt online bestellen und es im Geschäft abholen, oder ein Produkt im Laden ausprobieren und dann über die App personalisierte Angebote erhalten.

Diese Verschmelzung von Offline- und Online-Welt stellt Unternehmen jedoch vor große Herausforderungen, insbesondere in der Logistik und der Datenintegration. Die Erwartungen der Kunden an

Verfügbarkeit, Liefergeschwindigkeit und personalisierte Angebote sind durch den E-Commerce enorm gestiegen. Wer heutzutage nicht in der Lage ist, diese Erwartungen zu erfüllen, verliert schnell an Wettbewerbsfähigkeit. Eine durchdachte Omnichannel-Strategie kann jedoch helfen, die Loyalität der Kunden zu erhöhen, da sie den Konsumenten Flexibilität und Komfort bietet.

Beispiele erfolgreicher Omnichannel-Strategien sind „Click and Collect"-Modelle, bei denen Kunden online bestellen und die Ware in einem Geschäft abholen können, oder das Konzept des „Endless Aisle", bei dem Verkäufer im Geschäft auf das komplette Online-Sortiment zugreifen können, um dem Kunden das gewünschte Produkt nach Hause zu liefern, falls es vor Ort nicht verfügbar ist.

6.2.3.2 Künstliche Intelligenz im Handel: Personalisierung und Automatisierung

Künstliche Intelligenz (KI) spielt eine immer größere Rolle in der Zukunft des Handels. Insbesondere im Bereich der Personalisierung und Automatisierung eröffnen KI-Technologien neue Möglichkeiten, um das Einkaufserlebnis individueller und effizienter zu gestalten.

Die Personalisierung wird dabei immer weiter verfeinert. Durch die Analyse von Kaufhistorien, Browsing-Verhalten und sozialen Interaktionen können Unternehmen gezielte Angebote und Produktempfehlungen erstellen, die genau auf die Bedürfnisse und Vorlieben des einzelnen Kunden zugeschnitten sind. Unternehmen wie Amazon und Netflix setzen solche personalisierten Empfehlungsalgorithmen bereits seit Jahren erfolgreich ein und haben damit den Standard in der Branche gesetzt.

Ein weiteres Feld, in dem KI an Bedeutung gewinnt, ist die Automatisierung von Prozessen. Dies reicht von der automatischen Verwaltung von Lagerbeständen bis hin zu Chatbots, die Kundenanfragen in Echtzeit beantworten können. Chatbots und virtuelle Assistenten, die mit Künstlicher Intelligenz betrieben werden, sind in der Lage, auf Kundenanfragen rund um die Uhr zu reagieren und einfache Aufgaben wie Bestellungen oder Retouren abzuwickeln. Dies spart Unternehmen Kosten und verbessert gleichzeitig die Kundenzufriedenheit.

Im Bereich der Logistik sorgen KI-gestützte Systeme dafür, dass Lieferketten effizienter gesteuert und Bestände präziser verwaltet werden. Durch maschinelles Lernen können Algorithmen die Nachfrage genauer vorhersagen und Lieferungen entsprechend planen. Besonders bei Unternehmen, die weltweit agieren und mit komplexen Lieferketten arbeiten, wird die Bedeutung von KI-gestützter Logistik in den kommenden Jahren weiter zunehmen.

6.2.3.3 Herausforderungen für traditionelle Handelsstrukturen: Anpassung und Transformation

Während innovative Technologien und Omnichannel-Strategien die Zukunft des Handels prägen, stehen traditionelle Handelsstrukturen vor gewaltigen Herausforderungen. Unternehmen, die sich seit Jahrzehnten auf stationären Handel verlassen haben, müssen sich an das veränderte Konsumverhalten anpassen und ihre Geschäftsmodelle entsprechend transformieren. Andernfalls droht ihnen, von der Konkurrenz, die den digitalen Wandel erfolgreich gemeistert hat, überholt zu werden.

Eine der größten Herausforderungen ist die Integration von Online- und Offline-Angeboten, ohne dabei die Vorteile des stationären Handels zu verlieren. Der persönliche Kontakt zum Kunden, der in traditionellen Geschäften als Trumpf gilt, lässt sich durch digitale Kanäle nur schwer ersetzen. Gleichzeitig müssen stationäre

Händler jedoch Wege finden, um den Komfort und die Schnelligkeit des Online-Handels in ihre Geschäftsmodelle zu integrieren.

Darüber hinaus sehen sich viele traditionelle Einzelhändler mit steigenden Fixkosten konfrontiert, während die Margen im Online-Handel oft schmal sind. Die Umstellung auf Omnichannel-Modelle erfordert erhebliche Investitionen in Technologie, Infrastruktur und Personal. Kleinere Einzelhändler, die nicht über die notwendigen Ressourcen verfügen, haben es besonders schwer, mit den großen Plattformen wie Amazon oder Alibaba Schritt zu halten.

Auch der Wandel im Konsumverhalten stellt eine Herausforderung dar. Immer mehr Verbraucher erwarten nicht nur schnelle Lieferungen und bequeme Retouren, sondern auch Transparenz in der Lieferkette und nachhaltige Geschäftsmodelle. Unternehmen, die sich auf diese veränderten Erwartungen nicht einstellen, riskieren, von bewussteren Konsumenten ignoriert zu werden.

Die Zukunft des Handels ist dynamisch und voller Potenzial, aber sie verlangt von Unternehmen, sich ständig weiterzuentwickeln. Wer heute erfolgreich ist, kann sich nicht auf seinen bisherigen Erfolgen ausruhen, sondern muss immer wieder aufs Neue bereit sein, innovative Lösungen zu finden und den Wandel aktiv zu gestalten.

6.3 Blockchain und Kryptowährungen: Revolution oder Risiko?

Die Blockchain-Technologie und Kryptowährungen haben in den letzten Jahren erheblich an Bedeutung gewonnen und versprechen, das Finanzwesen und viele andere Bereiche der globalen Wirtschaft grundlegend zu verändern. Während Enthusiasten von einer Revolution sprechen, die etablierte Institutionen herausfordert, warnen Kritiker vor den Risiken, die mit der dezentralen Natur dieser Technologien einhergehen. Von der Funktionsweise der Blockchain über den rasanten Aufstieg von Bitcoin und Co. bis hin zu regulatorischen Fragen – die Debatte über das Potenzial und die Risiken dieser Technologien ist in vollem Gange.

6.3.1 Grundlagen der Blockchain-Technologie

6.3.1.1 Funktionsweise der Blockchain: Dezentrale Datenbanken und Konsensmechanismen

Die Blockchain ist im Kern eine dezentrale Datenbank, die Transaktionen in sogenannten „Blöcken" speichert. Jeder Block enthält eine Liste von Transaktionen, die mit einem kryptografischen Hash versehen und mit dem vorhergehenden Block verbunden werden. Diese Kette von Blöcken – daher der Name „Blockchain" – ermöglicht es, Transaktionen in chronologischer Reihenfolge zu dokumentieren und gleichzeitig Manipulationen zu verhindern. Da jeder Block auf den vorhergehenden verweist, würde eine nachträgliche Änderung eines Blocks die gesamte Kette verändern und wäre sofort erkennbar.

Ein wesentlicher Aspekt der Blockchain-Technologie ist die Dezentralisierung. Anstelle einer zentralen Autorität, wie etwa einer Bank, die Transaktionen verifiziert, übernehmen dies die Teilnehmer des Netzwerks selbst. Diese Teilnehmer, oft als „Nodes" bezeichnet, nutzen Konsensmechanismen wie „Proof of Work" (PoW) oder „Proof of Stake" (PoS), um sich darauf zu einigen, welche Transaktionen legitim sind und zur Blockchain hinzugefügt werden.

Die Dezentralität der Blockchain sorgt dafür, dass kein einzelner Akteur die Kontrolle über das Netzwerk ausüben kann, was sie besonders widerstandsfähig gegen Manipulationen oder Cyberangriffe macht. Allerdings führt dieser dezentrale Ansatz auch zu einer erhöhten Komplexität und zum Teil zu ineffizienten Prozessen, wie etwa hohen Energieverbrauch bei Kryptowährungen, die auf dem Proof-of-Work-Verfahren basieren.

6.3.1.2 Anwendungsbereiche jenseits von Kryptowährungen: Smart Contracts, Lieferketten und mehr

Obwohl die Blockchain-Technologie vor allem durch Kryptowährungen bekannt geworden ist, geht ihr Anwendungspotenzial weit darüber hinaus. Ein zentraler Bereich, in dem Blockchain bereits vielversprechende Ansätze zeigt, ist die Implementierung sogenannter „Smart Contracts". Diese digitalen Verträge führen sich selbst aus, sobald bestimmte vordefinierte Bedingungen erfüllt sind. Ein einfaches Beispiel wäre ein Mietvertrag, bei dem die Miete automatisch freigegeben wird, sobald der Mieter das digitale Schlüsselzertifikat erhalten hat.

Ein weiterer wichtiger Anwendungsbereich ist die Rückverfolgbarkeit von Lieferketten. In vielen Branchen, besonders in der Lebensmittel- und Pharmaindustrie, spielt die Transparenz entlang der gesamten Produktions- und Lieferkette eine entscheidende Rolle. Mit Hilfe der Blockchain können Unternehmen sicherstellen, dass alle Schritte einer Lieferkette nachvollziehbar und unveränderlich dokumentiert sind, was Vertrauen und Sicherheit erhöht. So lässt sich beispielsweise überprüfen, ob ein bestimmtes Produkt wirklich nachhaltig produziert oder ein Medikament auf dem gesamten Transportweg korrekt gelagert wurde.

Auch im öffentlichen Sektor wird Blockchain zunehmend diskutiert, insbesondere im Hinblick auf die Verwaltung von Daten und die Durchführung sicherer und transparenter Wahlen. In einigen Ländern gibt es bereits Pilotprojekte, die Blockchain-basierte Abstimmungen erproben, um Manipulationen auszuschließen und das Vertrauen in demokratische Prozesse zu stärken.

6.3.1.3 Vorteile und Nachteile der Blockchain: Sicherheit, Transparenz und Skalierungsprobleme

Die Vorteile der Blockchain liegen klar auf der Hand: Sie bietet ein hohes Maß an Sicherheit und Transparenz. Da alle Transaktionen öffentlich nachvollziehbar sind und jeder Versuch, die Daten zu manipulieren, sofort auffallen würde, schafft die Blockchain Vertrauen in die Integrität der gespeicherten Informationen. Darüber hinaus eliminiert die Dezentralisierung das Risiko eines Single Points of Failure – also den Ausfall einer zentralen Instanz, der das gesamte System gefährden könnte.

Doch trotz ihrer Vorteile hat die Blockchain auch mit erheblichen Herausforderungen zu kämpfen. Ein zentrales Problem ist die Skalierbarkeit. Da jeder Block in einer Blockchain von allen Teilnehmern des Netzwerks verifiziert werden muss, kann die Anzahl der Transaktionen pro Sekunde begrenzt sein. Besonders bei großen Netzwerken wie Bitcoin oder Ethereum führt dies dazu, dass Transaktionen lange dauern und hohe Kosten verursachen. Auch der Energieverbrauch ist bei einigen Blockchain-Implementierungen wie dem Proof-of-Work-Verfahren enorm, was angesichts der globalen Bemühungen um Nachhaltigkeit zunehmend kritisiert wird.

Die Blockchain-Technologie bietet also eine Reihe von Vorteilen, bringt jedoch auch Herausforderungen mit sich, die gelöst werden müssen, bevor sie ihr volles Potenzial entfalten kann.

6.3.2 Kryptowährungen und ihre wirtschaftliche Bedeutung

6.3.2.1 Bitcoin und Co.: Entstehung, Entwicklung und aktuelle Trends

Die Geschichte der Kryptowährungen begann 2009 mit der Einführung von Bitcoin, einer digitalen Währung, die auf der Blockchain-

Technologie basiert. Bitcoin wurde von einer unbekannten Person oder Gruppe unter dem Pseudonym „Satoshi Nakamoto" geschaffen, mit dem Ziel, eine dezentrale Währung zu etablieren, die unabhängig von staatlichen Institutionen und Banken funktioniert. Die Grundidee hinter Bitcoin war es, ein Zahlungsmittel zu schaffen, das durch seine dezentralisierte Struktur sowohl sicher als auch transparent ist.

Anfangs war Bitcoin eine Randerscheinung, nur in kleinen Online-Communities bekannt und genutzt. Doch mit der Zeit gewann die Kryptowährung immer mehr Aufmerksamkeit, insbesondere als ihr Wert in den 2010er Jahren sprunghaft anstieg. Was einst nur wenige Cent wert war, erreichte innerhalb eines Jahrzehnts einen Preis von mehreren zehntausend US-Dollar pro Bitcoin. Diese Preisexplosion zog Investoren aus aller Welt an und führte zu einem regelrechten Hype um Kryptowährungen.

Neben Bitcoin entstanden zahlreiche weitere Kryptowährungen, sogenannte „Altcoins". Ethereum, Ripple (XRP), Litecoin und viele andere wurden entwickelt, um verschiedene Anwendungsbereiche abzudecken oder Schwächen von Bitcoin zu adressieren. Ethereum beispielsweise bietet die Möglichkeit, sogenannte „Smart Contracts" zu erstellen, was über die reine Zahlungsfunktion hinausgeht und die Blockchain-Technologie auf eine Vielzahl von Anwendungen erweitert.

Aktuelle Trends im Bereich der Kryptowährungen zeigen, dass sie zunehmend als ernstzunehmende Alternative zu traditionellen Finanzsystemen betrachtet werden. Einige Unternehmen, darunter Tesla, haben begonnen, Bitcoin als Zahlungsmittel zu akzeptieren, während immer mehr institutionelle Investoren in Kryptowährungen investieren. Gleichzeitig gibt es jedoch auch erhebliche Bedenken hinsichtlich der extremen Volatilität dieser digitalen Währungen. Kursbewegungen von mehreren tausend Dollar innerhalb weniger Tage sind keine Seltenheit, was Kryptowährungen zu einem riskanten Investment macht.

6.3.2.2 Kryptowährungen als Zahlungsmittel: Akzeptanz und regulatorische Herausforderungen

Obwohl Kryptowährungen wie Bitcoin als Zahlungsmittel konzipiert wurden, ist ihre Akzeptanz im Alltag nach wie vor begrenzt. Zwar gibt es weltweit eine wachsende Zahl von Unternehmen, die Zahlungen in Bitcoin oder anderen Kryptowährungen akzeptieren, doch der Großteil der Konsumenten und Händler bevorzugt weiterhin traditionelle Währungen. Dies liegt zum einen an der hohen Volatilität von Kryptowährungen: Wenn der Wert einer Währung innerhalb kurzer Zeit stark schwanken kann, entsteht Unsicherheit bei Käufern und Verkäufern.

Ein weiteres Hindernis ist die Geschwindigkeit und Effizienz der Transaktionen. Während herkömmliche Zahlungssysteme wie Kreditkarten in Sekundenschnelle Transaktionen abwickeln können, dauert es bei Kryptowährungen wie Bitcoin oft mehrere Minuten bis Stunden, bis eine Transaktion abgeschlossen ist. Dies ist vor allem bei alltäglichen Käufen unpraktisch und schränkt die Verbreitung von Kryptowährungen als Zahlungsmittel ein.

Ein großes Thema sind auch regulatorische Fragen. Da Kryptowährungen dezentral und anonym verwendet werden können, gelten sie in den Augen vieler Regierungen als potenzielle Gefahr. Besonders die Möglichkeit, Kryptowährungen für illegale Aktivitäten wie Geldwäsche oder den Kauf von Drogen im Darknet zu verwenden, hat zahlreiche Länder dazu veranlasst, strengere Regulierungen einzuführen. In einigen Ländern sind Kryptowährungen bereits verboten oder stark eingeschränkt, während andere Regierungen versuchen, einen Mittelweg zu finden, um sowohl die Risiken einzudämmen als auch das Potenzial dieser Technologie zu fördern.

Die Europäische Union beispielsweise hat begonnen, Regulierungen zu entwickeln, die eine strengere Überwachung von Kryptowährungstransaktionen ermöglichen sollen, um Geldwäsche zu verhindern. Gleichzeitig fordern viele Experten jedoch auch eine globale Koordinierung der Regulierungsbemühungen, um klare rechtliche Rahmenbedingungen zu schaffen und das Vertrauen in Kryptowährungen zu stärken.

6.3.2.3 Investitionen in Kryptowährungen: Chancen, Risiken und Spekulationsblasen

Kryptowährungen haben sich in den letzten Jahren zu einem hochspekulativen Anlageinstrument entwickelt. Die Aussicht auf enorme Kursgewinne hat viele Investoren dazu gebracht, in Bitcoin, Ethereum und andere Kryptowährungen zu investieren, häufig mit dem Ziel, von schnellen Wertsteigerungen zu profitieren. Tatsächlich haben einige frühe Bitcoin-Investoren beeindruckende Renditen erzielt, doch der Markt ist extrem volatil und unberechenbar.

Die Volatilität des Kryptomarktes hat dazu geführt, dass Kryptowährungen oft mit einer „Blase" verglichen werden. Besonders die dramatischen Kursanstiege in den Jahren 2017 und 2021 haben Spekulationen über die Nachhaltigkeit dieses Wachstums ausgelöst. Viele Kritiker warnen davor, dass die Preise durch überzogene Erwartungen und FOMO (Fear of Missing Out) in die Höhe getrieben wurden und dass eine Korrektur unvermeidlich sei.

Doch trotz dieser Risiken gibt es auch handfeste Chancen. Kryptowährungen bieten das Potenzial, traditionelle Finanzsysteme zu revolutionieren, insbesondere in Ländern mit instabilen Währungen oder unzureichendem Zugang zu Banken. Für viele Menschen in Entwicklungsländern stellen Kryptowährungen eine Möglichkeit dar, am globalen Finanzsystem teilzunehmen, ohne auf staatliche Banken angewiesen zu sein. Darüber hinaus sind Kryptowährungen durch ihre dezentrale Struktur widerstandsfähig gegen staatliche Eingriffe oder wirtschaftliche Krisen, was sie für einige als „sicherer Hafen" attraktiv macht.

Für Investoren gilt jedoch: Die Risiken sind erheblich, und der Kryptomarkt ist von einer hohen Unsicherheit geprägt. Wer in Kryptowährungen investiert, sollte sich der Möglichkeit bewusst sein, dass extreme Kursschwankungen in beide Richtungen auftreten können – von schnellen Gewinnen bis hin zu erheblichen Verlusten. Daher empfehlen viele Experten, Kryptowährungen nur als kleinen Teil eines diversifizierten Portfolios zu betrachten und stets vorsichtig und informiert zu handeln.

6.3.3 Zukunft der Blockchain und Kryptowährungen

6.3.3.1 Potenzielle Revolutionen: Dezentralisierte Finanzsysteme (DeFi) und ihre Implikationen

Ein Bereich, der zunehmend an Bedeutung gewinnt und das Potenzial hat, das Finanzwesen grundlegend zu revolutionieren, ist das sogenannte „Dezentrale Finanzwesen" oder „Decentralized Finance" (DeFi). DeFi basiert auf der Blockchain-Technologie und bietet Finanzdienstleistungen, die ohne Zwischenhändler wie Banken oder andere zentrale Institutionen auskommen. Dies könnte das traditionelle Finanzsystem, das auf Vertrauen in Banken und Regierungen basiert, auf den Kopf stellen.

DeFi-Anwendungen ermöglichen es Nutzern, Kredite zu vergeben, zu leihen, zu handeln oder Zinsen zu verdienen – alles direkt auf der Blockchain, ohne dass eine zentrale Behörde den Prozess kontrolliert. Stattdessen regeln Smart Contracts die Bedingungen, was das System nicht nur effizienter, sondern auch sicherer machen kann. Da alle Transaktionen öffentlich und unveränderlich sind, wird Manipulation nahezu unmöglich.

Die Implikationen von DeFi sind weitreichend. In einer Welt, in der DeFi eine breite Akzeptanz findet, könnten Banken und andere traditionelle Finanzinstitute an Bedeutung verlieren. Verbraucher könnten ihre Finanzen direkt über Blockchain-basierte Anwendungen verwalten, oft zu niedrigeren Kosten und mit höherer Transparenz. DeFi könnte auch die finanzielle Inklusion in Entwicklungsländern fördern, in denen viele Menschen keinen Zugang zu traditionellen Bankdienstleistungen haben, aber Smartphones und das Internet nutzen können.

Allerdings birgt DeFi auch Risiken. Da diese Systeme noch jung und weitgehend unreguliert sind, gibt es immer wieder Berichte über Sicherheitslücken, Hacks und Betrugsfälle. Ohne die Absicherung durch zentrale Institutionen müssen Nutzer sich selbst um den Schutz ihrer Vermögenswerte kümmern, was für viele eine erhebliche Hürde darstellt. Zudem ist die rechtliche Situation rund um DeFi-Anwendungen in vielen Ländern noch unklar, was Unsicherheiten über die Zukunft dieser Technologien schafft.

6.3.3.2 Regulatorische Entwicklungen: Globale Ansätze zur Kontrolle und Steuerung

Mit dem rasanten Aufstieg von Kryptowährungen und Blockchain-Anwendungen wird die Notwendigkeit einer globalen Regulierung immer offensichtlicher. Unterschiedliche Länder verfolgen dabei verschiedene Ansätze, von offenen, innovationsfreundlichen Umfeldern bis hin zu strikten Verboten. Länder wie Malta, Singapur und die Schweiz haben sich als Vorreiter in der Entwicklung kryptofreundlicher Regulierungen positioniert und bieten klare rechtliche Rahmenbedingungen, die sowohl Investoren als auch Unternehmen Rechtssicherheit bieten.

In den meisten Ländern allerdings sind die regulatorischen Rahmenbedingungen für Kryptowährungen und Blockchain-Technologien noch in der Entwicklung. Regierungen stehen vor der Herausforderung, die Innovation nicht zu bremsen, aber gleichzeitig auch den Schutz der Verbraucher und die Stabilität der Finanzsysteme zu gewährleisten. Besonders heikel ist der Umgang mit den volatilen Kryptowährungsmärkten, die Spekulationsblasen begünstigen und erhebliche Risiken für Kleinanleger bergen.

Die Europäische Union hat mit der Verordnung „Markets in Crypto-Assets" (MiCA) einen bedeutenden Schritt in Richtung einer umfassenden Regulierung von Kryptowährungen und digitalen Vermögenswerten unternommen. Ziel ist es, klare Richtlinien für den Umgang mit Krypto-Assets zu schaffen, die nicht nur den Finanzmarkt stabilisieren, sondern auch den Verbraucherschutz stärken sollen. Auch die USA diskutieren intensiv über die Regulierung von Kryptowährungen, wobei die Frage im Raum steht, wie stark diese Märkte überwacht und kontrolliert werden sollen.

Ein weiterer Aspekt der regulatorischen Entwicklung ist die Frage der Besteuerung. Kryptowährungen stellen Steuerbehörden vor große Herausforderungen, da sie oft anonym verwendet werden können und grenzüberschreitend sind. Viele Länder haben begonnen, Maßnahmen zu ergreifen, um sicherzustellen, dass Krypto-Transaktionen besteuert werden, doch die internationale Zusammenarbeit in diesem Bereich ist noch in den Anfängen.

Es ist absehbar, dass die kommenden Jahre zu einer stärkeren Regulierung von Kryptowährungen führen werden. Dabei wird es entscheidend sein, einen Balanceakt zwischen der Förderung von Innovation und dem Schutz der Finanzsysteme und Verbraucher zu schaffen. Ohne klare Regeln und Aufsicht könnten Kryptowährungen und Blockchain-Anwendungen an Glaubwürdigkeit verlieren – doch eine zu strenge Regulierung könnte ihr Potenzial ebenfalls behindern.

6.3.3.3 Nachhaltigkeit der Blockchain: Energieverbrauch und Umweltbelastung

Eines der größten Probleme, mit denen die Blockchain-Technologie – und insbesondere Kryptowährungen wie Bitcoin – derzeit konfrontiert sind, ist ihr enormer Energieverbrauch. Die zugrunde liegenden Konsensmechanismen, insbesondere der „Proof of Work" (PoW), erfordern immense Rechenleistung, um Transaktionen zu validieren und neue Blöcke zur Blockchain hinzuzufügen. Dies führt dazu, dass riesige Mengen an Elektrizität verbraucht werden, was wiederum die Umweltbelastung durch die Verwendung von Kryptowährungen in den Fokus rückt.

Ein bekanntes Beispiel hierfür ist Bitcoin, dessen jährlicher Energieverbrauch bereits mit dem von ganzen Ländern wie Argentinien oder den Niederlanden verglichen wird. Dies hat in den letzten Jahren zu wachsender Kritik geführt, insbesondere angesichts der globalen Bemühungen, den CO_2-Ausstoß zu reduzieren und die Klimaziele des Pariser Abkommens zu erreichen.

Als Reaktion auf diese Bedenken entwickeln sich jedoch alternative Konsensmechanismen, die weitaus weniger Energie benötigen. Ein vielversprechender Ansatz ist der „Proof of Stake" (PoS), der etwa von der Kryptowährung Ethereum in einem Upgrade namens „Ethereum 2.0" implementiert wurde. PoS reduziert den Energieverbrauch erheblich, da es keine energieintensiven Rechenaufgaben erfordert, um neue Blöcke zu validieren. Stattdessen basiert das System auf der Menge an Kryptowährung, die ein Nutzer als „Pfand" hinterlegt, was die Validierung effizienter und umweltfreundlicher macht.

Die Frage der Nachhaltigkeit wird auch in Zukunft ein zentrales Thema für die Blockchain-Industrie sein. Unternehmen und Entwickler werden weiterhin daran arbeiten müssen, Technologien zu schaffen, die den Nutzen der Blockchain mit ökologischen Anforderungen in Einklang bringen. Einige Projekte setzen bereits auf erneuerbare Energien, um den Energieverbrauch ihrer Blockchain-basierten Systeme zu decken, während andere sich auf die Weiterentwicklung energieeffizienter Konsensmechanismen konzentrieren.

Insgesamt bleibt die Zukunft der Blockchain und Kryptowährungen vielversprechend, doch es ist klar, dass sich die Technologie noch weiterentwickeln muss, um sowohl ökonomisch als auch ökologisch nachhaltig zu sein.

6.4 Die Sharing Economy: Neue Geschäftsmodelle und ihre ökonomischen Implikationen

Die Sharing Economy, auch als „Kollaborative Wirtschaft" bekannt, hat in den letzten Jahren an Bedeutung gewonnen und stellt traditionelle Geschäftsmodelle auf den Kopf. Was früher der direkte Besitz von Gütern war, wird heute durch den Zugang zu diesen Gütern ersetzt. Plattformen wie Airbnb und Uber haben diese Entwicklung stark vorangetrieben und verändern, wie wir reisen, arbeiten und Konsumgüter nutzen. Doch die Sharing Economy ist mehr als nur ein Trend – sie hat weitreichende ökonomische Implikationen und bringt sowohl Chancen als auch Herausforderungen mit sich.

6.4.1 Grundlagen der Sharing Economy

6.4.1.1 Definition und Entwicklung: Vom Besitz zum Zugang

Die Sharing Economy basiert auf der Idee, dass der Besitz von Gütern nicht mehr zwingend notwendig ist, um deren Nutzen zu genießen. Stattdessen können Ressourcen, sei es Wohnraum, Autos oder sogar Wissen und Fähigkeiten, über digitale Plattformen geteilt oder vermietet werden. Dieses Modell ermöglicht es Einzelpersonen und Unternehmen, ungenutzte Kapazitäten besser zu nutzen und Zugang zu Dienstleistungen und Gütern auf eine flexible und kosteneffiziente Weise zu bieten.

Die Entwicklung der Sharing Economy ist eng mit der Verbreitung des Internets und der Digitalisierung verknüpft. Plattformen, die das Teilen von Ressourcen ermöglichen, basieren auf komplexen digitalen Infrastrukturen, die es Nutzern erleichtern, miteinander in Kontakt zu treten, Transaktionen durchzuführen und Vertrauen aufzubauen. Airbnb, das 2008 gegründet wurde, begann als Plattform, auf der Menschen ihre Wohnungen oder Zimmer an Fremde vermieten konnten. Heute ist es ein globales Unternehmen mit Millionen von Nutzern, das die Hotellerie-Branche revolutioniert hat.

Ein ähnlicher Wandel vollzog sich im Transportsektor. Uber und andere Mitfahrplattformen bieten Privatpersonen die Möglichkeit, ihre Fahrzeuge als Taxi-Dienst anzubieten, was den traditionellen Taximarkt stark verändert hat. Dieses Modell hat nicht nur den Zugang zu Transportmitteln vereinfacht, sondern auch zu einer flexibleren Arbeitsweise geführt, da Fahrer ihre Arbeitszeiten nach Belieben gestalten können.

6.4.1.2 Wichtige Akteure und Plattformen: Airbnb, Uber und die Diversifizierung der Sharing Economy

Die bekanntesten Plattformen der Sharing Economy sind Airbnb und Uber, doch die Bewegung ist inzwischen viel breiter gefächert. Airbnb hat den Markt für kurzfristige Vermietungen revolutioniert, indem es Nutzern ermöglicht, ihre Wohnungen oder Zimmer an Reisende zu vermieten, oft zu niedrigeren Preisen als traditionelle Hotels. Dies hat zu einer Demokratisierung des Tourismus geführt, indem es Menschen mit kleinerem Budget ermöglicht, Zugang zu

Reiseunterkünften zu bekommen, die ihnen sonst vielleicht nicht zur Verfügung gestanden hätten.

Uber hat den Personenverkehr grundlegend verändert, indem es den Zugang zu Fahrdiensten vereinfacht und flexibler gestaltet hat. Die Plattform ermöglicht es Fahrern, ihre Fahrzeuge als Taxi-Dienst anzubieten, und hat damit die Barrieren für den Einstieg in den Fahrdienstmarkt gesenkt. Neben Uber gibt es zahlreiche ähnliche Plattformen, die in verschiedenen Ländern tätig sind und den Wettbewerb in diesem Bereich anheizen.

Neben diesen großen Akteuren gibt es eine Vielzahl von Plattformen, die in spezifischen Nischen der Sharing Economy tätig sind. Plattformen wie Turo (Autovermietung von Privatpersonen), TaskRabbit (Vermittlung von handwerklichen Dienstleistungen) oder WeWork (gemeinsame Nutzung von Büroflächen) zeigen, dass das Modell des Teilens und Mietens von Gütern und Dienstleistungen in immer mehr Lebensbereichen Einzug hält.

6.4.1.3 Vorteile der Sharing Economy: Effizienzgewinne und Umweltvorteile

Einer der größten Vorteile der Sharing Economy liegt in den Effizienzgewinnen, die sie ermöglicht. Anstatt dass Ressourcen ungenutzt bleiben, werden sie optimal ausgelastet, was sowohl für Anbieter als auch für Nutzer finanzielle Vorteile bietet. Ein Auto, das die meiste Zeit des Tages ungenutzt in der Garage steht, kann durch Plattformen wie Uber oder Turo zum Einkommensträger werden. Ebenso können Wohnungen oder Räume, die zeitweise leer stehen, durch Airbnb zur Einnahmequelle werden.

Ein weiterer Vorteil der Sharing Economy sind ihre potenziellen Umweltvorteile. Durch die effizientere Nutzung von Ressourcen könnte der Bedarf an neuen Gütern reduziert werden, was zu einer Senkung der Produktion und des Energieverbrauchs führt. Im Fall von Carsharing-Diensten wie Uber oder Car2Go könnte dies dazu beitragen, die Anzahl der Fahrzeuge auf den Straßen zu reduzieren, was wiederum zu weniger Verkehrsstaus und geringeren CO_2-Emissionen führen könnte. Wenn mehr Menschen ihre Autos teilen, anstatt sie nur für den eigenen Gebrauch zu besitzen, könnte der Gesamtbedarf an Fahrzeugen in städtischen Gebieten sinken, was auch den Platzbedarf für Parkplätze reduziert.

Zudem fördert die Sharing Economy einen nachhaltigeren Konsum. Indem Produkte gemeinsam genutzt werden, erhöht sich ihre Lebensdauer, was die Notwendigkeit für ständigen Neukauf und Wegwerfmentalität verringert. Diese Entwicklung hin zu einer „Zugangskultur" statt einer „Besitzkultur" könnte langfristig zu einem bewussteren und ressourcenschonenderen Umgang mit Konsumgütern führen.

6.4.2 Ökonomische Auswirkungen der Sharing Economy

6.4.2.1 Disruption traditioneller Branchen: Hotellerie, Transport und darüber hinaus

Die Sharing Economy hat das Potenzial, traditionelle Branchen grundlegend zu verändern und sogar zu verdrängen. Besonders stark betroffen sind die Hotellerie- und Transportbranche. Plattformen wie Airbnb und Uber haben diese Sektoren auf den Kopf gestellt und den Markt für Konsumenten ebenso wie für Anbieter neu definiert.

In der Hotellerie hat Airbnb eine echte Disruption verursacht. Während traditionelle Hotels auf festgelegte Standards und in vielen Fällen auf hohe Fixkosten angewiesen sind, bietet Airbnb flexible und oft günstigere Alternativen. Reisende können aus einem breiten Spektrum an Unterkünften wählen, von einfachen Zimmern bis hin zu luxuriösen Apartments oder ganzen Häusern. Dadurch, dass Privatpersonen ihre Wohnräume vermieten können, hat sich der Wettbewerb im Gastgewerbe erheblich verschärft. Hotels sehen sich gezwungen, ihre Preisstrukturen und Services zu überdenken, um im Markt konkurrenzfähig zu bleiben.

Im Transportsektor hat Uber eine ähnliche Disruption ausgelöst. Durch die Möglichkeit für Privatpersonen, ihre Fahrzeuge als Taxi-Dienst anzubieten, hat Uber den traditionellen Taximarkt weltweit in Bedrängnis gebracht. Die Eintrittsbarrieren in den Markt wurden gesenkt, was zu einer Erhöhung des Angebots führte, aber auch die Preise senkte. Traditionelle Taxifahrer und -unternehmen, die teure Lizenzen und Regulierungen erfüllen müssen, sehen sich plötzlich einer übermächtigen Konkurrenz ausgesetzt, die diese Hürden umgeht. Das hat in vielen Städten zu Protesten geführt, und es gab zahlreiche Versuche, Uber und ähnliche Plattformen strenger zu regulieren.

Doch die Auswirkungen der Sharing Economy beschränken sich nicht auf Hotellerie und Transport. Auch in anderen Bereichen wie der Immobilienwirtschaft, der Arbeitsvermittlung und der Konsumgüterindustrie sehen wir disruptive Effekte. Plattformen wie WeWork bieten flexible Büroflächen an, die herkömmliche Mietmodelle in Frage stellen. TaskRabbit ermöglicht es, dass Menschen handwerkliche und haushaltsnahe Dienstleistungen flexibel anbieten und nachfragen können, was den traditionellen Dienstleistungsmarkt verändert. Durch diese Flexibilität wird das klassische Arbeitgeber-Arbeitnehmer-Verhältnis in bestimmten Branchen zunehmend aufgelöst.

6.4.2.2 Beschäftigungsmodelle in der Sharing Economy: Flexibilität vs. Arbeitsrechte

Ein zentraler Aspekt der Sharing Economy ist die Veränderung der Beschäftigungsmodelle. Während traditionelle Arbeitsverhältnisse durch klare Regeln und Verträge definiert sind, bietet die Sharing Economy eine neue Form der „Gig-Arbeit" oder „Freelance Economy", bei der Einzelpersonen projektbezogene Tätigkeiten ausführen können, ohne langfristige Verpflichtungen einzugehen. Diese Flexibilität wird von vielen Arbeitnehmern geschätzt, da sie die Möglichkeit bietet, Arbeitszeiten und Tätigkeiten selbst zu bestimmen. Ein Uber-Fahrer etwa kann seine Arbeitszeiten individuell anpassen, je nach seinen persönlichen Bedürfnissen.

Allerdings führt diese Flexibilität auch zu einer Debatte über Arbeitsrechte und soziale Absicherung. Viele Arbeitnehmer in der Sharing Economy gelten nicht als festangestellte Mitarbeiter, sondern als Selbstständige. Das bedeutet, dass sie keinen Anspruch auf traditionelle Arbeitnehmerrechte haben, wie etwa bezahlten Urlaub, Krankengeld oder Rentenansprüche. Kritiker warnen, dass dies zu einer Prekarisierung von Arbeitsverhältnissen führen könnte, bei der Arbeitnehmer langfristig schlechter gestellt sind, obwohl sie theoretisch mehr Flexibilität genießen.

In vielen Ländern ist diese Frage inzwischen zu einem heißen politischen Thema geworden. Es gibt zahlreiche Diskussionen darüber, wie Beschäftigte in der Sharing Economy besser geschützt werden können, ohne die Flexibilität, die viele von ihnen schätzen, zu stark einzuschränken. In einigen Regionen, wie etwa in Kalifornien, wurden Gesetze verabschiedet, die Plattformen wie Uber und Lyft verpflichten, ihre Fahrer als Angestellte zu behandeln, was ihnen Zugang zu Sozialleistungen verschafft. Doch die Unternehmen wehren sich gegen diese Regulierung, da sie argumentieren, dass dies ihr Geschäftsmodell gefährden könnte.

6.4.2.3 Preisbildung und Wettbewerb: Dynamische Preismodelle und Marktzutrittsschranken

Ein weiteres ökonomisches Merkmal der Sharing Economy ist die dynamische Preisbildung. Plattformen wie Uber nutzen Algorithmen, um Preise in Echtzeit an die Nachfrage anzupassen. Dies führt zu einem flexiblen Preismodell, bei dem Fahrten während Zeiten hoher Nachfrage teurer werden, während sie in ruhigeren Zeiten günstiger sind. Solche dynamischen Preismodelle sind für traditionelle Anbieter schwer zu implementieren, da sie auf festgelegte Preissysteme angewiesen sind.

Dynamische Preismodelle bieten einerseits den Vorteil, dass sie effizient auf Marktveränderungen reagieren und das Angebot optimal auf die Nachfrage abstimmen. Andererseits gibt es Bedenken, dass diese Systeme zu einer Preismanipulation führen könnten, insbesondere in Notsituationen oder bei plötzlichen Nachfrageanstiegen, etwa während Naturkatastrophen oder Großveranstaltungen. Dies hat bereits in der Vergangenheit zu Kontroversen geführt, und einige Plattformen haben darauf reagiert, indem sie Preisobergrenzen eingeführt haben, um den Missbrauch dynamischer Preismodelle zu verhindern.

Die Marktzutrittsschranken in der Sharing Economy sind ebenfalls ein bedeutendes Thema. Auf den ersten Blick scheint die Sharing Economy vielen Menschen die Möglichkeit zu geben, unkompliziert und mit minimalem Kapital in den Markt einzutreten – sei es durch das Anbieten von Fahrdiensten, Wohnungen oder Dienstleistungen. Doch in der Praxis dominieren oft wenige große Plattformen den Markt, was zu einem „Winner-takes-all"-Effekt führt. Neue Anbieter haben es schwer, in diesen stark konsolidierten Märkten Fuß zu fassen, da etablierte Plattformen wie Uber oder Airbnb bereits einen großen Kundenstamm und eine ausgeklügelte technologische Infrastruktur aufgebaut haben.

Dies hat zu einer intensiven Debatte über die Wettbewerbsfähigkeit und den fairen Marktzugang in der Sharing Economy geführt. Regulierungsbehörden in verschiedenen Ländern prüfen, wie sie Monopole oder marktbeherrschende Stellungen verhindern können, um einen fairen Wettbewerb zu gewährleisten.

6.4.3 Zukünftige Entwicklungen und Herausforderungen

6.4.3.1 Regulierungsfragen: Umgang mit neuen Geschäftsmodellen durch Politik und Gesetzgeber

Die rasante Entwicklung der Sharing Economy stellt Regierungen und Gesetzgeber vor neue Herausforderungen. Traditionelle Regulierungsansätze sind oft nicht auf die digitalen Plattformen anwendbar, die die Sharing Economy antreiben, was zu einem Spannungsfeld zwischen Innovation und Regulierung führt. Auf der einen Seite wollen Regierungen die Entstehung neuer Geschäftsmodelle und Innovationen nicht behindern, auf der anderen Seite müssen sie sicherstellen, dass Fairness, Verbraucherschutz und soziale Absicherung gewahrt bleiben.

Ein zentrales Thema in dieser Diskussion ist die Frage der Besteuerung. Viele Plattformen der Sharing Economy operieren international und nutzen digitale Infrastrukturen, die es ihnen ermöglichen, Gewinne in verschiedenen Ländern zu erwirtschaften, oft ohne dort entsprechende Steuern zu zahlen. Diese Praxis wird von vielen Regierungen kritisch gesehen, da lokale Unternehmen, die denselben Markt bedienen, deutlich höheren steuerlichen Verpflichtungen unterliegen. Die EU und die OECD arbeiten bereits an Strategien, um die Besteuerung von digitalen Plattformen fairer und transparenter zu gestalten.

Ein weiteres wichtiges Feld sind die Arbeitsrechte. Die Frage, ob Beschäftigte in der Sharing Economy als Arbeitnehmer oder Selbstständige gelten sollten, bleibt umstritten. Während Plattformen wie Uber argumentieren, dass ihre Fahrer unabhängige Unternehmer sind, die von der Flexibilität des Modells profitieren, drängen Gewerkschaften und Arbeitsrechtsaktivisten auf eine stärkere Regulierung, um bessere Arbeitsbedingungen und soziale Absicherung zu gewährleisten. In einigen Ländern wurden bereits Gesetze erlassen, um die Rechte der Plattformarbeiter zu stärken, was jedoch zu heftigen Widerständen seitens der Unternehmen führte, die ihr Geschäftsmodell in Gefahr sehen.

Zudem stehen auch Verbraucherschutz- und Sicherheitsfragen im Mittelpunkt der Regulierung. Plattformen wie Airbnb und Uber haben es Nutzern ermöglicht, Dienstleistungen von Privatpersonen in Anspruch zu nehmen, was neue Sicherheitsrisiken mit sich bringt. Wie können Plattformen sicherstellen, dass Unterkünfte sicher sind oder dass Fahrer über die notwendige Qualifikation verfügen? Diese Fragen sind besonders in Zeiten von Krisen, wie etwa der COVID-19-Pandemie, von großer Bedeutung, da hier plötzlich zusätzliche Hygienemaßnahmen und Gesundheitsauflagen relevant werden.

6.4.3.2 Nachhaltigkeit und soziale Verantwortung: Die Rolle der Sharing Economy in der Gesellschaft

Ein weiterer zentraler Aspekt für die Zukunft der Sharing Economy ist ihre Rolle in Bezug auf Nachhaltigkeit und soziale Verantwortung. Theoretisch bietet das Modell der Sharing Economy zahlreiche Vorteile, wenn es darum geht, Ressourcen effizienter zu nutzen und so die Umwelt zu schonen. Wenn mehr Menschen sich Fahrzeuge, Wohnungen oder andere Güter teilen, wird der Bedarf an Neuproduktion reduziert, was wiederum zu weniger Ressourcenverbrauch und geringeren Emissionen führen kann.

In der Praxis zeigt sich jedoch, dass die Nachhaltigkeitsversprechen der Sharing Economy oft nicht so klar zu realisieren sind, wie sie zunächst erscheinen. Im Bereich des Wohnungsmarktes gibt es etwa Hinweise darauf, dass Plattformen wie Airbnb in manchen Städten zu einer Verknappung von Wohnraum und steigenden Mieten führen, da viele Wohnungen nicht mehr für die langfristige Vermietung zur Verfügung stehen, sondern als kurzfristige Ferienunterkünfte angeboten werden. Dies kann besonders in Ballungszentren zu sozialen Spannungen führen, da Einheimische durch steigende Wohnkosten aus ihren Vierteln verdrängt werden.

Auch im Bereich des Transportwesens zeigt sich, dass die Nutzung von Plattformen wie Uber nicht unbedingt zu einer Verringerung der Fahrzeugflotte führt. Studien haben gezeigt, dass viele Menschen, die Uber-Dienste nutzen, dies als Ersatz für öffentliche Verkehrsmittel tun, was zu einer erhöhten Verkehrsbelastung und höheren Emissionen in städtischen Gebieten führen kann.

Die Sharing Economy steht also vor der Herausforderung, ihre Geschäftsmodelle so zu gestalten, dass sie nicht nur wirtschaftliche, sondern auch soziale und ökologische Nachhaltigkeit fördern. In diesem Zusammenhang gewinnt das Thema der Corporate Social Responsibility (CSR) zunehmend an Bedeutung. Plattformen, die langfristig erfolgreich sein wollen, müssen nicht nur Gewinnmaximierung, sondern auch ihren Beitrag zur Gesellschaft und Umwelt im Blick haben. Initiativen wie die Einführung von „grünen" Dienstleistungen oder die Unterstützung lokaler Gemeinschaften können dazu beitragen, dass die Sharing Economy einen positiven Einfluss auf die Gesellschaft ausübt.

6.4.3.3 Technologische Weiterentwicklungen: Wie Innovationen die Sharing Economy weiter transformieren könnten

Die Zukunft der Sharing Economy wird stark von technologischen Innovationen geprägt sein. Neue Entwicklungen in den Bereichen Künstliche Intelligenz (KI), Blockchain und Internet of Things (IoT) könnten die Art und Weise, wie Plattformen operieren, grundlegend verändern und das Teilen von Ressourcen noch effizienter gestalten.

Künstliche Intelligenz könnte etwa genutzt werden, um Plattformen noch personalisierter und benutzerfreundlicher zu machen. Durch die Analyse von Nutzerdaten könnten Plattformen wie Airbnb oder Uber in der Lage sein, noch genauere Empfehlungen für ihre Nutzer abzugeben und so das Angebot besser auf die individuellen Bedürfnisse zuzuschneiden. Auch die Automatisierung von Prozessen, wie etwa die Verwaltung von Buchungen, Zahlungen oder Kundenanfragen, könnte durch KI optimiert werden und die Effizienz der Plattformen weiter steigern.

Die Blockchain-Technologie bietet das Potenzial, den Bereich der Sharing Economy in puncto Transparenz und Sicherheit zu transformieren. Blockchain könnte beispielsweise dafür genutzt werden, sichere und nachvollziehbare Transaktionen zwischen Nutzern zu ermöglichen, ohne dass eine zentrale Instanz wie ein Unternehmen als Vermittler fungieren muss. Zudem könnte Blockchain helfen, Vertrauen zwischen Nutzern und Anbietern zu stärken, indem es die Authentizität von Bewertungen und Identitäten überprüfbar macht.

Das Internet of Things (IoT) eröffnet ebenfalls neue Möglichkeiten für die Sharing Economy. Intelligente, vernetzte Geräte könnten es ermöglichen, Ressourcen noch effizienter zu nutzen. So könnten etwa Autos in Echtzeit erkennen, wann sie verfügbar sind, und sich automatisch in ein Carsharing-Netzwerk integrieren. Auch bei der

Vermietung von Wohnungen oder anderen Gütern könnte IoT-Technologie helfen, indem sie die Verwaltung und Nutzung automatisiert, etwa durch smarte Schlösser oder Energieverwaltungssysteme.

Die technologischen Weiterentwicklungen werden also eine entscheidende Rolle dabei spielen, wie sich die Sharing Economy in den kommenden Jahren weiterentwickelt. Gleichzeitig werden diese Innovationen aber auch neue Fragen aufwerfen – etwa in Bezug auf Datenschutz, Sicherheit und die soziale Verantwortung der Plattformen. Die Balance zwischen technologischer Effizienz und ethischen, sozialen und ökologischen Werten wird entscheidend sein, um die Sharing Economy nachhaltig zu gestalten.

6.5 Optimierung von Datenmanagement und Compliance – TOLERANT Software

Stellen Sie sich vor, Sie sitzen in einem gut besuchten Café und beobachten die hektische Geschäftigkeit um Sie herum. Die Kellner notieren Bestellungen auf kleinen Zetteln, Kunden kommen und gehen – und doch herrscht ein stilles Chaos. Ein Cappuccino landet beim falschen Tisch, der Croissant-Liebhaber bekommt stattdessen einen Bagel und die Bestellung des Stammgastes wird gar vergessen. Der Grund? Kleine Fehler in der Kommunikation und eine unzureichende Organisation der Bestellabläufe.

Ähnlich verhält es sich in Unternehmen, wenn es um Datenmanagement geht. Daten sind das Herzstück jedes Unternehmens, und selbst kleine Fehler können große Auswirkungen haben: Falsch adressierte Mailings, ungenaue Kundenansprachen und übersehene Compliance-Vorgaben können zu verpassten Chancen, hohen Kosten und sogar rechtlichen Konsequenzen führen. Doch wie in unserem Café-Beispiel gibt es eine Lösung, die das Chaos in geordnete Bahnen lenken kann – und genau hier setzt **TOLERANT Software** an.

Mit ihren innovativen Tools für Datenvalidierung, -bereinigung und -strukturierung sorgt TOLERANT Software dafür, dass Unternehmen nicht nur effizienter arbeiten, sondern auch gesetzliche Vorgaben problemlos einhalten. Ob Dubletten in Kundendaten, fehlerhafte Bankverbindungen oder Compliance-Herausforderungen – TOLERANT Software bietet die richtigen Werkzeuge, um Datenprobleme frühzeitig zu erkennen und zu beheben, bevor sie sich auf das Geschäft auswirken. So wird die Datenqualität auf ein neues Level gehoben und Unternehmen gewinnen die Sicherheit, ihre Prozesse und Kampagnen präzise und zielgerichtet umsetzen zu können.

Bereit für eine Optimierung, die nicht nur das Datenmanagement, sondern das gesamte Unternehmen auf die nächste Stufe bringt? Willkommen in der Welt von TOLERANT Software.

6.5.1 Die Bedeutung von Datenqualität in der digitalen Wirtschaft

In der heutigen global vernetzten Wirtschaft ist die Qualität der Daten, mit denen Unternehmen arbeiten, entscheidend für ihren Erfolg. Jeder einzelne Kundenkontakt, jede Transaktion und jede Marketingaktion basiert auf einem zentralen Element: präzise und fehlerfreie Daten. Doch viele Unternehmen unterschätzen noch immer die Bedeutung der Datenqualität. Unvollständige oder falsche Informationen können nicht nur zu verpassten Chancen und unnötigen Kosten führen, sondern auch die Beziehung zum Kunden nachhaltig schädigen.

Stellen Sie sich vor, Sie erhalten ein personalisiertes Angebot – aber Ihr Name ist falsch geschrieben, oder die Adresse stimmt nicht. Solche scheinbar kleinen Fehler wirken sich negativ auf die Wahrnehmung des Unternehmens aus. Besonders in der digitalen Wirtschaft, in der Kundenerfahrungen schnell bewertet und geteilt werden, kann dies gravierende Folgen haben. Es geht nicht nur um die Richtigkeit der Daten, sondern auch um das Vertrauen der Kunden in das Unternehmen.

Der rasante technologische Fortschritt hat die Möglichkeiten der Datennutzung erheblich erweitert. Unternehmen sammeln heute Daten in einem Umfang, der vor einigen Jahren noch undenkbar war. Diese Datenflut stellt jedoch auch hohe Anforderungen an die Verwaltung und Sicherung der Datenqualität. Unstrukturierte oder veraltete Datensätze können den Wert dieser Informationen erheblich mindern. Die Herausforderung besteht darin, Daten effizient zu erfassen, zu validieren und kontinuierlich zu pflegen.

TOLERANT Software hat sich darauf spezialisiert, Unternehmen in diesem kritischen Bereich zu unterstützen. Mit innovativen Tools zur Datenprüfung und -standardisierung hilft das Unternehmen, die Qualität von Kundendaten sicherzustellen und so einen reibungslosen Ablauf von Geschäftsprozessen zu garantieren. Besonders in Bereichen wie Kundenbeziehungsmanagement, Compliance und Marketing zeigt sich der immense Nutzen präziser Daten.

6.5.2 Die Rolle von TOLERANT Software in der modernen Geschäftswelt

6.5.2.1 Herausforderungen im Datenmanagement

In der modernen Geschäftswelt stehen Unternehmen vor einer Vielzahl an Herausforderungen, wenn es um das Thema Datenmanagement geht. Der Druck, präzise und aktuelle Daten zu nutzen, steigt kontinuierlich. Kunden erwarten heute, dass ihre Informationen korrekt erfasst und bearbeitet werden, sei es in der persönlichen Ansprache oder bei der Bearbeitung von Transaktionen. Doch genau hier beginnen die Probleme: Dubletten, falsch erfasste Namen, ungenaue Adressen oder fehlerhafte Bankverbindungen können den Geschäftsbetrieb erheblich beeinträchtigen. Solche Fehler führen nicht nur zu höheren Kosten, sondern beeinträchtigen auch das Vertrauen der Kunden.

Hinzu kommen strenge regulatorische Anforderungen, die Unternehmen dazu verpflichten, sich an strikte Datenschutzrichtlinien zu halten. Die Einhaltung der DSGVO (Datenschutz-Grundverordnung) und anderer Vorschriften ist heute unerlässlich. Unternehmen, die hier nicht auf aktuelle und korrekte Daten zurückgreifen können, riskieren hohe Strafen und einen Imageverlust. Besonders in international tätigen Unternehmen ist die regelmäßige Überprüfung von Kunden- und Geschäftspartnerdaten erforderlich, um gesetzliche Vorgaben wie Sanktionslisten und PEP-Listen (Politisch exponierte Personen) einzuhalten.

6.5.2.2 Lösungen durch TOLERANT Software-Produkte

Um diese Herausforderungen zu bewältigen, bietet TOLERANT Software eine Reihe von leistungsfähigen Tools an, die speziell darauf ausgelegt sind, die Datenqualität zu verbessern und gleichzeitig Compliance-Anforderungen zu erfüllen.

TOLERANT Name sorgt dafür, dass Namen in Kundendaten nicht nur korrekt erfasst, sondern auch strukturiert und validiert werden. Fehlerhafte oder unvollständige Namensangaben werden automatisch erkannt und korrigiert, was eine reibungslose Kundenkommunikation ermöglicht.

TOLERANT Post übernimmt die Adressprüfung und -standardisierung. Gerade in einer globalisierten Wirtschaft, in der Kunden aus verschiedenen Ländern stammen, stellt dies einen enormen Mehrwert dar. Die Software gleicht Adressen mit postalischen Datenbanken ab und sorgt dafür, dass Adressinformationen stets aktuell und korrekt sind. Dies verhindert nicht nur doppelte Sendungen, sondern erhöht auch die Effizienz im Marketing.

Auch im Bereich der Finanzdaten bietet TOLERANT Software Lösungen. **TOLERANT Bank** validiert Bankdaten schon bei der Eingabe. Dies vermeidet Rücklastschriften und aufwendige manuelle Korrekturen, die durch ungültige Kontonummern oder IBANs entstehen könnten.

Ein weiteres unverzichtbares Tool im Portfolio ist **TOLERANT Sanction**, das für die Compliance-Prüfung entwickelt wurde. Es prüft Kundendaten gegen internationale Sanktions- und Embargolisten und stellt sicher, dass Unternehmen keine verbotenen Geschäftsbeziehungen eingehen. Mit TL Sanction können Unternehmen frühzeitig potenzielle Compliance-Verstöße erkennen und entsprechende Maßnahmen ergreifen.

Ein besonders wertvolles Tool im Bereich des Datenschutzes ist **TOLERANT MPM (Marketing Permission Management)**. Es hilft Unternehmen, die Zustimmung ihrer Kunden zur Nutzung persönlicher Daten zu verwalten und dokumentiert diese gemäß den strengen Vorgaben der DSGVO. So wird sichergestellt, dass Marketingkampagnen nur an Kunden gesendet werden, die ihre Zustimmung erteilt haben, und dass alle datenschutzrechtlichen Bestimmungen eingehalten werden.

Diese Lösungen bieten Unternehmen die Möglichkeit, ihre Prozesse zu optimieren, Fehlerquellen zu minimieren und gleichzeitig gesetzliche Anforderungen zu erfüllen. Die nahtlose Integration in bestehende IT-Systeme macht die TOLERANT-Produkte zu unverzichtbaren Werkzeugen im modernen Datenmanagement.

6.5.3. Wirtschaftlicher Nutzen und Effizienzsteigerung durch TOLERANT Software

6.5.3.1 Datenqualität als Grundlage für Wohlstand und Unternehmenswachstum

In der heutigen datengetriebenen Welt ist die Qualität der Unternehmensdaten entscheidend für den wirtschaftlichen Erfolg. Hochwertige und präzise Daten ermöglichen nicht nur eine bessere Entscheidungsfindung, sondern fördern auch das Wachstum von Unternehmen, indem sie die Grundlage für effiziente Prozesse und erfolgreiche Kundenbeziehungen schaffen. Doch was genau bedeutet Datenqualität in einem wirtschaftlichen Kontext?

Stellen Sie sich vor, ein Unternehmen plant eine Marketingkampagne und versendet Angebote an Tausende von Kunden. Wenn die Daten fehlerhaft sind – sei es in der Namensansprache, der Adresse oder den Kontaktinformationen –, wird die Kampagne nicht nur ineffizient, sondern kann auch das Image des Unternehmens schädigen. Falsche Ansprachen oder gar Sendungen, die nie den richtigen Empfänger erreichen, führen zu verpassten Chancen und unnötigen Kosten. Im schlimmsten Fall beeinträchtigen sie die Kundenbindung und schaden dem Unternehmen langfristig.

TOLERANT Software hat erkannt, dass präzise Daten die Grundlage für den Unternehmenserfolg sind. Mit Tools wie **TOLERANT Name** und **TOLERANT Post** stellen Unternehmen sicher, dass ihre Kundendaten korrekt erfasst, gepflegt und aktualisiert werden. Dies führt nicht nur zu einer effizienteren Kundenkommunikation, sondern auch zu einer deutlichen Senkung von Rückläufern, Dubletten und fehlerhaften Zustellungen. Besonders in großen Unternehmen mit umfangreichen Kundenstammdaten führt dies zu erheblichen Einsparungen in Zeit und Ressourcen.

Die automatisierte Datenprüfung reduziert den manuellen Aufwand für die Korrektur von Fehlern und stellt sicher, dass Marketing- und Vertriebsabteilungen auf zuverlässige Informationen zugreifen können. Dadurch lassen sich zielgerichtete Kampagnen durchführen, die die richtige Zielgruppe erreichen und den Umsatz steigern. So tragen saubere und gut strukturierte Daten direkt zum wirtschaftlichen Wachstum bei.

6.5.3.2 Praxisbeispiele und Erfolgsgeschichten

Der wirtschaftliche Nutzen der TOLERANT Software-Produkte lässt sich auch anhand zahlreicher Praxisbeispiele nachweisen. Unternehmen wie Mercedes-Benz, Telefónica und viele weitere namhafte Kunden vertrauen auf die Lösungen von TOLERANT, um ihre Datenqualität zu optimieren und ihre Prozesse effizienter zu gestalten.

So konnte beispielsweise ein führendes Finanzinstitut durch den Einsatz von **TOLERANT Sanction** sicherstellen, dass alle Geschäftspartner regelmäßig und zuverlässig gegen Sanktionslisten geprüft werden. Dies ermöglichte dem Unternehmen nicht nur, die Compliance-Vorgaben zu erfüllen, sondern auch potenzielle Verstöße frühzeitig zu erkennen und entsprechende Maßnahmen zu ergreifen.

Ein weiteres Beispiel liefert der Einsatz von **TOLERANT Match** in einem internationalen Handelsunternehmen. Durch die Implementierung dieser Software konnte das Unternehmen die Zeit für die Datensuche und -abfrage um ein Vielfaches reduzieren. Während herkömmliche Suchen in den verschiedenen Systemen bis zu 10 Minuten pro Kunde dauerten, liefert TOLERANT Match in nur wenigen Sekunden ein präzises Ergebnis. Dies führte zu einer drastischen Steigerung der Effizienz und ermöglichte es dem Unternehmen, Datenschutzanfragen gemäß den Anforderungen der DSGVO fristgerecht zu beantworten.

Diese Erfolgsgeschichten unterstreichen, wie Unternehmen durch den Einsatz von TOLERANT Software nicht nur die Qualität ihrer Daten verbessern, sondern auch erhebliche wirtschaftliche Vorteile erzielen. Der Return on Investment zeigt sich dabei nicht nur in Form von Kosteneinsparungen, sondern auch in einer gesteigerten Kundenbindung und einer verbesserten Wettbewerbsfähigkeit.

6.5.4. Zukunftsaussichten: Datenqualität und Künstliche Intelligenz

6.5.4.1 Automatisierte Datenverarbeitung und Big Data

Mit dem stetigen Wachstum der Datenmengen, die Unternehmen täglich generieren, wird die effiziente und automatisierte Verarbeitung dieser Daten immer wichtiger. Die Zeiten, in denen manuelle Datenpflege ausreichte, sind längst vorbei. Heute stehen Unternehmen vor der Herausforderung, immense Datenvolumen zu verwalten, zu analysieren und daraus wertvolle Erkenntnisse zu gewinnen. Genau hier setzt die TOLERANT Software an und bietet Lösungen, die nicht nur die Datenqualität sichern, sondern auch auf die Anforderungen der Zukunft vorbereitet sind.

Ein zentrales Thema in der modernen Datenverarbeitung ist **Big Data**. TOLERANT Software-Lösungen, wie **TOLERANT Match** oder **TOLERANT Post**, sind bereits auf die Verarbeitung großer Datenmengen ausgelegt und gewährleisten auch bei umfangreichen Datenbeständen eine hohe Performance. Unternehmen, die Millionen von Kundendaten täglich verarbeiten, profitieren von der Geschwindigkeit und Präzision dieser Tools. Mit ihrer Hilfe lassen sich Dubletten aufspüren, Adressen validieren und Datenstrukturen effizient optimieren – unabhängig von der Größe des Unternehmens oder des Datensatzes.

TOLERANT Software unterstützt Unternehmen dabei, die Vorteile von Big Data zu nutzen und gleichzeitig sicherzustellen, dass die Qualität dieser Daten stets auf einem hohen Niveau bleibt. Die kontinuierliche Überprüfung und Aktualisierung von Kundendaten sorgt dafür, dass Marketingstrategien präziser werden und die Kundenansprache immer punktgenau erfolgt.

6.5.4.2 Entwicklungstendenzen: KI und maschinelles Lernen

Eine der spannendsten Entwicklungen im Bereich der Datenqualität ist der Einsatz von **Künstlicher Intelligenz (KI)** und **maschinellem Lernen**. Diese Technologien ermöglichen es Unternehmen, noch schneller und präziser auf Veränderungen in ihren Datenbeständen zu reagieren. TOLERANT Software setzt bereits auf diese Zukunftstechnologien und integriert sie in seine Lösungen, um Unternehmen dabei zu unterstützen, noch effizienter zu arbeiten.

Insbesondere maschinelles Lernen bietet eine große Chance für das Datenmanagement. Durch intelligente Algorithmen können Muster in Daten erkannt und automatische Anpassungen vorgenommen werden. Dies ermöglicht nicht nur eine kontinuierliche Verbesserung der Datenqualität, sondern auch eine vorausschauende Analyse von Daten. Künstliche Intelligenz hilft dabei, Probleme in Echtzeit zu erkennen und zu beheben, bevor sie größere Auswirkungen auf den Geschäftsbetrieb haben.

Zukünftig wird TOLERANT Software weiterhin in diese Technologien investieren, um ihre Kunden bestmöglich auf die Herausforderungen der digitalen Transformation vorzubereiten. Schon heute bieten die Produkte von TOLERANT einen Ausblick auf das Potenzial, das KI und maschinelles Lernen für die Datenverwaltung bieten. Unternehmen, die frühzeitig auf diese Technologien setzen, werden langfristig von einer höheren Effizienz und besseren Entscheidungsgrundlage profitieren.

Die Kombination aus automatisierter Datenverarbeitung, Big Data und KI eröffnet völlig neue Möglichkeiten für Unternehmen. Sie erlaubt es, nicht nur die Datenqualität sicherzustellen, sondern auch neue Geschäftsmodelle und Strategien auf Basis präziser Daten zu entwickeln. Dies macht TOLERANT Software zu einem unverzichtbaren Partner für Unternehmen, die in der digitalen Zukunft erfolgreich bestehen wollen.

6.5.5 Fazit: Datenmanagement als Schlüssel zur digitalen Transformation

In einer Welt, die zunehmend von Daten angetrieben wird, ist die Qualität dieser Daten zu einem kritischen Erfolgsfaktor für Unternehmen geworden. Der Erfolg von Geschäftsprozessen, Marketingkampagnen und die Einhaltung gesetzlicher Vorschriften hängen maßgeblich von der Präzision und Verlässlichkeit der zugrunde liegenden Daten ab. TOLERANT Software hat es sich zur Aufgabe gemacht, Unternehmen dabei zu unterstützen, ihre Datenqualität auf höchstem Niveau zu halten und gleichzeitig die Effizienz in der Datenverarbeitung zu steigern.

Die Lösungen von TOLERANT Software, wie **TOLERANT Name**, **TOLERANT Post** und **TOLERANT Bank**, tragen dazu bei, typische Fehlerquellen in Kundendaten zu eliminieren und sicherzustellen, dass die Informationen stets aktuell und korrekt sind. Dies ist nicht nur im täglichen Geschäft von Vorteil, sondern auch in der langfristigen Planung und strategischen Ausrichtung eines Unternehmens. Besonders in Zeiten, in denen Datenschutz und Compliance immer komplexer werden, bietet TOLERANT Software mit Tools wie **TOLERANT Sanction** und **TOLERANT MPM** Lösungen, die den rechtlichen Anforderungen gerecht werden und Unternehmen vor potenziellen Strafen schützen.

Der wirtschaftliche Nutzen dieser Lösungen ist offensichtlich: Unternehmen, die auf präzise Daten vertrauen können, arbeiten effizienter, vermeiden unnötige Kosten und steigern die Zufriedenheit ihrer Kunden. Dies führt langfristig zu Wachstum und einer verbesserten Wettbewerbsfähigkeit. Zudem ermöglicht der Einsatz von Künstlicher Intelligenz und maschinellem Lernen eine noch intelligentere und schnellere Verarbeitung von Daten, was Unternehmen einen entscheidenden Vorteil im digitalen Zeitalter verschafft.

Zusammenfassend lässt sich sagen, dass Datenmanagement ein zentraler Baustein der digitalen Transformation ist. Unternehmen, die ihre Daten aktiv managen und auf Technologien wie die von TOLERANT Software setzen, werden nicht nur effizienter arbeiten, sondern auch besser auf zukünftige Herausforderungen vorbereitet sein. TOLERANT Software bietet die Werkzeuge, um die digitale Zukunft erfolgreich zu gestalten, indem sie die Datenqualität als Schlüssel für nachhaltiges Wachstum und Erfolg in den Mittelpunkt stellt.

7. Politische Ökonomie und internationale Beziehungen

Die politische Ökonomie und internationale Beziehungen sind untrennbar miteinander verwoben. In der modernen Weltordnung stehen nicht nur nationale Interessen, sondern auch globale Netzwerke im Mittelpunkt. Wie Nationen miteinander wirtschaften, handeln und politisch interagieren, prägt die Struktur der Weltwirtschaft. Dabei entwickeln sich durch Globalisierung, technologische Innovationen und geopolitische Spannungen ständig neue Herausforderungen und Chancen. Eines der bedeutendsten Themen in diesem Kontext ist der Spannungsbogen zwischen Freihandel und Protektionismus – zwei ökonomische Philosophien, die das globale Handelssystem auf fundamentaler Ebene gestalten.

7.1 Freihandel und Protektionismus: Strategien in einer multipolaren Welt

Freihandel und Protektionismus sind seit Jahrhunderten die beiden konträren Pole der internationalen Handelspolitik. Während der Freihandel auf den Abbau von Handelsbarrieren setzt, um den Austausch von Gütern und Dienstleistungen zu maximieren, verfolgt der Protektionismus das Ziel, heimische Märkte zu schützen und nationale Interessen zu verteidigen. In der heutigen multipolaren Welt stehen diese beiden Ansätze im Zentrum der globalen Debatten über Wirtschaftswachstum, nationale Sicherheit und internationale Beziehungen.

7.1.1 Grundlagen des Freihandels

7.1.1.1 Theoretische Konzepte: Absoluter und komparativer Vorteil

Der Freihandel basiert auf einer Reihe von theoretischen Konzepten, die auf den Schriften klassischer Ökonomen wie Adam Smith und David Ricardo fußen. Smith entwickelte das Konzept des **absoluten Vorteils**, das besagt, dass Länder Güter und Dienstleistungen dann effizient produzieren sollten, wenn sie diese mit weniger Ressourcen als andere Länder herstellen können. Ricardo erweiterte diesen Gedanken mit dem **komparativen Vorteil**, der betont, dass es für Länder sinnvoll ist, sich auf die Produktion von Gütern zu konzentrieren, bei denen sie relativ gesehen am effizientesten sind – selbst wenn sie in absoluten Zahlen nicht der beste Produzent sind.

Der komparative Vorteil erklärt, warum der internationale Handel vorteilhaft sein kann, selbst wenn ein Land alle Güter effizienter herstellen könnte als ein anderes. Im globalen Maßstab sorgt dieser Mechanismus dafür, dass die Ressourcen effizient verteilt und die Produktivität maximiert wird, was in der Theorie zu Wohlstand und Wachstum für alle beteiligten Nationen führt.

7.1.1.2 Historische Entwicklung des Freihandels: Von Adam Smith bis zur WTO

Die Geschichte des Freihandels beginnt mit den Ideen der Aufklärung und des Liberalismus, insbesondere mit Adam Smiths Werk „Der Wohlstand der Nationen" aus dem Jahr 1776. Smith argumentierte, dass ein freier Markt, in dem Unternehmen ohne staatliche Eingriffe konkurrieren, die effizienteste Methode sei, um Wohlstand zu schaffen. Im Laufe des 19. Jahrhunderts setzte sich diese Idee zunehmend durch, besonders in Großbritannien, das zu einem Vorreiter des Freihandels wurde.

Im 20. Jahrhundert kam es nach den zwei Weltkriegen zu einer stärkeren globalen Zusammenarbeit, um Handelsbarrieren abzubauen und den globalen Handel zu fördern. Eine der wichtigsten Entwicklungen war die Gründung des **Allgemeinen Zoll- und Handelsabkommens (GATT)** im Jahr 1947, das schließlich zur **Welthandelsorganisation (WTO)** führte. Diese Institutionen hatten das Ziel, Handelskonflikte zu reduzieren, faire Spielregeln zu schaffen und die weltweite wirtschaftliche Integration zu fördern.

7.1.1.3 Vorteile des Freihandels: Effizienzgewinne, Wirtschaftswachstum und Innovation

Die Vorteile des Freihandels sind vielfältig und umfassen **Effizienzgewinne**, **Wirtschaftswachstum** und **Innovation**. Freihandel ermöglicht es Ländern, sich auf die Produktion derjenigen Güter zu spezialisieren, bei denen sie besonders effizient sind, wodurch die Gesamtproduktivität steigt. Die Verbraucher profitieren von einer größeren Auswahl an Waren und Dienstleistungen, oft zu niedrigeren Preisen, da der internationale Wettbewerb die Preise drückt.

Ein weiteres Plus des Freihandels ist seine **Innovationskraft**. Da Unternehmen in einem freien Markt konkurrieren, stehen sie unter ständigem Druck, ihre Produkte zu verbessern, effizientere Produktionsmethoden zu finden und neue Technologien zu entwickeln, um wettbewerbsfähig zu bleiben. Dies führt zu einem technologischen Fortschritt, der die gesamte Wirtschaft vorantreibt.

Der Freihandel trägt auch wesentlich zum **Wirtschaftswachstum** bei. In vielen Ländern führte die Öffnung der Märkte zu einem signifikanten Anstieg des Bruttoinlandsprodukts (BIP), da exportorientierte Industrien florierten und Investitionen ins Land strömten. Diese Dynamik hat zahlreiche Volkswirtschaften in Schwellen- und Entwicklungsländern nachhaltig verändert und zur Verringerung der Armut beigetragen.

7.1.2 Protektionistische Maßnahmen

Während der Freihandel auf die ungehinderte Zirkulation von Waren und Dienstleistungen zwischen den Nationen setzt, zielt der **Protektionismus** darauf ab, die heimische Wirtschaft durch verschiedene Maßnahmen vor ausländischer Konkurrenz zu schützen. Protektionistische Strategien können kurzfristig positive Effekte haben, wie die Schaffung und Sicherung von Arbeitsplätzen, bergen jedoch oft das Risiko, die langfristige Wettbewerbsfähigkeit einer Volkswirtschaft zu schwächen. Es gibt verschiedene protektionistische Maßnahmen, die Staaten einsetzen, um ihre nationalen Interessen zu verteidigen.

7.1.2.1 Tarifäre Maßnahmen: Zölle und ihre wirtschaftlichen Auswirkungen

Eine der ältesten und am häufigsten eingesetzten protektionistischen Methoden sind **Zölle**. Zölle sind Steuern oder Abgaben, die auf importierte Waren erhoben werden, um sie künstlich zu verteuern und so die Nachfrage nach inländischen Produkten zu steigern. Diese tarifären Handelshemmnisse können unterschiedliche Formen annehmen, etwa **Ad-valorem-Zölle**, die als Prozentsatz des Warenwerts berechnet werden, oder **Spezifische Zölle**, die einen festen Betrag pro importierte Einheit festlegen.

Zölle bieten kurzfristig den Vorteil, dass sie die einheimische Industrie vor billigeren ausländischen Waren schützen und gleichzeitig die Staatseinnahmen erhöhen. Allerdings führen höhere Zölle auch dazu, dass Verbraucher mehr für importierte Produkte zahlen müssen, was das verfügbare Einkommen schmälert und den Konsum einschränkt. Außerdem könnten exportierende Länder Vergeltungszölle verhängen, was zu einem Handelskrieg führen könnte. Langfristig können Zölle den technologischen Fortschritt bremsen, da sie den Wettbewerbsdruck auf einheimische Unternehmen verringern, sich zu verbessern und innovativ zu bleiben.

7.1.2.2 Nicht-tarifäre Handelshemmnisse: Quoten, Subventionen und regulatorische Barrieren

Neben Zöllen gibt es eine Vielzahl von **nicht-tarifären Handelshemmnissen**, die den internationalen Handel einschränken können. Zu den bekanntesten gehören **Importquoten**, die festlegen, wie viele Einheiten eines bestimmten Gutes in einem bestimmten Zeitraum importiert werden dürfen. Quoten dienen dem Ziel, den Import bestimmter Waren zu begrenzen, um heimische Industrien zu stärken. Ein klassisches Beispiel sind Quoten für landwirtschaftliche Produkte, die häufig eingesetzt werden, um die Landwirtschaft in Industrieländern zu schützen.

Ein weiteres Mittel sind **Subventionen**, bei denen der Staat bestimmte Industrien finanziell unterstützt, um deren Wettbewerbsfähigkeit zu erhöhen. Subventionen können in Form von direkten Finanzhilfen, Steuererleichterungen oder verbilligten Krediten gewährt werden. Sie helfen inländischen Unternehmen, ihre Produktionskosten zu senken und im internationalen Wettbewerb besser zu bestehen. Allerdings wird dieser Vorteil häufig als unfairer Wettbewerbsvorteil betrachtet, was zu internationalen Handelsstreitigkeiten führen kann.

Regulatorische Barrieren sind ebenfalls eine Form des Protektionismus, bei der durch staatliche Vorschriften und Standards die Einfuhr von ausländischen Produkten erschwert wird. Dazu zählen Sicherheits- und Umweltstandards, die häufig so streng formuliert sind, dass ausländische Unternehmen Schwierigkeiten haben, sie zu erfüllen, was ihre Wettbewerbsfähigkeit mindert. Diese Maßnahmen, oft unter dem Deckmantel des Verbraucherschutzes oder des Umweltschutzes eingeführt, können de facto den Zugang ausländischer Produkte zu einem Markt stark einschränken.

7.1.2.3 Gründe für Protektionismus: Schutz heimischer Industrien, Arbeitsplätze und nationale Sicherheit

Es gibt eine Vielzahl von Gründen, warum Staaten protektionistische Maßnahmen ergreifen. Einer der häufigsten Gründe ist der **Schutz heimischer Industrien** vor ausländischer Konkurrenz. In vielen Ländern besteht die Befürchtung, dass die eigene Industrie von billigeren oder effizienteren Produzenten aus dem Ausland überrollt wird, was zu einem Verlust von Marktanteilen und Arbeitsplätzen führen könnte. Besonders in Ländern mit einer stark exportorientierten Wirtschaft oder solchen, die eine Abhängigkeit von Importen haben, ist der Druck hoch, die eigene Wirtschaft zu verteidigen.

Ein weiteres Motiv ist der **Schutz von Arbeitsplätzen**. Protektionismus wird oft damit begründet, dass er die inländische Beschäftigung sichert, insbesondere in Branchen, die durch die Globalisierung starkem Wettbewerb ausgesetzt sind. Wenn ausländische Firmen zu deutlich geringeren Kosten produzieren können, besteht die Gefahr, dass einheimische Unternehmen nicht mehr konkurrenzfähig sind und Arbeitsplätze abgebaut werden. Durch protektionistische Maßnahmen können diese Arbeitsplätze vorübergehend geschützt werden.

Schließlich spielt auch die **nationale Sicherheit** eine bedeutende Rolle in der Begründung protektionistischer Politik. Regierungen argumentieren oft, dass bestimmte Industrien, insbesondere in den Bereichen Verteidigung, Energie und Technologie, vor ausländischer Einflussnahme geschützt werden müssen. Diese Industrien gelten als strategisch wichtig und sollen daher unabhängig von globalen Marktmechanismen gehalten werden, um die Sicherheit des Landes nicht zu gefährden. So können beispielsweise Importe von High-Tech-Produkten oder Rohstoffen beschränkt werden, um eine

Abhängigkeit von potenziell feindlich gesinnten Nationen zu vermeiden.

Protektionismus ist somit ein zweischneidiges Schwert: Einerseits bietet er kurzfristige Vorteile, wie den Schutz nationaler Interessen und Arbeitsplätze, andererseits kann er langfristig das Wirtschaftswachstum und die internationale Wettbewerbsfähigkeit beeinträchtigen.

7.1.3 Freihandel vs. Protektionismus in der modernen Welt

Der Konflikt zwischen Freihandel und Protektionismus prägt die Weltwirtschaft bis heute. Während der Freihandel in der Theorie die globale Effizienz steigern und Wohlstand schaffen soll, wenden sich viele Länder in Zeiten wirtschaftlicher Unsicherheit oder geopolitischer Spannungen dem Protektionismus zu. Diese beiden Ansätze spiegeln wider, wie Staaten auf die Herausforderungen der Globalisierung reagieren und welche Prioritäten sie in ihrer wirtschaftlichen Strategie setzen.

7.1.3.1 Globalisierung und ihre Herausforderungen: Gewinner und Verlierer im Welthandel

Die Globalisierung hat in den letzten Jahrzehnten das Gesicht der Weltwirtschaft radikal verändert. Sie hat Länder enger miteinander verknüpft und den internationalen Handel auf ein historisch hohes Niveau gehoben. Freihandelsabkommen und Handelsliberalisierungen haben den globalen Austausch von Gütern, Dienstleistungen und Kapital gefördert und viele Nationen zu wirtschaftlichem Aufschwung verholfen.

Doch die Globalisierung hat nicht nur Gewinner hervorgebracht. Während Länder mit stark wettbewerbsfähigen Industrien und hochentwickelten Dienstleistungen enorm von offenen Märkten profitieren, sehen sich andere, weniger entwickelte Länder mit erheblichen Problemen konfrontiert. Diese Verlierer der Globalisierung sind häufig Staaten, deren Industrien nicht in der Lage sind, im internationalen Wettbewerb zu bestehen. Dies führt zu Arbeitsplatzverlusten, sozialer Ungleichheit und wirtschaftlicher Stagnation.

Auch innerhalb von Ländern gibt es oft große Unterschiede. Während gut ausgebildete Arbeitskräfte in Branchen wie Technologie oder Finanzen von der Globalisierung profitieren, leiden weniger qualifizierte Arbeiter in traditionelleren Sektoren wie der Produktion oder Landwirtschaft unter dem Druck billigerer ausländischer Konkurrenz. Diese Ungleichheit kann zu sozialen Spannungen und politischem Widerstand gegen den Freihandel führen.

7.1.3.2 Handelskonflikte und ihre Auswirkungen: Fallstudien zu Handelskriegen

In den letzten Jahren haben sich die Spannungen zwischen Freihandelsbefürwortern und Protektionisten verschärft, was zu zahlreichen **Handelskonflikten** geführt hat. Ein prominentes Beispiel ist der Handelskrieg zwischen den USA und China, der in den späten 2010er Jahren eskalierte. Die US-Regierung unter Präsident Donald Trump setzte auf eine protektionistische Handelspolitik und erhob hohe Zölle auf chinesische Waren, um das Handelsdefizit zu verringern und amerikanische Arbeitsplätze zu schützen. China reagierte mit Gegenmaßnahmen, was zu einem Handelskrieg führte, der die Weltwirtschaft massiv beeinflusste.

Die Auswirkungen solcher Handelskriege sind weitreichend: Unternehmen in beiden Ländern sehen sich steigenden Kosten gegenüber, die auf die Verbraucher abgewälzt werden. Der Handel wird durch höhere Zölle behindert, was zu einem Rückgang des Warenflusses führt. Gleichzeitig leidet das Vertrauen in internationale

Handelsbeziehungen, und Unternehmen zögern, langfristige Investitionen zu tätigen. Länder, die nicht direkt beteiligt sind, können ebenfalls betroffen sein, da globale Lieferketten gestört werden und Unsicherheiten auf den Finanzmärkten entstehen.

Handelskriege wie dieser zeigen die Risiken protektionistischer Maßnahmen. Sie können kurzfristig nationale Interessen schützen, aber langfristig führen sie oft zu wirtschaftlicher Instabilität und globalen Spannungen.

7.1.3.3 Zukunft des Freihandels: Bilaterale, regionale und multilaterale Abkommen

Trotz der Herausforderungen und Spannungen, die die Globalisierung und der Welthandel mit sich bringen, bleibt der **Freihandel** eine der zentralen Strategien vieler Staaten, um Wohlstand zu schaffen. In den letzten Jahrzehnten wurden zahlreiche Freihandelsabkommen auf bilateraler, regionaler und multilateraler Ebene geschlossen. Diese Abkommen zielen darauf ab, Handelshemmnisse abzubauen und den Waren- und Dienstleistungsverkehr zwischen den Vertragspartnern zu erleichtern.

Bilaterale Abkommen zwischen zwei Ländern, wie das **USMCA** zwischen den USA, Mexiko und Kanada, sind häufig flexibler und maßgeschneidert, um spezifische Interessen zu berücksichtigen. Sie sind leichter zu verhandeln, da nur zwei Parteien involviert sind, und können schnell auf wirtschaftliche oder politische Entwicklungen reagieren.

Regionale Abkommen wie die **Europäische Union** oder die **Transpazifische Partnerschaft (TPP)** sind umfassender und beziehen mehrere Länder ein, die geografisch oder wirtschaftlich eng miteinander verbunden sind. Diese Abkommen schaffen oft tiefere wirtschaftliche Integration und fördern nicht nur den Handel, sondern auch die Harmonisierung von Regulierungen und Standards.

Multilaterale Abkommen, die unter dem Dach der **Welthandels-organisation (WTO)** verhandelt werden, sind die ambitioniertes-ten, aber auch die komplexesten Abkommen. Sie streben globale Regeln für den Handel an, die für alle Mitgliedsländer verbindlich sind. Obwohl sie das größte Potenzial haben, den weltweiten Handel zu fördern, sind sie oft schwer zu verhandeln, da eine Vielzahl von Interessen berücksichtigt werden muss.

Die Zukunft des Freihandels wird stark davon abhängen, wie die Welt auf die Herausforderungen der Globalisierung reagiert. Während einige Länder weiterhin auf Protektionismus setzen, um ihre eigenen Interessen zu schützen, bleibt der Freihandel für viele die beste Möglichkeit, wirtschaftliches Wachstum und Wohlstand zu sichern. Insbesondere in Zeiten des technologischen Wandels und der digitalen Revolution könnten neue Abkommen notwendig sein, um diese Entwicklungen zu regulieren und zu fördern.

7.2 Internationale Organisationen und ihre Rolle in der Weltwirtschaft

Internationale Organisationen spielen eine zentrale Rolle bei der Gestaltung der globalen Wirtschaft. Sie fungieren als Plattformen für Zusammenarbeit, Regulierung und Streitbeilegung und fördern den internationalen Handel, wirtschaftliche Stabilität und nachhal-tiges Wachstum. In einer immer stärker vernetzten Weltwirtschaft bieten sie den Rahmen, in dem Länder gemeinsame Lösungen für grenzüberschreitende Probleme erarbeiten können. Diese Organi-sationen sind entscheidend für die Schaffung von Vertrauen, Stabi-lität und Frieden in der globalen Gemeinschaft.

7.2.1 Die Bedeutung internationaler Organisationen

7.2.1.1 Geschichte und Entwicklung: Von der UN bis zur WTO

Die Entwicklung internationaler Organisationen, die die Weltwirtschaft maßgeblich beeinflussen, reicht bis ins 20. Jahrhundert zurück, als die Gründung der **Vereinten Nationen (UN)** im Jahr 1945 nach dem Zweiten Weltkrieg den Grundstein für internationale Zusammenarbeit legte. Mit der UN wurde erstmals ein globales Forum geschaffen, das sich nicht nur um Fragen des Friedens und der Sicherheit, sondern auch um die Förderung von Wohlstand und wirtschaftlicher Entwicklung kümmern sollte.

Parallel zur UN entstanden spezialisierte Organisationen, die sich auf den Handel und die wirtschaftliche Entwicklung konzentrierten. Das wichtigste Handelsforum, das **Allgemeine Zoll- und Handelsabkommen (GATT)**, wurde 1947 ins Leben gerufen, um Zölle und andere Handelsbarrieren zu senken und den internationalen Handel zu fördern. Später, 1995, entwickelte sich daraus die **Welthandelsorganisation (WTO)**, die heute das wichtigste Forum für die Aushandlung und Durchsetzung internationaler Handelsregeln ist.

Im Laufe der Jahrzehnte haben sich weitere wichtige internationale Institutionen herausgebildet, die die wirtschaftliche Stabilität und das Wachstum weltweit fördern, darunter die **Weltbank** und der **Internationale Währungsfonds (IWF)**. Diese Organisationen entstanden im Kontext der Nachkriegszeit, als es darum ging, den Wiederaufbau der zerstörten Volkswirtschaften und die Schaffung eines stabilen internationalen Währungssystems zu gewährleisten.

7.2.1.2 Hauptakteure und ihre Funktionen: IMF, Weltbank, OECD, WTO

Zu den bedeutendsten internationalen Organisationen in der Weltwirtschaft gehören der **Internationale Währungsfonds (IWF)**, die **Weltbank**, die **Organisation für wirtschaftliche Zusammenarbeit und Entwicklung (OECD)** und die **Welthandelsorganisation (WTO)**.

Der **IWF** wurde mit dem Ziel gegründet, finanzielle Stabilität zu gewährleisten und globale Währungskrisen zu verhindern. Er bietet Ländern, die mit Zahlungsbilanzproblemen konfrontiert sind, kurzfristige Kredite und verlangt im Gegenzug oft wirtschaftspolitische Anpassungsmaßnahmen, die auf eine Stabilisierung der nationalen Wirtschaft abzielen.

Die **Weltbank** konzentriert sich auf langfristige Entwicklungsprojekte und Armutsbekämpfung in Schwellen- und Entwicklungsländern. Sie stellt finanzielle Mittel bereit, um Infrastrukturprojekte, Bildungsprogramme und Gesundheitsinitiativen zu fördern, die das Wirtschaftswachstum und den Lebensstandard in den ärmsten Regionen der Welt verbessern sollen.

Die **OECD**, ursprünglich als Zusammenschluss von Industrieländern nach dem Zweiten Weltkrieg gegründet, spielt eine Schlüsselrolle bei der wirtschaftspolitischen Zusammenarbeit. Ihre Aufgabe besteht darin, Best-Practice-Standards in der Wirtschaftspolitik zu erarbeiten, Statistiken und Analysen zu globalen wirtschaftlichen Entwicklungen zu liefern und den Dialog zwischen entwickelten und aufstrebenden Volkswirtschaften zu fördern.

Die **WTO** schließlich ist das wichtigste Forum für Handelsverhandlungen und Streitbeilegungen. Sie sorgt dafür, dass Handelsabkommen eingehalten werden, und bietet ein Regelwerk, das den globalen Handel erleichtert und gleichzeitig faire Wettbewerbsbedingungen für alle Mitgliedsländer garantiert.

7.2.1.3 Vorteile der internationalen Kooperation: Frieden, Stabilität und wirtschaftliches Wachstum

Die Zusammenarbeit innerhalb dieser internationalen Organisationen bringt zahlreiche Vorteile mit sich. **Frieden und Stabilität** sind eng mit der wirtschaftlichen Zusammenarbeit verknüpft, da wirtschaftliche Abhängigkeiten zwischen Staaten tendenziell zu einer friedlicheren internationalen Ordnung führen. Länder, die intensiv miteinander handeln und wirtschaftlich verflochten sind, haben weniger Anreize, in Konflikte zu geraten, da Kriege oder Handelsbarrieren ihren eigenen Wohlstand gefährden könnten.

Zudem tragen internationale Organisationen maßgeblich zur **wirtschaftlichen Stabilität** bei, indem sie Regeln für den Handel aufstellen, Währungskrisen verhindern und als Schiedsinstanzen in Streitigkeiten zwischen Staaten fungieren. Sie bieten ein Forum für Verhandlungen, in dem Konflikte friedlich gelöst werden können, ohne dass es zu wirtschaftlichen Verwerfungen kommt.

Ein weiterer zentraler Vorteil der internationalen Kooperation ist das **wirtschaftliche Wachstum**. Durch den Abbau von Handelshemmnissen, die Förderung von Investitionen und die Bereitstellung von Finanzmitteln für Entwicklungsländer tragen internationale Organisationen dazu bei, die wirtschaftlichen Bedingungen weltweit zu verbessern. Diese Zusammenarbeit ermöglicht es Ländern, voneinander zu lernen, neue Technologien zu übernehmen und den Wohlstand ihrer Bevölkerung zu steigern.

7.2.2 Wirtschaftliche Institutionen und ihre Rolle

Internationale wirtschaftliche Institutionen spielen eine entscheidende Rolle bei der Steuerung und Stabilisierung der Weltwirtschaft. Sie bieten nicht nur finanzielle Unterstützung für Staaten in Krisen, sondern fördern auch langfristiges Wachstum und nachhaltige Entwicklung. Zu den wichtigsten Akteuren in diesem Bereich gehören der **Internationale Währungsfonds (IWF)**, die **Weltbank** und die **Welthandelsorganisation (WTO)**. Jede dieser Organisationen hat eine spezifische Aufgabe und trägt auf unterschiedliche Weise zur Förderung der globalen wirtschaftlichen Zusammenarbeit bei.

7.2.2.1 Internationaler Währungsfonds (IWF): Stabilisierungsprogramme und Krisenbewältigung

Der **Internationale Währungsfonds (IWF)** wurde 1944 im Rahmen der Bretton-Woods-Konferenz gegründet, um das internationale Währungssystem zu überwachen und wirtschaftliche Stabilität zu gewährleisten. Seine Hauptaufgabe besteht darin, Länder zu unterstützen, die mit akuten Zahlungsbilanzproblemen und Währungskrisen konfrontiert sind. Der IWF bietet finanzielle Hilfen in Form von Krediten an, die es den betroffenen Ländern ermöglichen, ihre internationalen Zahlungsverpflichtungen zu erfüllen und ihre Währungen zu stabilisieren.

Im Gegenzug für diese finanzielle Unterstützung verlangt der IWF oft umfangreiche **wirtschaftliche Reformen**, die darauf abzielen, das wirtschaftliche Gleichgewicht des Landes wiederherzustellen. Diese Reformen beinhalten häufig die Reduzierung von Haushaltsdefiziten, die Liberalisierung von Märkten und die Privatisierung staatlicher Unternehmen. Obwohl diese Maßnahmen oft dazu führen, dass die betroffenen Länder ihre Wirtschaft langfristig stabilisieren, sind sie nicht unumstritten, da sie kurzfristig oft soziale Härten und politische Widerstände hervorrufen.

Ein berühmtes Beispiel für die Intervention des IWF ist die Finanzkrise in Argentinien Anfang der 2000er Jahre. Das Land hatte mit einer massiven Schuldenlast und einer tiefen Rezession zu kämpfen. Der IWF stellte Argentinien Kredite bereit, verlangte jedoch umfassende wirtschaftliche Reformen, darunter Sparmaßnahmen und eine Flexibilisierung des Arbeitsmarktes. Obwohl diese Maßnahmen das Land langfristig stabilisierten, führten sie kurzfristig zu erheblichen sozialen Unruhen und politischen Spannungen.

7.2.2.2   Weltbank: Entwicklungsfinanzierung   und Armutsbekämpfung

Die **Weltbank** ist eine weitere zentrale Institution, die sich auf die Förderung der wirtschaftlichen Entwicklung in armen und weniger entwickelten Ländern konzentriert. Ihr Hauptziel ist die **Armutsbekämpfung** durch langfristige Investitionen in Infrastruktur, Bildung, Gesundheitswesen und andere Schlüsselbereiche der wirtschaftlichen Entwicklung. Die Weltbank stellt Ländern günstige Kredite und Zuschüsse zur Verfügung, um Entwicklungsprojekte zu finanzieren, die das Wirtschaftswachstum ankurbeln und die Lebensbedingungen der Bevölkerung verbessern.

Ein typisches Beispiel für ein Weltbank-Projekt ist der Bau von Straßen, Brücken oder Staudämmen in Entwicklungsländern. Solche Infrastrukturprojekte verbessern den Zugang zu Märkten, erleichtern den Handel und fördern die wirtschaftliche Integration. Die Weltbank engagiert sich auch in der **Bildungsförderung** und unterstützt Projekte, die den Zugang zu Bildungseinrichtungen in ländlichen Gebieten verbessern, oder Gesundheitsprogramme, die die medizinische Grundversorgung in armen Regionen stärken.

Die **Armutsbekämpfung** steht im Mittelpunkt der Weltbank-Strategie. Neben der Finanzierung von Projekten bietet die Weltbank auch technisches Know-how und Beratung an, um die Kapazitäten der nationalen Regierungen zu verbessern. Die Bank arbeitet eng mit den Regierungen der Empfängerländer zusammen, um sicherzustellen, dass die Projekte den Bedürfnissen der lokalen Bevölkerung entsprechen und nachhaltig wirken.

7.2.2.3 Welthandelsorganisation (WTO): Handelsregeln und Streitbeilegung

Die **Welthandelsorganisation (WTO)** ist die zentrale Institution zur Regulierung des internationalen Handels. Sie entstand 1995 aus dem **Allgemeinen Zoll- und Handelsabkommen (GATT)** und hat seither die Aufgabe, Handelsverhandlungen zu führen, Handelsregeln festzulegen und Handelsstreitigkeiten zu schlichten. Ihre Hauptmission besteht darin, den globalen Handel zu liberalisieren und faire Wettbewerbsbedingungen für alle Mitgliedsländer zu gewährleisten.

Ein zentrales Instrument der WTO ist das **Streitbeilegungsverfahren**, das es den Mitgliedstaaten ermöglicht, Handelskonflikte friedlich zu lösen. Wenn ein Land der Meinung ist, dass ein anderes Land gegen die Handelsregeln der WTO verstoßen hat – etwa durch die Einführung unzulässiger Zölle oder Subventionen – kann es eine Beschwerde bei der WTO einreichen. Ein Schiedsgremium prüft den Fall und entscheidet, ob Maßnahmen ergriffen werden müssen, um den Konflikt zu lösen. Dieses Verfahren ist von großer Bedeutung, um sicherzustellen, dass Handelsstreitigkeiten nicht in Handelskriege eskalieren, sondern auf Basis von festgelegten Regeln beigelegt werden.

Die **WTO** spielt eine Schlüsselrolle bei der Aushandlung von Handelsabkommen, die den Abbau von Zöllen und anderen Handelsbarrieren zum Ziel haben. Ihre Verhandlungen umfassen ein breites Spektrum von Themen, darunter landwirtschaftliche Subventionen, geistiges Eigentum, Dienstleistungen und Umweltstandards. Die WTO hat es geschafft, den globalen Handel seit ihrer Gründung erheblich zu liberalisieren, allerdings sind ihre Fortschritte in den letzten Jahren durch komplexe Interessen der Mitgliedstaaten und protektionistische Tendenzen erschwert worden.

7.2.3 Herausforderungen für internationale Organisationen

Trotz ihrer bedeutenden Rolle in der globalen Wirtschaft stehen internationale Organisationen wie der **Internationale Währungsfonds (IWF)**, die **Weltbank** und die **Welthandelsorganisation (WTO)** vor erheblichen Herausforderungen. Diese Institutionen sehen sich zunehmender Kritik ausgesetzt, die von ihrer **Legitimität** und **Repräsentation** bis hin zu ihrer **Effizienz** und der Notwendigkeit von **Reformen** reicht. Zudem wächst die Konkurrenz von **regionalen Organisationen**, die in einigen Fällen die globalen Institutionen infrage stellen oder ergänzen.

7.2.3.1 Legitimität und Repräsentation: Kritik an globalen Institutionen

Eine der häufigsten Kritiken an internationalen Organisationen betrifft ihre **Legitimität** und **Repräsentation**. Viele Entwicklungsländer argumentieren, dass Organisationen wie der IWF und die Weltbank von den Interessen der Industrieländer dominiert werden, insbesondere von den USA und den europäischen Staaten. Diese Länder haben aufgrund ihrer wirtschaftlichen Macht oft ein überproportionales Mitspracherecht in den Entscheidungsprozessen. Der IWF beispielsweise basiert auf einem **Quotensystem**, bei dem die Stimmrechte der Mitgliedsländer an ihre finanziellen Beiträge gebunden sind. Dies bedeutet, dass wirtschaftlich mächtige Nationen einen erheblichen Einfluss auf die Politik des IWF haben, während kleinere, ärmere Länder, die häufig die größten Nutznießer der Kredite sind, weniger Einfluss auf die Ausrichtung der Institution haben.

Ein ähnliches Problem besteht bei der **Weltbank**, die ebenfalls unter dem Vorwurf leidet, dass ihre Entscheidungen in erster Linie die Interessen der Geberländer widerspiegeln. Obwohl die Weltbank verstärkt versucht, ihre Projekte auf die Bedürfnisse der Empfängerländer abzustimmen, bleibt die Frage der Machtverteilung ein Streitpunkt.

Auch die WTO sieht sich mit der Herausforderung konfrontiert, eine echte Repräsentation aller Mitgliedsstaaten zu gewährleisten. Zwar beruht die WTO formal auf dem Prinzip der Gleichberechtigung, da jedes Mitgliedsland eine Stimme hat, jedoch dominieren wirtschaftlich starke Nationen die Verhandlungen. Entwicklungs- und Schwellenländer kritisieren oft, dass ihre Anliegen – etwa der Zugang zu Märkten in Industrienationen oder die Reduzierung von landwirtschaftlichen Subventionen – bei den Verhandlungen nur unzureichend berücksichtigt werden.

7.2.3.2 Effizienz und Reformbedarf: Anpassung an die Anforderungen des 21. Jahrhunderts

Eine weitere große Herausforderung besteht in der **Effizienz** der internationalen Organisationen. Ihre Entscheidungsprozesse gelten oft als langsam und bürokratisch, was dazu führt, dass sie in Zeiten rascher wirtschaftlicher Veränderungen oder Krisen nicht schnell genug reagieren können. Ein Beispiel dafür ist die Finanzkrise 2008, die die Schwächen der globalen Finanzarchitektur offenlegte. Der IWF und die Weltbank standen vor der Herausforderung, ihre Programme und Hilfspakete schnell anzupassen, um Ländern in Not effektiv zu helfen. Auch die WTO kämpft mit der Schwierigkeit, neue Handelsabkommen zu verhandeln. Die **Doha-Runde**, eine Reihe von Handelsverhandlungen, die 2001 begonnen wurden, hat nach vielen Jahren immer noch keine umfassenden Ergebnisse geliefert. Dies liegt nicht zuletzt an den divergierenden

Interessen der Mitgliedsstaaten, die oft zu Verhandlungen mit langwierigen Blockaden führen.

Die Effizienz dieser Organisationen leidet auch unter der **Politisierung** ihrer Entscheidungsprozesse. Viele der Reformvorschläge, die auf eine größere Transparenz und Inklusion abzielen, werden von den mächtigeren Mitgliedsstaaten blockiert, da diese ihre eigenen Interessen gewahrt sehen wollen. So ist beispielsweise eine Reform des IWF-Quotensystems lange überfällig, um den aufstrebenden Volkswirtschaften wie China und Indien mehr Einfluss zu gewähren. Doch diese Reformen werden häufig von den traditionellen Industrieländern gebremst.

7.2.3.3 Regionale Organisationen vs. globale Institutionen: Konkurrenz oder Ergänzung?

Neben der internen Kritik sehen sich globale Institutionen zunehmend mit der **Konkurrenz durch regionale Organisationen** konfrontiert. Diese regionalen Zusammenschlüsse bieten ihren Mitgliedern oft spezifische Vorteile und können flexibler auf regionale Bedürfnisse eingehen. Ein prominentes Beispiel ist die **Europäische Union (EU)**, die nicht nur als Wirtschaftsunion agiert, sondern auch politische Integration vorantreibt. Durch die enge wirtschaftliche Verflechtung der Mitgliedsstaaten und ihre gemeinsame Handelspolitik hat die EU im globalen Handelskontext eine starke Position eingenommen, die in vielen Fällen die Rolle der WTO ergänzt oder sogar ersetzt.

Auch in anderen Teilen der Welt entstehen regionale Wirtschaftsorganisationen, wie etwa die **Asiatisch-Pazifische Wirtschaftsgemeinschaft (APEC)** oder das **Gemeinsame Markt des Südens (Mercosur)** in Südamerika. Diese Bündnisse bieten ihren Mitgliedern eine Plattform, um regionale Interessen zu fördern und wirtschaftliche Integration zu erreichen, ohne sich auf globale Institutionen wie die WTO oder den IWF verlassen zu müssen.

Die Frage, ob regionale Organisationen als **Konkurrenz** oder **Ergänzung** zu den globalen Institutionen fungieren, hängt stark vom jeweiligen Kontext ab. In einigen Fällen ergänzen sie die Arbeit der globalen Institutionen, indem sie spezifische regionale Herausforderungen gezielt angehen. In anderen Fällen jedoch, wie im Fall der **Regional Comprehensive Economic Partnership (RCEP)** im asiatisch-pazifischen Raum, können sie auch als alternatives Handelsregime zu globalen Institutionen wie der WTO auftreten.

Die wachsende Bedeutung regionaler Organisationen stellt die globalen Institutionen vor die Herausforderung, sich an diese neue Realität anzupassen. Eine stärkere Zusammenarbeit zwischen regionalen und globalen Institutionen könnte den Weg zu einer effizienteren und inklusiveren globalen Wirtschaftsordnung ebnen.

7.3 Entwicklungshilfe und globale Zusammenarbeit: Neue Ansätze für nachhaltiges Wachstum

In einer immer stärker vernetzten Weltwirtschaft spielt **Entwicklungshilfe** eine zentrale Rolle, um globale Ungleichheiten zu reduzieren und nachhaltiges Wachstum in benachteiligten Regionen zu fördern. Während die traditionelle Entwicklungshilfe darauf abzielt, Armut zu lindern und grundlegende Infrastrukturen zu verbessern, haben sich in den letzten Jahrzehnten neue Ansätze und Modelle herausgebildet. Diese setzen verstärkt auf **Public-Private-Partnerships (PPP)**, **Impact Investing** und den Einsatz moderner **Technologie**, um Entwicklungsländer auf innovative und nachhaltige Weise zu unterstützen. Gleichzeitig bleibt die globale Zusam-

menarbeit unerlässlich, um umfassende Entwicklungsziele zu erreichen, wie sie in den **Nachhaltigen Entwicklungszielen (SDGs)** der
Vereinten Nationen formuliert sind.

7.3.1 Traditionelle Entwicklungshilfe

7.3.1.1 Formen und Instrumente der Entwicklungshilfe: Bilaterale vs. multilaterale Hilfe

Traditionelle Entwicklungshilfe hat sich seit dem Zweiten Weltkrieg als ein wesentliches Instrument zur Unterstützung von Ländern in Not etabliert. Sie wird in der Regel in zwei Formen organisiert: **bilateral** und **multilateral**.

Bilaterale Hilfe wird direkt von einer Regierung an eine andere
geleistet. Industrieländer wie die USA, Deutschland, Frankreich
und Japan haben umfangreiche bilaterale Entwicklungsprogramme, die von Infrastrukturprojekten über Gesundheitsprogramme
bis hin zur Unterstützung bei Bildungsreformen reichen. Ein Vorteil
der bilateralen Hilfe besteht darin, dass die Geberländer gezielt
auf die Bedürfnisse der Empfängerländer eingehen und die Hilfe in
Bereichen einsetzen können, die für ihre eigene geopolitische und
wirtschaftliche Strategie von Bedeutung sind. Allerdings kann bilaterale Hilfe auch dazu führen, dass die Empfängerländer in ein Ab-
hängigkeitsverhältnis geraten oder gezwungen sind, politischen
Druck der Geberländer zu akzeptieren.

Multilaterale Hilfe hingegen wird über internationale Organisationen wie die **Weltbank**, den **IWF** oder Organisationen der **Vereinten Nationen** organisiert. Diese Form der Hilfe hat den Vorteil,
dass sie oft auf international abgestimmten Zielen basiert und
durch gemeinsame Finanzierung einen größeren Umfang erreichen
kann. Multilaterale Hilfe zielt in der Regel darauf ab, nachhaltige
Entwicklungsprojekte zu fördern und gleichzeitig die Unabhängig-

keit der Empfängerländer zu wahren. Da multilaterale Organisationen oft neutraler agieren, können sie effektiver auf die Bedürfnisse der Entwicklungsländer eingehen, ohne dass diese sich an die politischen Agenden einzelner Geberländer anpassen müssen.

7.3.1.2 Ziele und Wirksamkeit: Armutsbekämpfung, Bildung, Gesundheit

Die **Ziele** der traditionellen Entwicklungshilfe sind vielfältig, lassen sich aber in einige zentrale Bereiche unterteilen: **Armutsbekämpfung**, **Bildung** und **Gesundheit**.

Die **Armutsbekämpfung** steht seit jeher im Mittelpunkt der internationalen Entwicklungszusammenarbeit. Ziel ist es, den ärmsten Ländern der Welt zu helfen, ihre Wirtschaftsleistung zu steigern, Arbeitsplätze zu schaffen und die Lebensbedingungen der Bevölkerung zu verbessern. Programme zur Armutsbekämpfung konzentrieren sich häufig auf die ländliche Entwicklung, die Schaffung von Infrastrukturen und die Förderung von Kleinunternehmen.

Bildung ist ein weiterer Schlüsselbereich der Entwicklungshilfe, da sie als wesentliche Voraussetzung für wirtschaftliches Wachstum und sozialen Fortschritt gilt. Investitionen in Bildung zielen darauf ab, die Analphabetenrate zu senken, den Zugang zu Schulen zu verbessern und die Qualität der Bildung zu steigern. Besonders wichtig sind Programme, die die Bildung von Mädchen und Frauen fördern, da deren wirtschaftliche und soziale Partizipation einen positiven Einfluss auf die gesamte Gesellschaft hat.

Gesundheit ist ebenfalls ein zentrales Anliegen der Entwicklungshilfe. Viele Projekte konzentrieren sich auf die Bekämpfung von Krankheiten wie Malaria, HIV/AIDS und Tuberkulose, die in Entwicklungsländern noch weit verbreitet sind. Auch die Verbesserung der sanitären Einrichtungen, der Zugang zu sauberem Trinkwasser und die Stärkung der Gesundheitsinfrastrukturen sind entscheidende Bereiche, die langfristig zur Verbesserung der Lebensqualität beitragen.

Trotz dieser Ziele gibt es immer wieder Debatten über die **Wirksamkeit** der traditionellen Entwicklungshilfe. Kritiker argumentieren, dass die Hilfe oft nicht nachhaltig ist und zu Abhängigkeiten führt, anstatt den betroffenen Ländern zu helfen, eigenständige wirtschaftliche Strukturen aufzubauen. Zudem gibt es Fälle von Korruption und Missmanagement, die die Effektivität der Hilfsprogramme untergraben.

7.3.1.3 Kritik an der traditionellen Entwicklungshilfe: Abhängigkeit und Ineffizienz

Die traditionelle Entwicklungshilfe ist nicht ohne Kritik. Ein häufig vorgebrachter Vorwurf ist, dass sie in vielen Fällen zur **Abhängigkeit** der Empfängerländer führt. Wenn Länder regelmäßig auf externe Hilfe angewiesen sind, fällt es ihnen schwer, eigenständige Wirtschaftssysteme zu entwickeln und sich unabhängig von den Geberländern zu machen. Diese Abhängigkeit kann langfristig zu einer Schwächung der staatlichen Strukturen führen, da Regierungen eher darauf setzen, dass externe Gelder fließen, anstatt eigene Reformen durchzuführen und Steuereinnahmen zu erhöhen.

Ein weiteres Problem ist die **Ineffizienz** vieler Hilfsprojekte. Entwicklungsprogramme werden häufig von Bürokratien organisiert, die fernab der Realität vor Ort operieren, was dazu führt, dass Projekte an den tatsächlichen Bedürfnissen der Bevölkerung vorbeigehen. Zudem fließen oft große Teile der Hilfsgelder in die Verwaltung und nicht in die Umsetzung der Projekte. Korruption in den Empfängerländern stellt ebenfalls eine große Herausforderung dar, da Gelder nicht selten in den Taschen von Regierungsbeamten oder lokalen Eliten verschwinden, ohne dass die Bevölkerung davon profitiert.

Diese Kritikpunkte haben dazu geführt, dass in den letzten Jahren neue, innovativere Ansätze zur Entwicklungshilfe entwickelt wurden, die darauf abzielen, die Abhängigkeit zu verringern und die Effizienz zu steigern.

7.3.2 Innovative Ansätze in der Entwicklungshilfe

In den letzten Jahren haben sich neue und **innovative Ansätze** in der Entwicklungshilfe etabliert, die darauf abzielen, die Abhängigkeit von traditionellen Hilfsprogrammen zu verringern und die **Effizienz** und **Nachhaltigkeit** der Maßnahmen zu erhöhen. Diese Ansätze betonen die Rolle des Privatsektors, moderne Technologien und marktorientierte Lösungen. Besonders hervorzuheben sind **Public-Private-Partnerships (PPP)**, **Impact Investing** und **Mikrofinanzierung** sowie der Einsatz von **Technologie** als treibende Kraft für nachhaltiges Wachstum.

7.3.2.1 Public-Private-Partnerships (PPP): Zusammenarbeit zwischen Staat und Privatsektor

Public-Private-Partnerships (PPP) sind Kooperationen zwischen staatlichen Stellen und privaten Unternehmen, die darauf abzielen, Entwicklungsprojekte gemeinsam zu finanzieren und durchzuführen. Diese Partnerschaften haben den Vorteil, dass sie die Ressourcen und das Fachwissen des Privatsektors mit den sozialen und wirtschaftlichen Zielen des Staates kombinieren.

Ein klassisches Beispiel für eine erfolgreiche PPP im Bereich der Entwicklungshilfe sind **Infrastrukturprojekte**, bei denen private Unternehmen die notwendige Expertise und Finanzierung bereitstellen, während der Staat regulatorische und politische Unterstützung bietet. Ein konkretes Beispiel ist der Bau von Verkehrs- und Energieinfrastrukturen in Entwicklungsländern. Hier können private Unternehmen in den Bau von Straßen, Brücken oder Elektrizitätsnetzen investieren, während die Regierungen die rechtlichen Rahmenbedingungen schaffen, um den Betrieb und die Wartung langfristig sicherzustellen.

Ein weiteres Gebiet, in dem PPPs erfolgreich eingesetzt werden, ist der **Gesundheitssektor**. In vielen afrikanischen Ländern kooperieren internationale Pharmaunternehmen mit Regierungen und NGOs, um den Zugang zu lebensrettenden Medikamenten zu verbessern. Diese Zusammenarbeit hilft, den Vertrieb von Medikamenten zu verbessern, Forschung und Entwicklung zu fördern und gleichzeitig den wirtschaftlichen Zugang für die Bevölkerung zu sichern.

PPPs bieten eine Reihe von Vorteilen: Sie schaffen Arbeitsplätze, fördern den Wissenstransfer und bieten langfristige wirtschaftliche Stabilität. Gleichzeitig stehen sie aber auch vor Herausforderungen, da die Interessen von Unternehmen und Regierungen oft nicht immer übereinstimmen. Während Unternehmen in der Regel auf Profitmaximierung ausgerichtet sind, hat der Staat das Ziel, soziale und wirtschaftliche Verbesserungen für die Bevölkerung zu erzielen. Die Balance zwischen diesen Zielen zu finden, ist entscheidend für den Erfolg von PPPs.

7.3.2.2 Impact Investing und Mikrofinanzierung: Marktbasierte Ansätze zur Armutsbekämpfung

Impact Investing ist ein weiteres innovatives Konzept, das darauf abzielt, finanzielle Renditen mit positiven sozialen und ökologischen Auswirkungen zu verbinden. Bei dieser Form des Investierens fließt Kapital in Unternehmen, Organisationen oder Fonds, die nicht nur finanziellen Gewinn, sondern auch gesellschaftlichen Nutzen anstreben. Impact Investing hat sich als eine wichtige Methode etabliert, um Projekte zu fördern, die auf **Armutsbekämpfung**, **Bildung** oder **nachhaltige Entwicklung** ausgerichtet sind.

Ein prominentes Beispiel sind **grüne Investitionen** in erneuerbare Energien in Entwicklungsländern. Hier können Investoren Projekte wie den Bau von Solar- oder Windkraftanlagen unterstützen, die einerseits zur Bekämpfung des Klimawandels beitragen und andererseits den Zugang zu Energie in abgelegenen Gebieten verbessern. Der Erfolg solcher Projekte wird nicht nur an der finanziellen Rendite gemessen, sondern auch an den sozialen und ökologischen Vorteilen, die sie bieten.

Neben dem Impact Investing spielt auch die **Mikrofinanzierung** eine zentrale Rolle in der modernen Entwicklungshilfe. Mikrofinanzierungsprogramme bieten einkommensschwachen Menschen, insbesondere in Entwicklungsländern, Zugang zu kleinen Krediten, die ihnen helfen, eigene Unternehmen zu gründen oder auszubauen. Diese Programme richten sich vor allem an Menschen, die keinen Zugang zu herkömmlichen Banken haben, da sie über keine Sicherheiten verfügen.

Mikrokredite ermöglichen es kleinen Unternehmern – wie Bauern, Handwerkern oder Händlern – Investitionen zu tätigen, die ihnen helfen, ihre wirtschaftliche Lage zu verbessern. Ein Beispiel ist die Finanzierung von landwirtschaftlichen Geräten oder Saatgut, die es den Bauern ermöglicht, ihre Ernte zu steigern und somit ein höheres Einkommen zu erzielen. Die **Grameen Bank** in Bangladesch gilt als Pionierin der Mikrofinanzierung und hat gezeigt, dass auch Menschen mit geringen Mitteln erfolgreich Kredite zurückzahlen können, wenn sie die richtige Unterstützung erhalten.

Beide Ansätze, Impact Investing und Mikrofinanzierung, setzen auf marktorientierte Lösungen zur Armutsbekämpfung und bieten nachhaltige Alternativen zur traditionellen Entwicklungshilfe, die häufig auf Zuschüsse und finanzielle Unterstützung ohne Rückzahlungspflichten basiert.

7.3.2.3 Technologie und Entwicklung: Der Einsatz von Technologie zur Förderung nachhaltigen Wachstums

Eine der vielversprechendsten Entwicklungen in der modernen Entwicklungshilfe ist der verstärkte Einsatz von **Technologie**, um nachhaltiges Wachstum zu fördern. Technologische Innovationen haben das Potenzial, traditionelle Entwicklungsbarrieren zu überwinden und neue Möglichkeiten für wirtschaftlichen Fortschritt zu schaffen.

Ein Bereich, in dem Technologie eine entscheidende Rolle spielt, ist der **Zugang zu Informationstechnologie** und dem **Internet**. In vielen Entwicklungsländern ist der Zugang zu digitalen Technologien nach wie vor begrenzt, was eine erhebliche Hürde für wirtschaftliche und soziale Teilhabe darstellt. Programme, die den Ausbau von Breitbandinfrastrukturen und die Verbreitung von Smartphones fördern, haben das Potenzial, Millionen von Menschen Zugang zu Bildung, Gesundheitsdiensten und neuen wirtschaftlichen Möglichkeiten zu bieten. **Mobile Banking** ist ein Beispiel dafür, wie Technologie ländlichen Gemeinschaften helfen kann, Finanzdienstleistungen zu nutzen, ohne auf traditionelle Banken angewiesen zu sein.

Auch in der Landwirtschaft spielt Technologie eine zentrale Rolle. **Drohnen** und **Satelliten** können dazu beitragen, genaue Informationen über Wetterbedingungen und Bodendaten zu liefern, die den Bauern helfen, ihre Ernten zu optimieren und nachhaltiger zu wirtschaften. Der Einsatz von **Künstlicher Intelligenz (KI)** und **Big Data** ermöglicht es, Vorhersagemodelle zu entwickeln, die Risiken wie Dürren oder Überschwemmungen frühzeitig erkennen und Gegenmaßnahmen ergreifen.

Die Kombination aus innovativen Finanzierungsmodellen, Public-Private-Partnerships und technologischen Innovationen bietet neue Wege, die Effektivität der Entwicklungshilfe zu steigern und nachhaltiges Wachstum in benachteiligten Regionen der Welt zu fördern.

7.3.3 Globale Entwicklungsziele und Zusammenarbeit

Die internationale Gemeinschaft hat sich in den letzten Jahrzehnten immer stärker auf die Bedeutung globaler Zusammenarbeit verständigt, um nachhaltiges Wachstum und soziale Gerechtigkeit zu fördern. Ein zentraler Bestandteil dieser Bemühungen sind die **Nachhaltigen Entwicklungsziele (SDGs)** der Vereinten Nationen, die einen Rahmen für globale Partnerschaften und Entwicklungsinitiativen bieten. Gleichzeitig bleibt die Zusammenarbeit zwischen Industrie- und Entwicklungsländern entscheidend, um Herausforderungen wie Armut, Ungleichheit und Umweltzerstörung zu bewältigen. Doch es gibt auch zahlreiche Hindernisse, darunter politische Instabilität, Korruption und fehlende Regierungsführung, die den Fortschritt behindern.

7.3.3.1 Die Nachhaltigen Entwicklungsziele (SDGs): Ziele und Herausforderungen

Die **Nachhaltigen Entwicklungsziele (Sustainable Development Goals, SDGs)** wurden 2015 von den Vereinten Nationen verabschiedet und bilden den Kern der **Agenda 2030 für nachhaltige Entwicklung**. Die 17 Ziele setzen sich für ein breites Spektrum von Themen ein, von der **Beseitigung extremer Armut** und **Hunger**, über den **Klimaschutz** bis hin zur **Förderung von Bildung, Geschlechtergleichstellung** und **wirtschaftlichem Wachstum**. Die SDGs sind universell und gelten für alle Länder, sowohl in der entwickelten als auch in der Entwicklungssphäre.

Einige der wichtigsten Ziele umfassen:

- **Keine Armut**: Beseitigung extremer Armut für alle Menschen weltweit, insbesondere durch den Aufbau stabiler Arbeitsmärkte und sozialer Sicherungssysteme.
- **Hochwertige Bildung**: Sicherstellung einer inklusiven und gerechten Bildung, die allen Menschen Zugang zu lebenslangen Lernmöglichkeiten bietet.
- **Sauberes Wasser und sanitäre Einrichtungen**: Verbesserung des Zugangs zu sauberem Wasser und sanitären Einrichtungen, besonders in ländlichen Gebieten.
- **Maßnahmen zum Klimaschutz**: Ergreifung dringender Maßnahmen zur Bekämpfung des Klimawandels und seiner Auswirkungen durch die Reduktion von Emissionen und den Übergang zu erneuerbaren Energien.

Trotz ihrer umfassenden Reichweite und des ehrgeizigen Ziels, bis 2030 große Fortschritte zu erzielen, stehen die SDGs vor einer Reihe von **Herausforderungen**. Die Finanzierung der Entwicklungsziele ist eine der größten Hürden. Schätzungen zufolge werden Billionen von US-Dollar benötigt, um die Ziele zu erreichen, doch viele Entwicklungsländer verfügen nicht über die nötigen Mittel. Auch die internationale Unterstützung durch Geberländer ist häufig unzureichend oder an politische Bedingungen geknüpft.

Zudem erfordern viele der Ziele umfassende **institutionelle Reformen** und die Stärkung der Regierungsführung in Entwicklungsländern. Korruption, ineffiziente Verwaltung und schwache Institutionen behindern die Umsetzung der SDGs, besonders in Regionen, die von politischen Instabilitäten und Konflikten betroffen sind.

7.3.3.2 Globale Partnerschaften: Zusammenarbeit zwischen Industrie- und Entwicklungsländern

Eine zentrale Säule der SDGs ist das Ziel, globale Partnerschaften zu stärken, um die Herausforderungen der nachhaltigen Entwicklung gemeinsam zu bewältigen. Die Zusammenarbeit zwischen **Industrie- und Entwicklungsländern** ist dabei von entscheidender Bedeutung, da viele Entwicklungsländer ohne technische und finanzielle Unterstützung von außen nicht in der Lage wären, die gesteckten Ziele zu erreichen.

Diese Partnerschaften nehmen vielfältige Formen an, von **technologischen Kooperationen** bis hin zu **Finanzhilfen** und **Kapazitätsaufbau**. Beispielsweise unterstützen Industrieländer Entwicklungsländer bei der Einführung von erneuerbaren Energien durch den Transfer von Technologie und Know-how. Auch der private Sektor spielt eine immer wichtigere Rolle in diesen Partnerschaften, insbesondere in Bereichen wie Infrastrukturentwicklung und Digitalisierung.

Ein Beispiel für erfolgreiche globale Partnerschaften ist die **Globale Allianz für Impfstoffe und Immunisierung (GAVI)**, die Industrie- und Entwicklungsländer zusammenbringt, um lebensrettende Impfstoffe in den ärmsten Ländern der Welt bereitzustellen. Diese Partnerschaften zeigen, wie die Zusammenarbeit zwischen verschiedenen Akteuren – Regierungen, NGOs und dem Privatsektor – große Fortschritte in der Armutsbekämpfung und Gesundheitsversorgung erzielen kann.

Doch diese Partnerschaften sind nicht immer reibungslos. Häufig stehen die Interessen von Geberländern und Empfängerländern im Widerspruch. Während Industrieländer oft eigene wirtschaftliche und geopolitische Interessen verfolgen, setzen Entwicklungsländer auf nationale Prioritäten, die nicht immer im Einklang mit den Vor-

gaben der Geber stehen. Ein weiteres Hindernis sind die unglei-
chen Machtverhältnisse, bei denen Entwicklungsländer oft in einer
Position der Abhängigkeit agieren, was ihre Fähigkeit, eigene Ent-
wicklungsstrategien zu verfolgen, einschränkt.

7.3.3.3 Herausforderungen der Entwicklungszusammenarbeit: Politische Stabilität, Korruption und Good Governance

Die größte Herausforderung für die **Entwicklungszusammenarbeit** ist die **politische Stabilität** in den betroffenen Regionen. Länder, die von Bürgerkriegen, autoritären Regimen oder politischen
Krisen geplagt sind, haben Schwierigkeiten, die internationalen
Hilfsgelder effektiv zu nutzen oder die nötigen Reformen umzusetzen, die für eine nachhaltige Entwicklung erforderlich sind. Ohne
stabile politische Verhältnisse und funktionierende Institutionen
können Entwicklungsprogramme ins Leere laufen, da die Grundlagen für eine funktionierende Verwaltung fehlen.

Ein weiteres zentrales Problem ist die **Korruption**, die viele Entwicklungsländer durchzieht. Gelder, die eigentlich für den Bau von
Schulen, Krankenhäusern oder Straßen bestimmt sind, versickern
oft in den Taschen korrupter Beamter oder politischer Eliten. Dies
untergräbt nicht nur die Effektivität der Entwicklungshilfe, sondern zerstört auch das Vertrauen der Geberländer und internationalen Organisationen in die Fähigkeit der betroffenen Staaten, ihre
eigenen Entwicklungsziele zu verfolgen.

Good Governance, also eine verantwortungsvolle und transparente Regierungsführung, ist entscheidend für den Erfolg von Ent-
wicklungsprojekten. Regierungen müssen in der Lage sein, Projekte effizient zu verwalten, die Korruption zu bekämpfen und den
öffentlichen Sektor zu reformieren, um den Bürgern echte Dienstleistungen zu bieten. Entwicklungsprogramme, die auf den Aufbau
starker Institutionen abzielen, haben in der Regel größere Erfolgs-

aussichten, da sie die Grundlage für langfristiges Wachstum und Stabilität schaffen.

Die internationale Gemeinschaft hat erkannt, dass Entwicklungszusammenarbeit mehr als nur finanzielle Hilfe erfordert. Sie muss auch darauf abzielen, die politischen und institutionellen Rahmenbedingungen zu verbessern, die den Grundstein für nachhaltiges Wachstum legen. Gleichzeitig ist es wichtig, dass Geberländer und internationale Organisationen auf die spezifischen Bedürfnisse und Prioritäten der Entwicklungsländer eingehen, anstatt standardisierte Lösungen vorzuschreiben.

7.4 Geopolitik und Wirtschaft: Der Einfluss von Machtstrukturen auf globale Märkte

Die Beziehung zwischen **Geopolitik** und **Wirtschaft** ist eine der komplexesten und zugleich wichtigsten Dynamiken in der globalen Ordnung. Geopolitische Spannungen und Machtkämpfe beeinflussen nicht nur politische Entscheidungen, sondern haben auch direkte Auswirkungen auf internationale Handelsbeziehungen, Investitionen und die Stabilität globaler Märkte. In der modernen Welt verschmelzen wirtschaftliche Interessen und geopolitische Machtstrukturen zu einem Geflecht, das die strategischen Entscheidungen von Nationalstaaten prägt. Insbesondere Rohstoffe wie **Öl**, **Gas** und **seltene Erden** spielen eine zentrale Rolle in diesen Machtkämpfen, ebenso wie Handelswege und strategische Allianzen.

7.4.1 Zusammenhang zwischen Geopolitik und Wirtschaft

7.4.1.1 Geopolitische Theorien und wirtschaftliche Macht: Realismus, Liberalismus und Globalisierung

Die Beziehung zwischen Geopolitik und Wirtschaft lässt sich durch verschiedene theoretische Ansätze erklären, die in der internationalen Politik angewendet werden. Einer der zentralen Ansätze ist der **Realismus**, der davon ausgeht, dass Staaten in erster Linie nach Macht streben und wirtschaftliche Ressourcen nutzen, um ihre Sicherheit und ihren Einfluss zu maximieren. In dieser Sichtweise sind wirtschaftliche Macht und geopolitischer Einfluss eng miteinander verknüpft. Staaten sichern sich Ressourcen, kontrollieren strategische Handelswege und bauen militärische Kapazitäten auf, um ihre wirtschaftlichen Interessen zu verteidigen.

Der **Liberalismus** hingegen sieht die internationale Zusammenarbeit und wirtschaftliche Interdependenz als zentrale Faktoren für Frieden und Stabilität. In einer liberalen Weltordnung fördern offene Märkte, Freihandel und gemeinsame Institutionen wie die **Welthandelsorganisation (WTO)** die internationale Zusammenarbeit. Liberale Theoretiker argumentieren, dass wirtschaftliche Verflechtungen zwischen Staaten Kriege unwahrscheinlicher machen, da alle Akteure von gegenseitigem Handel und Investitionen profitieren. Diese Sichtweise dominiert die Zeit nach dem Zweiten Weltkrieg und ist die Grundlage für viele internationale Organisationen und Handelsabkommen.

Mit der **Globalisierung** hat sich eine neue Dimension der wirtschaftlichen Machtverteilung entwickelt. In einer globalisierten Welt sind wirtschaftliche Netzwerke, Lieferketten und Kapitalströme zunehmend komplex und über Staatsgrenzen hinaus verflochten. Unternehmen und Staaten agieren in einem interdependenten

System, in dem geopolitische Entscheidungen, wie Handelskriege oder Sanktionen, sofort weltweite wirtschaftliche Auswirkungen haben können. Die Globalisierung hat zwar viele Vorteile gebracht, darunter wirtschaftliches Wachstum und technologischen Fortschritt, aber auch die Verwundbarkeit gegenüber geopolitischen Spannungen erhöht.

7.4.1.2 Einfluss geopolitischer Spannungen auf den Handel: Handelswege, Embargos und Sanktionen

Geopolitische Spannungen haben häufig direkten Einfluss auf den internationalen Handel, insbesondere durch die Kontrolle über **strategische Handelswege**, die Verhängung von **Embargos** und **wirtschaftlichen Sanktionen**. In vielen Fällen ist die Kontrolle über wichtige Handelsrouten entscheidend für den globalen Warenfluss und die Energieversorgung. Ein klassisches Beispiel ist die strategische Bedeutung des **Suezkanals**, durch den ein erheblicher Teil des Welthandels, insbesondere Öltransporte, fließt. Spannungen in dieser Region, wie etwa politische Unruhen in Ägypten oder Konflikte im Nahen Osten, können massive Auswirkungen auf den globalen Handel haben und zu Preisschwankungen bei Rohstoffen führen.

Ein weiteres Instrument der geopolitischen Einflussnahme sind **wirtschaftliche Embargos** und **Sanktionen**, die von Staaten oder internationalen Organisationen verhängt werden, um politisches Verhalten zu ändern oder Druck auf Regierungen auszuüben. Ein Beispiel dafür sind die **Sanktionen gegen den Iran**, die von den USA und der Europäischen Union verhängt wurden, um den Iran zur Aufgabe seines Atomprogramms zu zwingen. Diese Sanktionen hatten nicht nur wirtschaftliche Auswirkungen auf den Iran, sondern auch auf internationale Unternehmen und Märkte, die mit iranischem Öl und Gas verbunden sind.

Solche geopolitischen Spannungen beeinflussen nicht nur die betroffenen Länder, sondern können auch ganze Branchen und globale Lieferketten stören. Beispielsweise führte die **Ukraine-Krise** 2014 zu weitreichenden Sanktionen gegen Russland, die den Zugang russischer Banken und Unternehmen zu internationalen Finanzmärkten einschränkten und den europäischen Energiemarkt in Aufruhr versetzten.

7.4.1.3 Rohstoffe und Machtpolitik: Die Rolle von Öl, Gas und seltenen Erden

Rohstoffe spielen eine zentrale Rolle in der geopolitischen Machtpolitik, da viele Staaten auf den Zugang zu natürlichen Ressourcen angewiesen sind, um ihre Wirtschaft am Laufen zu halten. Besonders Öl und Gas haben seit dem 20. Jahrhundert einen entscheidenden Einfluss auf internationale Beziehungen und Konflikte. Länder wie Saudi-Arabien, Russland und die USA haben enorme Macht auf den globalen Märkten durch ihre Kontrolle über fossile Brennstoffe. Dies ermöglicht es ihnen, sowohl wirtschaftlichen als auch geopolitischen Einfluss auszuüben, etwa durch die Beeinflussung der Ölpreise oder die Sicherstellung von Energieversorgungsrouten.

Ein bekanntes Beispiel für die Verknüpfung von Rohstoffen und Machtpolitik ist die **OPEC** (Organisation erdölexportierender Länder), die über die Regulierung der Ölproduktion weltweite Preise beeinflussen kann. Geopolitische Spannungen in den OPEC-Ländern, wie etwa im Nahen Osten, haben immer wieder zu Krisen auf den Energiemärkten geführt, die sich auf den Rest der Weltwirtschaft auswirken.

Neben fossilen Brennstoffen spielen auch **seltene Erden** eine zunehmend wichtige Rolle in der globalen Machtpolitik. Diese Rohstoffe, die für die Herstellung moderner Technologien wie Smartphones, Batterien und Rüstungssysteme unerlässlich sind, konzentrieren sich auf wenige Länder, insbesondere China. Die Kontrolle über diese Ressourcen verschafft Ländern einen strategischen Vorteil, da sie essenziell für die digitale Wirtschaft und die grüne Energiewende sind. Geopolitische Konflikte über den Zugang zu seltenen Erden könnten in Zukunft eine noch größere Bedeutung erlangen, insbesondere im Kontext des globalen Wettlaufs um technologische Vorherrschaft.

7.4.2 Regionale Mächte und ihre wirtschaftliche Strategie

In der modernen Weltwirtschaft sind **regionale Mächte** wie die **USA**, **China**, die **Europäische Union** und die **BRICS-Staaten** von entscheidender Bedeutung. Diese Akteure verfolgen jeweils eigene **wirtschaftliche Strategien**, um ihren Einfluss in der globalen Arena zu sichern und auszubauen. Ihre Handlungen haben nicht nur Auswirkungen auf ihre eigenen Volkswirtschaften, sondern auch auf das globale Wirtschaftssystem. Diese Strategien reichen von der Kontrolle über Ressourcen und globalen Handelswegen bis hin zu umfassenden Investitionen in Technologien und Infrastrukturprojekten, um ihre Macht zu festigen.

7.4.2.1 USA und China: Strategien im globalen Wettlauf um wirtschaftliche Vorherrschaft

Der **Wettlauf zwischen den USA und China** um die wirtschaftliche Vorherrschaft ist eine der prägendsten Dynamiken in der gegenwärtigen Weltwirtschaft. Beide Supermächte verfolgen unterschiedliche Strategien, um ihre wirtschaftliche Stärke zu behaupten und ihren geopolitischen Einfluss zu sichern.

Die **USA** setzen traditionell auf die **Freiheit des Marktes** und die Stärkung des Privatsektors. Ihr Wirtschaftssystem basiert auf einer

277

Kombination aus Innovation, technologischem Fortschritt und einem robusten Finanzsystem. Amerikanische Unternehmen wie **Apple**, **Amazon** oder **Google** dominieren weltweit die Märkte für digitale Dienstleistungen und Konsumgüter. Zugleich nutzt die US-Regierung ihre wirtschaftliche Macht, um geopolitische Ziele durch **wirtschaftliche Sanktionen** und Einfluss auf internationale Organisationen wie den **Internationalen Währungsfonds (IWF)** und die **Weltbank** zu erreichen.

Die strategische Stärke der USA liegt auch in ihrer Kontrolle über den **US-Dollar** als globale Leitwährung. Der Dollar ist nicht nur die wichtigste Reservewährung der Welt, sondern wird auch im internationalen Handel und bei Investitionen dominiert. Dies gibt den USA die Möglichkeit, finanzielle Sanktionen effektiv einzusetzen, da viele internationale Transaktionen über das US-Finanzsystem abgewickelt werden. Die USA nutzen diese Machtposition, um geopolitische Konkurrenten wie den **Iran** oder **Russland** durch Sanktionen wirtschaftlich zu isolieren.

China verfolgt hingegen eine andere Strategie, die auf staatlicher Kontrolle und langfristiger Planung basiert. Die **Kommunistische Partei Chinas** setzt auf ein Modell der starken staatlichen Intervention in die Wirtschaft, um strategische Industrien zu fördern und den eigenen Einfluss in der globalen Wirtschaft zu erweitern. Ein zentrales Element dieser Strategie ist das Projekt der **Neuen Seidenstraße** (Belt and Road Initiative, BRI), das den Bau von Infrastrukturprojekten in über 60 Ländern umfasst und die Handelswege zwischen Asien, Europa und Afrika ausbauen soll. Dadurch will China seinen geopolitischen Einfluss erweitern und neue Märkte für chinesische Unternehmen erschließen.

Ein weiteres Schlüsselelement der chinesischen Strategie ist die Förderung von **technologischer Selbstständigkeit**. China investiert massiv in Zukunftstechnologien wie **Künstliche Intelligenz**

(KI), **5G-Netze** und **elektrische Fahrzeuge**, um in diesen Bereichen eine führende Rolle zu spielen. Durch staatlich unterstützte Unternehmen wie **Huawei** und **Tencent** hat China begonnen, seine eigenen digitalen Plattformen zu schaffen, die in Konkurrenz zu amerikanischen Unternehmen stehen. Gleichzeitig nutzt China seinen Einfluss auf globale Lieferketten, insbesondere im Bereich der **seltenen Erden**, um seine strategische Position zu stärken.

Der wirtschaftliche Konflikt zwischen den USA und China hat sich in den letzten Jahren zu einem ausgewachsenen **Handelskrieg** entwickelt, der weitreichende Folgen für die globale Wirtschaft hat. Beide Länder haben gegenseitige Zölle und Sanktionen verhängt, was die internationalen Handelsströme gestört und Unsicherheit auf den globalen Märkten ausgelöst hat. Dieser Konflikt wird nicht nur in der Handelspolitik ausgetragen, sondern auch in Fragen der technologischen Dominanz und der geopolitischen Einflussnahme, etwa im asiatisch-pazifischen Raum und in Afrika.

7.4.2.2 Europäische Union: Wirtschaftliche Integration und geopolitische Herausforderungen

Die **Europäische Union (EU)** ist ein einzigartiges Modell der **wirtschaftlichen Integration**, das darauf abzielt, die Volkswirtschaften ihrer Mitgliedsstaaten zu vereinen und dadurch eine gemeinsame wirtschaftliche und politische Machtbasis zu schaffen. Das Fundament dieser Integration ist der **Binnenmarkt**, der den freien Verkehr von Waren, Dienstleistungen, Kapital und Personen innerhalb der EU ermöglicht. Zusätzlich hat die Einführung des **Euro** als gemeinsame Währung für 19 der 27 Mitgliedstaaten der Eurozone die wirtschaftliche Integration weiter vorangetrieben.

Trotz dieser wirtschaftlichen Erfolge steht die EU vor erheblichen **geopolitischen Herausforderungen**. Einer der größten Konfliktpunkte ist der Umgang mit den **Handelsbeziehungen** zu anderen globalen Mächten wie den USA und China. Während die EU versucht, ihre wirtschaftlichen Interessen durch Freihandelsabkommen zu sichern, gerät sie oft zwischen die Spannungen der beiden Supermächte. Handelskriege, wie der zwischen den USA und China, sowie der Austritt Großbritanniens aus der EU, der sogenannte **Brexit**, haben die EU gezwungen, ihre wirtschaftliche Strategie neu zu überdenken.

Ein weiteres geopolitisches Problem ist die Abhängigkeit der EU von **Energieimporten**, insbesondere aus Russland. Diese Abhängigkeit wurde in den letzten Jahren zu einer Schwachstelle, da geopolitische Spannungen mit Russland, insbesondere im Zuge der Ukraine-Krise, die Energieversorgung gefährden und den Druck auf die EU erhöhen, alternative Energiequellen zu erschließen. Die EU verfolgt daher eine ehrgeizige Energiepolitik, die darauf abzielt, erneuerbare Energien zu fördern und die Abhängigkeit von fossilen Brennstoffen zu verringern.

Die EU steht auch vor der Herausforderung, eine **gemeinsame Außen- und Sicherheitspolitik** zu entwickeln, um ihre wirtschaftlichen Interessen auf der globalen Bühne zu verteidigen. Während sie in Handelsfragen oft eine starke und vereinte Stimme hat, ist ihre geopolitische Macht durch die Uneinigkeit der Mitgliedsstaaten begrenzt. Länder wie Frankreich und Deutschland drängen auf eine größere strategische Autonomie der EU, während osteuropäische Länder wie Polen und die baltischen Staaten weiterhin auf die militärische Unterstützung der NATO und der USA setzen, um ihre Sicherheit zu gewährleisten.

7.4.2.3 Schwellenländer: BRICS-Staaten und ihre wachsende Bedeutung in der Weltwirtschaft

Die **BRICS-Staaten** (Brasilien, Russland, Indien, China und Südafrika) sind eine Gruppe von Schwellenländern, die in den letzten zwei

Jahrzehnten zu bedeutenden Akteuren in der globalen Wirtschaft aufgestiegen sind. Diese Länder verfügen über große Bevölkerungen, reichhaltige natürliche Ressourcen und wachsende Industrien, die ihnen einen strategischen Vorteil verschaffen. Die BRICS-Staaten haben sich zu einer Plattform entwickelt, um ihre gemeinsamen Interessen in der globalen Wirtschaft zu vertreten und ihre Abhängigkeit von westlichen Institutionen wie dem IWF und der Weltbank zu verringern.

Ein Hauptziel der BRICS-Staaten ist es, ein Gegengewicht zu den traditionellen Mächten des Westens zu schaffen. Sie haben gemeinsame Projekte ins Leben gerufen, wie die **Neue Entwicklungsbank (NDB)**, die als Alternative zur Weltbank fungiert und Infrastrukturprojekte in Schwellen- und Entwicklungsländern finanziert. Diese Institution soll den Einfluss der westlichen Finanzinstitutionen auf die globale Wirtschaft verringern und den BRICS-Staaten mehr Unabhängigkeit bei der Finanzierung ihrer eigenen Entwicklungsprojekte verschaffen.

Die BRICS-Staaten stehen jedoch auch vor eigenen Herausforderungen. Sie sind geografisch weit voneinander entfernt und haben unterschiedliche politische Systeme und wirtschaftliche Interessen. Während China und Russland oft als strategische Verbündete auftreten, gibt es Spannungen zwischen Indien und China, insbesondere in geopolitischen Fragen wie den Grenzkonflikten in der Himalaya-Region. Auch die wirtschaftliche Entwicklung der einzelnen BRICS-Länder ist uneinheitlich: Während China und Indien starke Wachstumsraten verzeichnen, haben Brasilien, Russland und Südafrika mit politischen und wirtschaftlichen Krisen zu kämpfen.

Trotz dieser Herausforderungen bleibt die Gruppe der BRICS-Staaten ein wichtiger Akteur in der globalen Wirtschaft, der darauf abzielt, die multipolare Weltordnung zu fördern und die wirtschaftlichen Interessen der Schwellenländer zu stärken.

7.4.3 Wirtschaftliche Sanktionen und ihre Auswirkungen

Wirtschaftliche Sanktionen sind ein häufig eingesetztes geopolitisches Instrument, um politische oder wirtschaftliche Ziele durchzusetzen. Sie dienen oft dazu, Staaten für bestimmtes Verhalten zu bestrafen oder deren Handlungen zu beeinflussen, ohne auf militärische Mittel zurückzugreifen. Sanktionen können sowohl von Einzelstaaten als auch von internationalen Organisationen wie den Vereinten Nationen oder der Europäischen Union verhängt werden. Ihre Auswirkungen sind weitreichend und betreffen nicht nur die Zielstaaten, sondern auch die globale Wirtschaft. Sanktionen können verschiedene Formen annehmen, darunter **Handelsbeschränkungen**, **Finanzsanktionen**, **Einfuhr- und Ausfuhrverbote** sowie **Embargos**.

7.4.3.1 Wirtschaftssanktionen als geopolitisches Instrument: Ziele und Mechanismen

Wirtschaftssanktionen werden eingesetzt, um Staaten unter Druck zu setzen, ihre Politik zu ändern, ohne dass es zu einem militärischen Konflikt kommt. Sie richten sich oft gegen Länder, die als Bedrohung für die internationale Stabilität oder die Menschenrechte angesehen werden. Typische Ziele von Sanktionen sind die **Eindämmung von Atomwaffenprogrammen**, die **Förderung von Demokratie** und die **Verhinderung von Menschenrechtsverletzungen**.

Ein klassisches Beispiel sind die **Sanktionen gegen den Iran**, die verhängt wurden, um das Land davon abzuhalten, sein Atomprogramm weiter auszubauen. Die Sanktionen umfassten umfassende

Handelsbeschränkungen, die den Export von Öl und Gas einschränkten, sowie die Sperrung des Zugangs zu internationalen Finanzmärkten. Diese Maßnahmen hatten zum Ziel, den wirtschaftlichen Druck auf den Iran zu erhöhen und ihn zu Verhandlungen über sein Atomprogramm zu zwingen, was letztlich zum Atomabkommen von 2015 führte.

Ein weiteres Beispiel ist die **Blockade Kubas** durch die USA, die seit den 1960er Jahren besteht. Diese Sanktionen sollten das kommunistische Regime unter Fidel Castro destabilisieren und einen politischen Wandel herbeiführen. Obwohl die Sanktionen das Wirtschaftswachstum Kubas stark behinderten, haben sie die Regierung nicht zu grundlegenden politischen Reformen bewegt. Solche Beispiele zeigen, dass wirtschaftliche Sanktionen zwar wirksam sein können, um den Druck auf Regierungen zu erhöhen, aber nicht immer die gewünschten politischen Ergebnisse erzielen.

Sanktionen können sich auf einzelne Industrien oder die gesamte Wirtschaft eines Landes erstrecken. Sie werden oft durch **Finanzsanktionen** ergänzt, die den Zugang eines Landes zu internationalen Finanzsystemen einschränken. Ein prominentes Beispiel dafür sind die Sanktionen gegen **Nordkorea**, die darauf abzielen, das Land wirtschaftlich zu isolieren und den Zugang zu Devisenquellen abzuschneiden. Dies geschieht durch das Einfrieren von Vermögenswerten nordkoreanischer Unternehmen und Banken sowie durch das Verbot internationaler Finanztransaktionen.

7.4.3.2 Auswirkungen auf betroffene Länder: Wirtschaftliche Isolation vs. Anpassungsstrategien

Die Auswirkungen wirtschaftlicher Sanktionen auf die betroffenen Länder können gravierend sein. Häufig führen sie zu **wirtschaftlicher Isolation**, die zu einer starken Reduzierung des Handels und der Investitionen führt. Dies kann sich in Form von steigender Arbeitslosigkeit, sinkender Produktivität und einem Rückgang des Bruttoinlandsprodukts (BIP) äußern. Länder wie der Iran, Kuba und Venezuela haben alle schwere wirtschaftliche Folgen durch langjährige Sanktionen erlitten.

Für Länder, die stark von Exporten abhängig sind, wie beispielsweise ölproduzierende Staaten, können Sanktionen dramatische Folgen haben. Im Falle des Irans führte die Reduzierung der Ölexporte zu einem drastischen Rückgang der Staatseinnahmen, was die Regierung zwang, drastische Sparmaßnahmen zu ergreifen und die Wirtschaft zu diversifizieren. Die Inflationsraten stiegen, und die Lebensqualität der Bevölkerung sank erheblich. Solche Auswirkungen können zu sozialen Unruhen führen, da die Bevölkerung die Folgen von Arbeitslosigkeit und Preissteigerungen direkt spürt.

Trotz dieser wirtschaftlichen Isolation entwickeln viele Länder **Anpassungsstrategien**, um die Auswirkungen der Sanktionen abzumildern. Nordkorea beispielsweise hat sich weitgehend auf illegale Handelssysteme und die Zusammenarbeit mit anderen sanktionierten Staaten wie dem Iran gestützt, um seine Wirtschaft über Wasser zu halten. Der Iran wiederum hat versucht, seine Abhängigkeit vom Ölsektor zu verringern, indem er in den Agrar- und Technologiesektor investierte. Auch **Schattenwirtschaften** und **illegale Handelskanäle** werden häufig genutzt, um Sanktionen zu umgehen.

In einigen Fällen können Sanktionen sogar den gegenteiligen Effekt haben, indem sie die betroffenen Regierungen dazu veranlassen, ihren Widerstand zu verstärken und nationalistische Bewegungen zu fördern. Dies war etwa im Fall Kubas zu beobachten, wo das Regime unter Fidel Castro die Sanktionen nutzte, um die USA als Feind zu stilisieren und dadurch den Rückhalt in der Bevölkerung zu sichern.

7.4.3.3 Internationale Reaktionen und Gegenmaßnahmen: Multilaterale Sanktionen vs. einseitige Maßnahmen

Wirtschaftliche Sanktionen können entweder **multilateral**, also durch mehrere Länder oder internationale Organisationen verhängt werden, oder **einseitig** durch einen einzelnen Staat. Multilaterale Sanktionen haben in der Regel eine größere Wirkung, da sie umfassender sind und schwerer zu umgehen. Ein gutes Beispiel hierfür sind die Sanktionen der Vereinten Nationen, die oft eine breite internationale Unterstützung genießen und dadurch besonders wirksam sind.

Einseitige Sanktionen, wie sie oft von den **USA** verhängt werden, sind hingegen anfälliger für **Umgehungsstrategien**, da andere Staaten nicht verpflichtet sind, sich daran zu halten. So versuchen Länder wie Russland und China, die Sanktionen der USA gegen den Iran oder Venezuela durch bilaterale Handelsabkommen und die Unterstützung durch alternative Finanzsysteme zu umgehen. Dies hat zu einer wachsenden Fragmentierung der internationalen Handels- und Finanzsysteme geführt, da sanktionierte Länder Allianzen mit anderen Staaten eingehen, um ihre wirtschaftlichen Aktivitäten fortzusetzen.

Ein weiteres Beispiel für die internationale Reaktion auf Sanktionen ist die EU, die sich in einigen Fällen gegen einseitige US-Sanktionen gestellt hat, etwa im Fall der **Sanktionen gegen den Iran** nach dem Ausstieg der USA aus dem Atomabkommen. Die EU setzte sich für den Erhalt des Abkommens ein und entwickelte ein eigenes Zahlungssystem, **INSTEX**, um den Handel mit dem Iran aufrechtzuerhalten und europäische Unternehmen vor den Auswirkungen der US-Sanktionen zu schützen.

Diese **Gegenmaßnahmen** zeigen, dass Sanktionen nicht immer die gewünschte Wirkung erzielen und internationale Konflikte sogar weiter verschärfen können. Sie führen oft dazu, dass die sanktionierten Länder Allianzen mit anderen wirtschaftlichen und geopolitischen Akteuren eingehen, was zu einer **Neuordnung der globalen Machtverhältnisse** beitragen kann.

8. Zukunftsperspektiven der Weltwirtschaft

Es ist ein klarer, sonniger Morgen im Jahre 2050, als auf einer Konferenz in einer der gläsernen Hallen in Singapur die führenden Köpfe der Weltwirtschaft zusammenkommen. Es gibt keine Podien mehr, keine klassischen Konferenztische. Stattdessen tauschen sich die Teilnehmer in interaktiven Gruppen aus, die dank modernster Virtual-Reality-Technologie mit Wirtschaftsexperten auf der ganzen Welt verbunden sind. Die Diskussionen sind intensiv, aber es gibt ein gemeinsames Verständnis: Die Weltwirtschaft steht an einem Scheideweg, und die Zukunft hängt von den Entscheidungen ab, die heute getroffen werden.

Die Frage, die im Raum steht: Wohin entwickelt sich die globale Wirtschaft im 21. Jahrhundert? Werden wir weiterhin ein ungebremstes Wachstum erleben, oder stehen wir vor einer globalen Rezession? Oder, und das scheint der wahrscheinlichste Weg zu sein, erleben wir eine tiefgreifende Transformation, die die bisher bekannten wirtschaftlichen Paradigmen komplett auf den Kopf stellt?

8.1. Szenarien für das 21. Jahrhundert: Wachstum, Rezession oder Transformation?

Die Zukunft der Weltwirtschaft hängt von einer Vielzahl an Faktoren ab. Auf der einen Seite stehen die Optimisten, die weiterhin auf grenzenloses Wachstum setzen. Länder wie China und Indien, die im 20. Jahrhundert zu den aufstrebenden Wirtschaftsmächten gehörten, haben heute schon viele westliche Nationen überholt. Das Bevölkerungswachstum in diesen Regionen ist zwar gebremst, doch der technologische Fortschritt hat ihnen einen deutlichen Wettbewerbsvorteil verschafft. Fortschritte in der Künstlichen Intelligenz, Automatisierung und erneuerbaren Energien könnten dafür sorgen, dass das Wirtschaftswachstum ungebremst weitergeht.

Auf der anderen Seite stehen die Skeptiker. Sie argumentieren, dass die Weltwirtschaft bereits in eine Phase der Stagnation eingetreten ist. Seit der globalen Finanzkrise 2008 gibt es deutliche Zeichen, dass das bisherige Wirtschaftsmodell nicht nachhaltig ist. Verschuldung, soziale Ungleichheit und das ungebremste Ausbeuten natürlicher Ressourcen haben in vielen Ländern das Vertrauen in das System erschüttert. Einige Analysten sprechen sogar von einer möglichen globalen Rezession, die durch geopolitische Spannungen und den fortwährenden Klimawandel ausgelöst werden könnte.

Und dann gibt es noch eine dritte Perspektive – die der Transformation. In dieser Version der Zukunft ist die Wirtschaft kein starres System mehr, sondern ein sich ständig wandelnder Organismus. Hier wird das Konzept des Wachstums neu definiert: Es geht nicht mehr nur um Gewinnmaximierung und Produktionssteigerung, sondern um eine Balance zwischen wirtschaftlichem Erfolg, sozialer

Gerechtigkeit und ökologischer Nachhaltigkeit. Viele Länder, insbesondere in Europa und Teilen Asiens, haben bereits begonnen, ihre Wirtschaft in diese Richtung zu lenken. Sie setzen auf grüne Technologien, eine gerechtere Einkommensverteilung und nachhaltige Produktionsmethoden.

Doch welche dieser Zukunftsvisionen wird sich durchsetzen? Das hängt maßgeblich davon ab, wie die internationalen Gemeinschaften in den nächsten Jahrzehnten auf die Herausforderungen reagieren.

8.2. Die Rolle der Innovation: Wie Forschung und Entwicklung die Weltwirtschaft formen können

Wenn es eine Konstante in der Wirtschaftsgeschichte gibt, dann ist es die Macht der Innovation. Jede industrielle Revolution, jede Phase des Wachstums wurde durch technologische Fortschritte angetrieben, und das 21. Jahrhundert ist hier keine Ausnahme. Doch die Innovation von heute ist weitaus komplexer und weitreichender als jemals zuvor.

Die Innovationskraft, die in den Bereichen Künstliche Intelligenz, Genetik, Materialwissenschaften und erneuerbare Energien steckt, hat das Potenzial, die globale Wirtschaft komplett neu zu gestalten. Während die Industrialisierung des 19. Jahrhunderts auf Dampfmaschinen und die Massenproduktion setzte, sind die heutigen Innovationstreiber dezentraler, vernetzter und oft unsichtbar.

Ein Beispiel ist die Blockchain-Technologie. Ursprünglich als Grundlage für Kryptowährungen entwickelt, wird sie heute bereits in verschiedensten Wirtschaftssektoren eingesetzt – von der Logistik bis hin zu Finanzdienstleistungen. Sie ermöglicht es, Transaktionen und Lieferketten transparent und manipulationssicher abzubilden, was nicht nur Effizienzsteigerungen bringt, sondern auch das Vertrauen in globale Handelsbeziehungen stärkt.

Ein weiteres Beispiel ist die Biotechnologie. Forscher auf der ganzen Welt arbeiten daran, Nahrungsmittel und Medikamente kostengünstiger und nachhaltiger herzustellen. Dies könnte insbesondere in ärmeren Regionen der Welt zu einer enormen Verbesserung der Lebensqualität führen und neue Märkte erschließen.

Die Innovationsdynamik geht jedoch über technische Neuerungen hinaus. Sie umfasst auch neue Geschäftsmodelle und Arbeitsweisen. Plattformen wie Uber, Airbnb oder Amazon haben traditionelle Branchen revolutioniert und neue Arbeitswelten geschaffen. Allerdings werfen diese auch Fragen zur sozialen Verantwortung und zur Zukunft der Arbeitswelt auf, denn Automatisierung und Digitalisierung könnten Millionen von Jobs gefährden, insbesondere in den Bereichen, die bisher als sicher galten.

Doch wie können Gesellschaften sicherstellen, dass Innovation zum Wohlstand aller beiträgt? Hier kommt die Politik ins Spiel. Regierungen müssen den Rahmen schaffen, in dem Innovation gedeihen kann, ohne dass sie zu einem Selbstzweck wird. Forschung und Entwicklung müssen gefördert, gleichzeitig aber auch reguliert werden, um mögliche negative Konsequenzen zu verhindern.

8.3. Nachhaltige Entwicklung: Wirtschaftswachstum im Einklang mit Umwelt und Gesellschaft

In einer Zeit, in der der Planet an seine ökologischen Grenzen stößt, steht die Frage nach nachhaltigem Wirtschaftswachstum im Mittelpunkt jeder ernsthaften Diskussion über die Zukunft der

Weltwirtschaft. Die Bilder von überfluteten Küstenstädten, ausgetrockneten Ackerflächen und sich ausbreitenden Wüsten sind allgegenwärtig. Der Klimawandel ist keine abstrakte Bedrohung mehr, sondern eine reale Herausforderung, die ganze Volkswirtschaften zu zerstören droht. Gleichzeitig wächst das Bewusstsein dafür, dass das gegenwärtige Wirtschaftssystem, das auf endlosem Wachstum und dem Ausbeuten natürlicher Ressourcen basiert, nicht nachhaltig ist.

Hier kommt das Konzept der nachhaltigen Entwicklung ins Spiel – ein Ansatz, der versucht, Wirtschaftswachstum, Umwelt und soziale Gerechtigkeit miteinander in Einklang zu bringen. Die Grundidee besteht darin, dass wirtschaftlicher Fortschritt nicht auf Kosten zukünftiger Generationen und der Umwelt gehen darf. Doch wie kann das in der Praxis aussehen?

Ein Blick in die Vergangenheit zeigt, dass wirtschaftliches Wachstum und Umweltbewusstsein oft als Gegensätze betrachtet wurden. Das eine ging meist auf Kosten des anderen. Doch seit den 1990er Jahren hat sich dieses Denken verändert. Länder wie Deutschland und die skandinavischen Staaten haben begonnen, Wirtschaftswachstum durch grüne Technologien zu fördern. Wind-, Solar- und Wasserenergie sind heute in vielen Teilen der Welt ernstzunehmende Wirtschaftszweige, die Arbeitsplätze schaffen und den CO_2-Ausstoß signifikant senken. Die Herausforderung besteht darin, diese Entwicklungen global auszuweiten, insbesondere in Schwellen- und Entwicklungsländern.

Nachhaltigkeit bedeutet jedoch mehr als nur den Übergang zu erneuerbaren Energien. Es geht um eine ganzheitliche Betrachtung von Produktionsketten und Konsummustern. Unternehmen, die ihre Produktionsprozesse so gestalten, dass sie weniger Ressourcen verbrauchen und weniger Abfall produzieren, stehen zunehmend im Fokus. Hier setzt die Kreislaufwirtschaft an, ein Modell, das die Idee verfolgt, Produkte am Ende ihres Lebenszyklus nicht einfach zu entsorgen, sondern sie zu recyceln und die Rohstoffe wieder in den Produktionsprozess einfließen zu lassen. Dieser Ansatz könnte in Zukunft eine Schlüsselrolle spielen, um Ressourcenknappheit zu bekämpfen und gleichzeitig das Wirtschaftswachstum aufrechtzuerhalten.

Doch nachhaltige Entwicklung geht über die ökologischen Aspekte hinaus. Sie umfasst auch die Frage der sozialen Gerechtigkeit. Immer mehr Ökonomen und Politiker sind sich einig, dass ein langfristig stabiles Wirtschaftswachstum nur möglich ist, wenn die Kluft zwischen Arm und Reich verkleinert wird. Dies ist eine der größten Herausforderungen der Globalisierung. Während einige Regionen von der wirtschaftlichen Öffnung und der technologischen Entwicklung profitiert haben, sind andere weiter in Armut und sozialer Ungleichheit gefangen. Hier könnten internationale Abkommen, die den gerechten Handel und die faire Verteilung von Ressourcen fördern, eine Lösung bieten.

Die Sustainable Development Goals (SDGs) der Vereinten Nationen, die 2015 verabschiedet wurden, sind ein globales Rahmenwerk, das diese Ziele in konkrete Handlungsfelder übersetzt. Sie fordern von allen Ländern Maßnahmen in Bereichen wie Armutsbekämpfung, Bildung, Gesundheit, saubere Energie und Klimaschutz. Dabei wird betont, dass Wirtschaftswachstum nur dann nachhaltig ist, wenn es die Lebensqualität aller Menschen verbessert und gleichzeitig die natürlichen Lebensgrundlagen schützt.

Eine erfolgreiche Umsetzung nachhaltiger Wirtschaftsstrategien setzt jedoch einen globalen Wandel im Denken und Handeln voraus. Unternehmen, Staaten und Konsumenten müssen erkennen, dass kurzfristige Gewinne oft langfristige Schäden nach sich ziehen. Investitionen in grüne Technologien und soziale Projekte sind zwar teuer, können sich jedoch langfristig auszahlen – sowohl in Form von wirtschaftlichem Wohlstand als auch in Form eines stabilen und gesunden Planeten.

8.4. Das Konzept des Gemeinwohls: Der Weg zu einer inklusiveren und faireren Wirtschaft

Neben Nachhaltigkeit gewinnt auch das Konzept des Gemeinwohls immer mehr an Bedeutung, wenn es um die Zukunft der Weltwirtschaft geht. Der freie Markt, so erfolgreich er auch in vielen Bereichen war, hat in seiner reinen Form häufig zu sozialen Ungerechtigkeiten geführt. Großkonzerne, die enorme Gewinne einfahren, während Millionen Menschen in prekären Verhältnissen leben, sind ein Symbol für die Ungleichheiten, die das gegenwärtige Wirtschaftssystem hervorgebracht hat. Das Gemeinwohl, das Wohl der Allgemeinheit, wird in solchen Fällen oft zugunsten von Gewinnmaximierung und Wettbewerb hintangestellt.

Das Gemeinwohl-Ökonomie-Modell, das von Vordenkern wie Christian Felber entwickelt wurde, setzt hier an. Es schlägt vor, wirtschaftlichen Erfolg nicht nur an Kennzahlen wie dem Bruttoinlandsprodukt (BIP) oder dem Gewinn eines Unternehmens zu messen, sondern daran, welchen Beitrag eine Organisation zum Wohl der Gesellschaft leistet. Unternehmen, die faire Löhne zahlen, umweltfreundlich produzieren und soziale Verantwortung übernehmen, sollen in diesem Modell gefördert werden, während solche, die ausschließlich auf Gewinnmaximierung abzielen, durch höhere Steuern oder Einschränkungen in ihrer Geschäftstätigkeit bestraft werden könnten.

Das Konzept des Gemeinwohls verlangt auch von den Regierungen ein Umdenken. Statt den freien Markt unreguliert walten zu lassen, sollten politische Maßnahmen stärker auf soziale und ökologische Gerechtigkeit abzielen. Dies könnte durch progressive Steuersysteme, Sozialprogramme und gezielte Subventionen für nachhaltige und sozialverträgliche Unternehmen geschehen.

In einer inklusiven Wirtschaft geht es nicht nur um Chancengleichheit, sondern auch um Partizipation. Menschen sollen nicht nur als Arbeitnehmer oder Konsumenten, sondern als aktive Gestalter der Wirtschaft gesehen werden. Hier knüpft die Idee von Genossenschaften und sozialen Unternehmen an, in denen die Mitarbeiter Mitspracherechte haben und Gewinne reinvestiert werden, um die Arbeitsbedingungen zu verbessern oder die Gemeinschaft zu fördern.

Das Konzept des Gemeinwohls bietet eine spannende Perspektive für die Zukunft der Weltwirtschaft, da es die Vorstellung von Erfolg und Wohlstand erweitert. In einer Welt, in der die Herausforderungen immer komplexer und globaler werden, könnte eine Wirtschaft, die sich auf das Wohl aller konzentriert, die Antwort auf viele der drängendsten Probleme unserer Zeit sein.

Kapitel 9: Schlussfolgerungen

9.1. Synthese: Die Relevanz von Adam Smiths Ideen in der modernen Welt

Als Adam Smith 1776 *"Der Wohlstand der Nationen"* veröffentlichte, revolutionierte er nicht nur die Ökonomie seiner Zeit, sondern legte den Grundstein für viele der Prinzipien, die die moderne Wirtschaft bis heute prägen. Seine Konzepte wie die unsichtbare Hand, der freie Markt und die Arbeitsteilung sind bis heute von zentraler Bedeutung. Doch wie relevant sind diese Ideen in der globalisierten und digitalisierten Welt des 21. Jahrhunderts?

Die Antwort lautet: verblüffend relevant! Auch wenn sich die Rahmenbedingungen verändert haben, bleibt der Kern von Smiths Ideen zeitlos. Seine Vorstellung von Märkten, die durch das Eigeninteresse der Akteure reguliert werden, lässt sich auf die heutigen digitalen Plattformen wie Amazon, Alibaba und Co. übertragen. Diese Giganten agieren in einer Art, die Smiths Konzept der unsichtbaren Hand auf neue Höhen hebt – mit Milliarden von Nutzern und einer Allokation von Ressourcen, die über Grenzen und Kulturen hinweg funktioniert.

Doch Smiths Ansätze bedürfen in der heutigen Zeit einer Ergänzung: In einer Welt, die von Klimawandel, sozialer Ungleichheit und technologischen Umbrüchen geprägt ist, reicht die unsichtbare Hand alleine nicht mehr aus. Regulierungen, soziale Verantwortung und ethisches Unternehmertum sind die modernen Erweiterungen von Smiths Ideen, die uns helfen, die Herausforderungen des 21. Jahrhunderts zu bewältigen.

Adam Smith hätte sich die heutige vernetzte Welt mit ihren unzähligen, blitzschnellen Marktbewegungen wohl kaum vorstellen können. Doch der Gedanke, dass das individuelle Streben nach Gewinn letztlich zum allgemeinen Wohlstand beiträgt, ist nach wie vor eine starke Triebfeder der globalen Wirtschaft. Unternehmen und Startups, von kleinen Tech-Firmen bis hin zu den Giganten des Silicon Valley, profitieren von der freien Entfaltung ihrer Ideen und Produkte. Die Schaffung von Arbeitsplätzen, die Innovationskraft und das wirtschaftliche Wachstum, das durch diese unternehmerischen Aktivitäten angeregt wird, sind unbestreitbare Beweise dafür, dass Smiths Gedanken auch im 21. Jahrhundert noch ihre Gültigkeit haben.

Dennoch haben sich die Herausforderungen verschärft: Die wachsende Kluft zwischen Arm und Reich, die unkontrollierte Ausbeutung natürlicher Ressourcen und der Klimawandel zeigen, dass Smiths Modell der Selbstregulierung an seine Grenzen stößt. Der Markt allein kann diese Probleme nicht lösen. Es braucht eine neue "unsichtbare Hand", die nicht nur die wirtschaftlichen Interessen der Individuen, sondern auch die sozialen und ökologischen Belange mit einbezieht. Hier kommt die Verantwortung der modernen Ökonomie ins Spiel: Sie muss die Lehren aus der Vergangenheit mit den Notwendigkeiten der Gegenwart vereinen und neue Wege finden, um nachhaltigen Wohlstand für alle zu schaffen.

9.2. Handlungsempfehlungen für Politiker, Unternehmer und Bürger

Politiker stehen heute vor der Aufgabe, Rahmenbedingungen zu schaffen, die eine gesunde Balance zwischen freien Märkten und staatlicher Regulierung ermöglichen. Es geht nicht darum, den Markt zu kontrollieren, sondern ihn in Bahnen zu lenken, die Innovation fördern, aber gleichzeitig die sozialen und ökologischen Kosten minimieren. Regierungen sollten den Fokus auf Bildung, Infrastruktur und nachhaltige Technologien legen. Sie müssen sicherstellen, dass die wirtschaftlichen Gewinne fair verteilt werden und soziale Gerechtigkeit nicht auf der Strecke bleibt.

Unternehmer wiederum sind die Träger der Verantwortung, Smiths Prinzipien in die Praxis zu überführen. Es reicht nicht mehr, nur den Gewinn im Auge zu haben. Unternehmer von heute müssen sich der sozialen und ökologischen Verantwortung stellen. Firmen, die ethisches Verhalten, nachhaltige Produktion und die faire Behandlung ihrer Mitarbeiter in den Mittelpunkt stellen, werden langfristig erfolgreicher sein.

Und schließlich die Bürger: Jeder Einzelne trägt Verantwortung. In einer vernetzten Welt, in der Konsumentenentscheidungen über Erfolg und Misserfolg von Unternehmen entscheiden, ist es an den Bürgern, bewusste Kaufentscheidungen zu treffen. Der bewusste Konsum, der Nachhaltigkeit und soziale Verantwortung in den Vordergrund stellt, wird in Zukunft eine immer größere Rolle spielen. Adam Smiths unsichtbare Hand kann auch heute noch wirken, wenn wir alle mit Bedacht handeln.

Für die Politik ist es entscheidend, die richtigen Rahmenbedingungen zu schaffen, um die Balance zwischen Freiheit und Verantwortung zu gewährleisten. Ein wirksamer und fairer Steuermarkt, der die Interessen kleiner und mittlerer Unternehmen ebenso wie die global agierender Konzerne berücksichtigt, könnte ein Schlüssel zum Erfolg sein. Außerdem müssen gezielte Investitionen in Bildung und Digitalisierung erfolgen, um die Bevölkerung für die Anforderungen der zukünftigen Arbeitswelt zu rüsten. Politische Maßnahmen sollten sich darauf konzentrieren, Arbeitskräfte in Bereichen zu fördern, in denen menschliche Fähigkeiten nicht einfach durch Maschinen ersetzt werden können – Kreativität, soziale Intelligenz und ethisches Handeln werden entscheidend sein.

Unternehmer sollten darüber hinaus verstehen, dass sie nicht mehr nur wirtschaftliche Akteure sind, sondern auch gesellschaftliche Vorbilder. Wer verantwortungsbewusst handelt, zahlt langfristig auf das eigene Unternehmen und die Gesellschaft ein. Dies bedeutet nicht nur, die Interessen von Aktionären im Blick zu behalten, sondern auch die Bedürfnisse von Arbeitnehmern, Zulieferern und Kunden. Nachhaltigkeit und Ethik sollten integrale Bestandteile jeder Unternehmensstrategie sein.

Und die Bürger? Die Macht des Konsumenten ist in der digitalen Ära so stark wie nie zuvor. Jeder Kauf kann als eine Art Abstimmung betrachtet werden: Wir entscheiden durch unsere Ausgaben, welche Unternehmen Erfolg haben und welche nicht. Bewusstes Konsumverhalten, etwa die Bevorzugung von umweltfreundlichen Produkten oder die Unterstützung von Firmen, die sich sozial engagieren, hat direkte Auswirkungen auf die Märkte. Es liegt also auch in der Verantwortung des Einzelnen, zu einer gerechteren und nachhaltigeren Weltwirtschaft beizutragen.

9.3. Ausblick: Die zukünftige Entwicklung der globalen Wirtschaft und die Rolle des Individuums

Die Globalisierung hat die Weltwirtschaft grundlegend verändert, und mit der digitalen Revolution stehen wir an der Schwelle zu einem neuen Zeitalter. Künstliche Intelligenz, Automatisierung und Big Data werden die Wirtschaftswelt in den kommenden Jahrzehnten dominieren. Die Rolle des Individuums wird dabei zentral bleiben: als Konsument, als Arbeitnehmer und als Bürger. Doch die Herausforderungen werden größer. Die Digitalisierung führt zu einer Machtkonzentration bei wenigen großen Unternehmen, während gleichzeitig ganze Berufszweige durch Automatisierung verschwinden könnten.

Adam Smiths Ideen sind auch hier wieder der Schlüssel: Arbeitsteilung, Wettbewerb und Innovation können uns helfen, diese Herausforderungen zu bewältigen. Es wird jedoch mehr Regulierung, mehr soziale Verantwortung und vor allem mehr Bewusstsein von Seiten der Regierungen, Unternehmer und Bürger brauchen, um diese Veränderungen erfolgreich zu meistern. Die Zukunft der globalen Wirtschaft ist dynamisch und ungewiss, doch eines ist klar: Das Individuum wird mehr Macht und Verantwortung haben als je zuvor.

Die nächsten Jahrzehnte werden von einer beispiellosen Transformation geprägt sein. Künstliche Intelligenz, Blockchain, Automatisierung und Biotechnologie werden den wirtschaftlichen Wandel beschleunigen. Der Arbeitsmarkt steht vor einer grundlegenden Umwälzung: Viele traditionelle Jobs werden verschwinden, während neue entstehen. Die Herausforderung wird darin bestehen, Arbeitskräfte schnell genug umzuschulen, um sie für die neuen Anforderungen fit zu machen.

Die Rolle des Individuums wird zentraler als je zuvor. Wir werden uns nicht nur als Konsumenten, sondern auch als Mitgestalter der Wirtschaft verstehen müssen. Jeder Bürger hat die Möglichkeit, sich durch bewusste Entscheidungen in der digitalen Welt Gehör zu verschaffen, sei es durch Online-Plattformen, soziale Netzwerke oder Crowdfunding-Initiativen. Das Individuum wird eine stärkere Stimme haben – aber mit dieser Macht kommt auch Verantwortung.

Es ist daher unabdingbar, dass wir lernen, verantwortungsbewusst mit dieser neuen Macht umzugehen. Die kommende Generation von Führungskräften, Unternehmern und Bürgern muss sich der Herausforderungen bewusst sein, denen wir als globale Gemeinschaft gegenüberstehen. Klimaschutz, soziale Gerechtigkeit und technologische Ethik werden die großen Themen unserer Zeit sein. Und obwohl die Zukunft voller Unsicherheiten ist, bietet sie auch enorme Chancen für jene, die bereit sind, sich aktiv in die Gestaltung der Weltwirtschaft einzubringen.

9.3. Ausblick: Die zukünftige Entwicklung der globalen Wirtschaft und die Rolle des Individuums

Diese Entwicklungen zeigen, dass Smiths Grundgedanken nach wie vor der Motor unserer Wirtschaft sind, doch gleichzeitig sind wir an einem Punkt angekommen, an dem wir seine Ideen weiterdenken müssen. Die Zukunft gehört denen, die bereit sind, die Prinzipien des freien Marktes mit sozialen und ökologischen Verantwortlichkeiten zu verbinden – um den Wohlstand der Nationen auch im 21. Jahrhundert zu sichern.